高等职业教育财务会计类项目化实训系列教材

Project Training Manual of Accounting Basis

会计基础项目化实训工作手册

陆兴凤　杨丽华　主编

东北财经大学出版社
Dongbei University of Finance & Economics Press
大连

图书在版编目（CIP）数据

会计基础项目化实训工作手册 / 陆兴凤，杨丽华主编. —大连 ：东北财经大学出版社，2023.7（2026.1 重印）
（高等职业教育财务会计类项目化实训系列教材）
ISBN 978-7-5654-4859-1

Ⅰ.会…　Ⅱ.①陆…②杨…　Ⅲ.会计学-高等职业教育-教材　Ⅳ.F230

中国国家版本馆CIP数据核字（2023）第108870号

东北财经大学出版社出版
（大连市黑石礁尖山街217号　邮政编码　116025）
网　　址：http://www.dufep.cn
读者信箱：dufep@dufe.edu.cn

大连市东晟印刷有限公司印刷　　东北财经大学出版社发行

幅面尺寸：185mm×260mm　　字数：451千字　　印张：19.75

2023年7月第1版　　2026年1月第4次印刷

责任编辑：王天华　包利华　周　慧　　责任校对：刘贤恩

封面设计：原　皓　　版式设计：原　皓

定价：46.00元

教学支持　售后服务　　联系电话：（0411）84710309

如有印装质量问题，请联系营销部：（0411）84710711

前言

2018年11月14日，习近平总书记主持召开中央全面深化改革委员会第五次会议，审议通过了《国家职业教育改革实施方案》（简称“职教20条”），会议强调“鼓励和支持社会各界特别是企业积极支持职业教育，着力培养高素质劳动者和技术技能人才”。《国家职业教育改革实施方案》指出，“遴选认定一大批职业教育在线精品课程，建设一大批校企‘双元’合作开发的国家规划教材，倡导使用新型活页式、工作手册式教材并配套开发信息化资源”。这个具有纲领性意义的教材建设指导方案，指明了适应服务建设现代化经济体系和实现更高质量更充分就业需要的教材开发与建设方向。2019年12月16日，教育部印发的《职业院校教材管理办法》指出，教材规划要适应新时代技术技能人才培养的新要求，教材编写应突出理论和实践相统一，以适应项目学习、案例学习、模块化学习等不同学习方式要求，注重以真实生产项目、典型工作任务、案例等为载体组织教学单元，倡导开发活页式、工作手册式新形态教材。

由此不难看出，充分发挥教材建设在提高人才培养质量中的基础性作用，促进现代职业教育体系建设，全面提高职业教育教学质量，具有十分重要的意义。在今后一个相当长的时期，积极推进教材建设是党和政府的政策导向，也是社会各界共同关注的热点，同时更是职业院校推进“三教改革”的重要内容。

在高等职业教育教学过程中，专业与职业岗位（群）形成的映射关系，较为清晰地阐明了人才需求与职业岗位核心技能的关系。伴随新技术变革、新商业模式变化以及新商业规则形成，职业岗位核心技能逐渐转向智慧型、智能型，而采取师生共同实施一个完整的项目工作的项目化教学，可以在项目结束后，让学生相对完整地掌握本专业的技术技能并形成系统的职业岗位（群）技能体系。因此，项目化教学被逐渐地应用到高等职业教育的技术技能培养领域，更为重要的是，以项目化方式进行实训教学指导，可以将本专业职业岗位（群）的基础技能和核心技能有效地转化为岗位（群）服务能力。

《会计基础项目化实训工作手册》是财务会计类专业人才培养方案中的专业基础课程实训教材，也是财务会计类专业会计从业人员的基础操作指导用书。本书通过校企双元合作开发与编写，将新技术变化和新商业模式背景下的企业会计岗位核心素能以项目和任务分解组织课程内容和教学，为后续专业课程的学习奠定基础，为从事会计岗位工作奠定基础。在本书开发过程中，通过梳理会计基础的专业基础技能、专业核心技能以及专业拓展技能，形成作为会计基础岗位的实践体系。从编写体例看，本书采取项目化表现方式，共设置8个项目，包括实训介绍与企业认知、期初建账、原始凭证填制与审核、经济业务处理、期末对账与结账、资产负债表编制、利润表编制、现金流量表编制等，每个项目设定相应的实训任务，明确任务实训目标、实训材料、实训内容和步骤、实训注意事项、实训案例等，将会计基础核心技能以单项实训与综合实训方式，通过项目驱动和任务分解给予学生实习实训指导，促使学生通过典型核算业务的实践技能训练，提高从事企业简单业务会计核算工作的基本能力。

本书在编写过程中，主要采取了如下思路进行：

第一，全面贯彻党的二十大精神和习近平新时代中国特色社会主义思想，落实立德树人根本任务，坚持为党育人、为国育才，注重提高人才自主培养质量，着力造就拔尖创新人才，在“思政案例”板块将培养德智体美劳全面发展的社会主义建设者和接班人与专业知识技能教育内容有机融合。

第二，探究新技术变化和新商业模式变革带来的会计基础岗位核心技能内涵变化。在数字化、智能化等技术基础日渐夯实的条件下，革命性新技术、新模式的群体性突破，必将带来会计基础岗位核心技能内涵变化。会计领域的工作任务和重心正在由财务会计向管理会计转变，会计职能逐渐向“决策型、绩效型、控制型、服务型”拓展，本教材正是适应了这种变化而开发的。

第三，依据核心技能变化确定会计基础实训与理论的契合性。本书是在以“立体化教学”为载体、以“注重实效”为原则的基础上策划的，在编写的体例上采用了项目制、分任务的编排形式，既考虑了教学需要，又与会计基础教学的各个阶段相对应；既培养学生扎实的实践基本功，又考虑了考生考证的需求。整个体系结构、内容安排具有较强的合理性和针对性。

第四，确定较高契合性背景下会计基础实训技能训练项目内容。本书运用理实一体化教学模式，将专业理论课与生产实习、实践性教学环节重新分解、整合。以学生为主体，发挥教师主导作用，关注探索学习的过程，融教、学、做为一体，充分培养学生动手实践能力，从而不断提高学生的会计职业技能。

第五，按照实训技能训练项目内容开发以“工作流程”为主线的实训教程。本书以会计工作流程为主线，以会计基础的实训项目为主要内容，将会计重难点、易错点穿插其中，系统地介绍了会计岗位及会计相关岗位所需的基础知识和基本技能。

本书的开发与编写以会计基本技能培养为宗旨，以会计岗位职业操守为道德指引，体现活页式和工作手册式教材特质，体现岗位技能对新技术变化和新商业模式变革的产业适应性，体现按照会计基础岗位工作流程设置任务的逻辑性。

本书由无锡商业职业技术学院陆兴凤、杨丽华担任主编，并撰写了详细的编写提纲；付裕、刘祎担任副主编。具体编写分工如下：项目一由陆兴凤编写；项目二由刘芳、孙作林编写；项目三由陆兴凤、吴建新、任浩强编写；项目四由陆兴凤、付裕、钱玲、丁一琳、蒋亚琴、杨丽华、刘祎编写；项目五由冷婧、杨洋编写；项目六由芮鑫、董丽丽、王晓辉编写；项目七由李娜、王玉香、李旭珈编写；项目八由何晨、王潍编写。最后，全书由陆兴凤、杨丽华进行了修改和最终定稿。

特别说明：本书分为案例示范和案例实操两部分，主要涉及北京新锐电器有限公司和北京沃达电器有限责任公司，前者用于案例示范，后者用于案例实操。因此在教学过程中，只有跟北京沃达电器有限责任公司有关的业务才需要学生写会计分录，其他公司的均不要求写分录。北京沃达电器有限责任公司的业务分布在本书项目四和项目五，其中项目五有十三个任务，只有任务六、任务十一至任务十三需要学生写会计分录，共约60笔业务。

在本书的编写过程中得到了新道科技股份有限公司和江苏省职教同仁的支持和帮助，以及江苏天圣达集团有限公司、江苏无锡朝阳集团股份有限公司、无锡华洋滚动轴承有限公司等行业专家的指导，在此一并表示感谢！

由于编者学识水平有限，书中不足之处在所难免，敬请读者批评指正。

编　者

2023年7月

目　录

项目一　实训介绍及企业认知 / 001

任务一　实训介绍 / 002
任务二　企业认知 / 007
思政案例 / 014

项目二　期初建账 / 015

任务一　账簿选用与启用 / 016
任务二　账户设置 / 019
任务三　登记日记账期初余额 / 022
任务四　登记明细账期初余额 / 024
任务五　登记总账期初余额 / 031
思政案例 / 035

项目三　原始凭证填制与审核 / 037

任务一　支票填写 / 038
任务二　采购订单填写 / 041
任务三　采购入库单填写 / 044
任务四　领料单填写 / 046
任务五　材料出库单填写 / 048
任务六　完工单填写 / 050
任务七　生产入库单填写 / 052
任务八　借款单填写 / 054
任务九　支出凭单填写 / 056
任务十　销售出库单填写 / 058
任务十一　增值税专用发票填写 / 060
思政案例 / 062

项目四 经济业务处理 / 063

任务一 资金筹集——银行借款 / 064
任务二 资金筹集——实收资本 / 068
任务三 资金筹集——资本公积 / 070
任务四 供应业务——应付账款 / 073
任务五 供应业务——应付票据 / 078
任务六 供应业务——原材料 / 084
任务七 供应业务——在途物资 / 089
任务八 供应业务——周转材料 / 092
任务九 供应业务——固定资产 / 096
任务十 供应业务——无形资产 / 100
任务十一 供应业务——银行存款 / 105
任务十二 生产业务——应付职工薪酬 / 109
任务十三 生产业务——制造费用 / 115
任务十四 生产业务——生产成本 / 119
任务十五 生产业务——库存商品 / 125
任务十六 销售业务——主营业务收入 / 132
任务十七 销售业务——应收账款 / 141
任务十八 销售业务——主营业务成本 / 144
任务十九 销售业务——销售费用 / 147
任务二十 期末业务——管理费用 / 152
任务二十一 期末业务——营业外收入 / 155
任务二十二 期末业务——营业外支出 / 158
任务二十三 期末业务——累计折旧 / 160
任务二十四 期末业务——累计摊销 / 163
任务二十五 期末业务——财务费用 / 165
任务二十六 期末业务——应付利息 / 169
任务二十七 期末业务——应交增值税 / 172
任务二十八 期末业务——税金及附加 / 176
任务二十九 期末业务——应交税费 / 178
思政案例 / 184

项目五 期末对账与结账 / 185

任务一 财产清查——库存现金清查 / 186
任务二 财产清查——银行存款清查 / 189
任务三 财产清查——固定资产清查 / 195

任务四 财产清查——原材料清查 / 198
任务五 财产清查——应收类债权清查 / 201
任务六 财产清查结果处理——待处理财产损溢 / 205
任务七 账簿核对——总账与日记账核对 / 209
任务八 账簿核对——总账与明细账核对 / 212
任务九 科目汇总表编制 / 214
任务十 试算平衡表编制 / 219
任务十一 本年利润 / 225
任务十二 所得税费用 / 229
任务十三 利润分配 / 231
思政案例 / 234

项目六 资产负债表编制 / 236

任务一 “货币资金”项目 / 237
任务二 “应收账款”项目 / 238
任务三 “其他应收款”项目 / 241
任务四 “存货”项目 / 243
任务五 “固定资产”项目 / 245
任务六 “无形资产”项目 / 247
任务七 “短期借款”项目 / 248
任务八 “应付票据”项目 / 250
任务九 “应付账款”项目 / 251
任务十 “应付职工薪酬”项目 / 253
任务十一 “应交税费”项目 / 254
任务十二 “其他应付款”项目 / 257
任务十三 “实收资本（或股本）”项目 / 258
任务十四 “资本公积”项目 / 260
任务十五 “盈余公积”项目 / 261
任务十六 “未分配利润”项目 / 263
思政案例 / 266

项目七 利润表编制 / 267

任务一 “营业收入”项目 / 268
任务二 “营业成本”项目 / 269
任务三 “税金及附加”项目 / 270
任务四 “销售费用”项目 / 271
任务五 “管理费用”项目 / 272

任务六 “财务费用”项目 / 273
任务七 “信用减值损失”项目 / 274
任务八 “营业利润”项目 / 276
任务九 “营业外收入”项目 / 278
任务十 “营业外支出”项目 / 279
任务十一 “利润总额”项目 / 280
任务十二 “所得税费用”项目 / 282
任务十三 “净利润”项目 / 283
思政案例 / 285

项目八 现金流量表编制 / 286

任务一 “经营活动现金流入小计”项目 / 287
任务二 “经营活动现金流出小计”项目 / 289
任务三 “经营活动产生的现金流量净额”项目 / 292
任务四 “投资活动现金流入小计”项目 / 293
任务五 “投资活动现金流出小计”项目 / 294
任务六 “投资活动产生的现金流量净额”项目 / 295
任务七 “筹资活动现金流入小计”项目 / 297
任务八 “筹资活动现金流出小计”项目 / 298
任务九 “筹资活动产生的现金流量净额”项目 / 299
任务十 “现金及现金等价物净增加额”项目 / 300
任务十一 “期末现金及现金等价物余额”项目 / 302
思政案例 / 304

参考文献 / 306

项目一

实训介绍及企业认知

任务一 实训介绍

本书是与会计基础课程相配套的会计实训课程，是会计专业实训教学系统的重要组成部分，是进行会计案例教学的重要形式和学习会计基本技能的重要途径。本课程以培养会计综合职业能力和职业素养为宗旨，综合运用会计知识技能和信息技术方法，在企业会计环境中，按照会计职业岗位分工，进行企业经济业务的会计处理。学生通过实训，既可以强化对基础会计理论的理解和认识，又可以看到会计核算基本原理与方法在会计实务中的具体运用，不仅能够增强感性认识，了解和掌握实际工作中的经济业务知识，提高职业判断能力，而且能够掌握会计人员必须具备的实践操作能力，养成良好的职业习惯，为日后成为应用型人才打下坚实的基础。

一、实训目标

通过会计基础实训，使学生进一步提高会计综合职业能力，包括专业能力、社会能力和方法能力。

（一）专业能力

1. 能够根据企业具体情况，熟记会计岗位设置和岗位职责，并正确执行企业内部会计制度。

2. 能掌握期初建账的基本内容，能够为中小企业建账。

3. 能正确进行采购、销售等经济业务的核算以及成本与费用核算，并能够采用手工方式进行相应的业务处理与会计核算。

4. 能正确进行期末结转与财务成果核算。

5. 能进行期末对账与结账操作。

6. 能编制会计报表，并利用会计报表进行财务分析。

7. 能有效管理会计档案。

（二）社会能力

1. 遵守财经法规和企业内部规章制度。

2. 养成认真、严谨、细致的工作态度。

3. 培养部门、岗位之间互相沟通与协调的能力。

（三）方法能力

1. 能够认知企业、职业和岗位，正确判断企业一般经济事项的性质。

2. 能掌握信息加工处理的一般方法，能对信息进行基本的加工处理。

3. 能使用流程、表格和制度等管理工具。

4. 能快速查找错误并能正确处理。

会计基础实训主要是以模拟企业经济业务发生的先后顺序为主线，通过实际操作，使学生比较系统地练习基础会计操作程序和操作方法，从而加强学生对所学专业理论知识的理解，培养实际操作的动手能力，提高运用会计基本技能的水平，也是对学生所学专业知识的一个综合检验，从而为社会提供新型人才。

二、实训内容与方法

（一）实训内容

会计基础实训内容主要包括单项模拟实训和综合模拟实训两部分。

1.单项模拟实训

单项模拟实训的内容按会计核算方法的顺序安排，包括建账实训、原始凭证实训、记账凭证实训、会计账簿实训和编制会计报表实训。

2.综合模拟实训

综合模拟实训的内容是在各单项模拟实训的基础上，将各单项模拟实训的内容综合应用，把所学的基础会计知识融会贯通。它是模拟处理企业一个会计分期全过程及全部会计业务的操作实训。

（二）实训方法

会计基础实训的具体方法是：首先在学习基础会计时进行凭证、账簿、报表等的单项训练；然后融合财经综合技能中的数码、字、传票、算等内容进行综合训练，分人分岗地完成一套账务处理；最后每一位同学可以独立完整地完成一套账务处理，从而达到综合训练目的。整个流程和实训要求完全按照会计岗位的需求操作，以大大地增强学生的岗位适应性。

三、实训要求

（一）对学生的要求

实训前，学生应根据教学计划制定实训任务进度表，明确自己每一阶段的目标和责任；在实训过程中，学生可以通过看书、查阅笔记等方式，也可以通过询问老师、同学等方式获得实训的有关资料；学生在实训完成以后，需要撰写实训总结。

（二）对指导教师的要求

实训前，教师需要将实训的要求、流程、评分标准等知识告诉学生，以便学生明确本次实训的教学目标，同时，将相关资料充分说明。在实训过程中，教师需要为学生提供全面的帮助。实训结束后，教师需按照标准对学生的实训过程和结果进行检查和评估。

在会计基础实训操作过程中，要求学生严格按照有关规定填制会计凭证并写清会计凭证的编号、日期、业务内容、会计分录及有关资料；登记账簿时，字迹要清楚，并按规定的程序和方法进行记账、算账、结账及更改错账。

会计基础实训要求使用统一格式的会计凭证、账页及会计报表。

实训结束后，应将各种记账凭证，连同所附的原始凭证或原始凭证汇总表按顺序折叠整齐装订成册。

四、实训材料

为使会计综合实训场地与企业真实环境相似，需准备下列实训设施：

1.办公桌椅。会计综合实训室内办公桌椅要求按组摆放，其布局与实际企业会计部门相似。

2.计算机及财务软件。每个实训小组需要配备计算机2~4台，票据打印机1台，并且要组建局域网络，安装网络版财务软件（如用友U8V10.1软件）。

3.多媒体教学设备。主要包括指导教师用计算机1台，液晶投影仪1台。

4.会计办公用品。每个实训小组1套，主要包括计算器1个、双色印台1盒、多功能笔筒1个、海绵缸1套、黑色记账专用笔4支、红色记账专用笔1支、直尺1把、胶水1瓶（或胶棒1支）、大头针1盒、曲别针1盒、剪刀1把、铁夹2只、文件夹2个、资料夹2个、订书机1个、装订机1台、点（验）钞机1台、凭证封皮及包角4个、账绳1卷、白纸3张。

5.空白证账表。主要的空白证账表应包括记账凭证、各种账簿和会计报表。

（1）记账凭证，包括收款凭证、付款凭证、转账凭证或通用记账凭证，科目汇总表。

（2）各种账簿，包括库存现金和银行存款日记账（可以采用三栏式账页代替）、总账、三栏式明细账、多栏式明细账（包括空白多栏式明细账、生产成本多栏式明细账、应交增值税多栏式明细账）、数量金额式明细账、备查账或登记簿、账簿封面、启用表、账夹。

（3）会计报表，包括资产负债表、利润表、现金流量表以及报表封面等。

6.印章。每小组1套，包括模拟企业的公章、财务专用章、发票专用章（可用财务专用章代替）、企业预留开户行印鉴、参加模拟实训学生的个人名章。

五、实训形式

（一）混岗实训方式

要求每一位学生各自独立完成全部会计模拟实训内容。这样做的优点是可以让学生在整个实训过程中，对各项专业技能有系统的、全面的掌握，而且便于组织学生在人数多的情况下，集中学习；缺点是不能让学生体会到实际工作中会计机构各岗位的业务分工、内部牵制制度，以及会计凭证在各岗位间的传递过程，并且工作量大、耗用时间长、材料消耗大、实训成本较高。因此，我们可以将这一部分实训放在已经进行了手工分岗综合实训后的第二学期，并且依托会计教学软件来实行。这样就能很好地解决上述缺点。

（二）分岗实训方式

要求对学生分组，在每一组内按照会计机构内部各岗位分工情况，进行分工。这种方式下学生能够在实训过程中熟悉和明确各会计岗位的基本职责，掌握各类经济业务的账务处理流程，以及原始单据和其他会计凭证在各个会计岗位间的传递程序和方式。同时可以了解到财务部门和企业内部其他部门、外部相关单位的财务关系和相关经济业务的账务处理方法，使实训学生的直观性、真实性感受更强。但这种方式在实训过程中组织难度较大，学生对实训内容的全面了解和掌握程度低于混岗方式。因此在分岗实训完成以后，有条件的学校还应该进行混岗实训。

例如，我们可以把本书会计基础实训按照每4人为一小组的方式合作进行，分别模拟各个财务岗位的工作。

出纳A：填制现金收款凭证、现金付款凭证并登记相应的库存现金日记账。

出纳B：填制银行存款收款凭证、银行存款付款凭证并登记相应的银行存款日记账。

会计A：填制转账凭证并登记明细分类账。

会计B：开设账户，登记期初余额，编制科目汇总表并登记总账。

本小组的组长担任会计主管，负责记账凭证的审核工作。

由会计主管负责协调安排，分配小组成员对账、结账、编制报表、整理装订账页和凭证。

六、实训步骤及参考课时

会计基础实训步骤及课时安排见表1-1。

表1-1 会计基础实训步骤及课时安排表

实验内容	时间	备注
前期准备工作	1课时	1.实训动员 2.发放实训教材 3.实训案例概况 4.实训材料认知
建账	3课时	1.账簿启动 2.账簿设置 3.登记期初余额
原始凭证审核与编制	4课时	1.审核原始凭证 2.编制原始凭证
业务处理	8课时	1.编制记账凭证 2.登记日记账、明细账 3.编制科目汇总表 4.登记总账
对账与结账	6课时	1.对账 2.财产清查 3.结账 4.期末结转
报表编制	8课时	1.编制资产负债表 2.编制利润表 3.编制现金流量表
总结	2课时	1.整理会计资料 2.上交实训资料 3.实训经验交流
合计	32课时	

七、实训考核

本课程采用“综合评分法”，对学生学习情况进行考核。该方法采用百分制，包括过程考核和结果考核两部分，其中过程考核占40%、结果考核占60%。

（一）过程考核

过程考核又分为专业技能和职业素养两个方面。

专业技能包括3~5个技能点。主要考核实训过程的完整性、规范性以及准确性，利用操作技能出色地完成实训任务，具体见表1-2的评分标准。

表1-2 会计基础实训评分标准

评定等级	优秀	良好	中等	及格	不及格
完整性（共计40分）	36~40分	32~35分	28~31分	24~27分	0~23分
	完成90%以上内容	完成80%以上内容	完成70%以上内容	完成60%以上内容	完成60%以下内容
规范性（共计30分）	27~30分	24~26分	21~23分	18~20分	0~17分
	规范性较好	大部分按照规范进行填制登记	基本按照规范进行填制登记	规范性不强，有一些操作不合要求	规范性极差
准确性（共计30分）	27~30分	24~26分	21~23分	18~20分	0~17分
	正确率达到90%以上	正确率达到80%以上	正确率达到70%以上	正确率达到60%以上	正确率在60%以下

职业素养包括组织纪律、沟通协作、工作态度、工作效率4个指标。组织纪律主要考核服从组长安排，不旷工，不迟到早退，不中途离开现场，不做与项目无关的事情等方面的内容；沟通协作主要考核按规定流程进行操作，进行有效沟通等方面的内容；工作态度主要考核工作积极主动、认真负责、恪守诚信、追求严谨等方面的内容；工作效率主要考核保持良好工作环境，有效利用各种工具，按时完成任务，核算案例作品质量等方面的内容。

（二）结果考核

结果考核主要是学生实训作品（占比40%）、小组汇报（占比10%）和实训报告（占比10%）。

1. 学生实训作品。学生实训作品包括会计凭证、会计账簿和财务会计报告等内容。在实训完成后，指导教师可以采取口头提问的形式，了解学生对全部实训内容的熟悉和掌握程度，以及时发现问题、解决问题。

2. 小组汇报。小组汇报是指各个实训小组进行实训活动的总结、汇报和展示。小组汇报的内容主要包括实训小组的工作任务与计划、实施过程与步骤、工作成果与收获、取得经验与教训等。实训结束时，每个小组都必须进行汇报，如不进行小组汇报，则实训成绩为不合格。

3. 实训报告。实训报告包括实训项目描述、主要任务、业务流程、岗位职责，每天的实训记录，以及实训后的个人总结等。实训结束后，要求每位同学都必须及时提交实训报告。

例如，以上文提到的4人小组分岗实训为例，由于是分工合作完成训练内容。因此，教师在评定成绩时既要考虑到整个小组的共同努力，又要考虑到个人的个别差异。所以可以采取在小组基准分的基础上进行个人评分的方法来进行成绩评定。

首先，根据学生交来的凭证、账簿、报表的完成情况给出小组基准分。表1-2为评分标准。实训教师首先根据评分标准确定小组成绩所在的档次，再在同档次中酌情给分。

其次，对个人做出的成绩进行评定。这个环节的顺利实施要求指导教师在实践进行时对学生的相关情况认真观察、及时记录。

最后，在实训完成后，可根据学生完成实训操作资料的完整性、规范性、准确性以及学生操作过程中的整洁状况、实训态度及实训纪律给出一个综合成绩。

任务二　企业认知

一、企业基本信息

企业名称：北京沃达电器有限责任公司（案例实操企业）

法定代表人：葛文学

注册资本：10 000万元

企业注册地址：北京市昌平区光明路16号

企业经营范围：日用家电

企业注册登记日期：2012-01-01

注册登记地点：北京市市场监督管理局昌平分局

纳税人识别号：110114745862904015

办公地址：北京市昌平区光明路16号

邮政编码：102208

电话：010-26674938

开户银行：中国工商银行北京分行昌平支行

银行账号：6212260201800002610

企业在银行的预留印鉴：财务专用章+法定代表人个人名章

北京沃达电器有限责任公司是一家中型小家电制造企业，主要从事厨房小家电系列产品的研发、生产和销售，属于股份有限公司，创建于2012年1月，主打产品是以电热水壶、电饭煲、料理机和豆浆机为代表的小家电产品。产品广泛应用于家庭、办公室、酒店等人员聚集的地方，与人们的生活息息相关。其三大系列产品中，电热水壶采用自主生产方式，料理机、电饭煲和豆浆机生产采用OEM方式。电热水壶目前主打产品为不锈钢电热水壶。目前企业有几座不同规模的厂房，厂房内安装不同类别的生产设备，设备运行状况良好，公司财务状况正常。

OEM生产：即代工生产，也称定点生产，俗称代工，基本含义为品牌生产者不直接生产产品，而是利用自己掌握的关键的核心技术负责设计和开发新产品，控制销售渠道，具体的加工任务通过合同订购的方式委托同类产品的其他厂家生产。之后将所订产品低价买断，并直接贴上自己的品牌商标。这种委托他人生产的合作方式被称为OEM生产，承接加工任务的制造商被称为OEM厂商，其生产的产品被称为OEM产品。

二、财务工作组织及分工

公司单独设置财会部门，划分为会计主管、资金出纳、总账会计、成本会计四个工作岗位，具体分工如下：

周时豪：会计主管。其主要职责为领导和组织公司会计核算工作：建立账套、凭证审核、过账及结账，网上电子支付业务审核授权，虚拟网上报税、纳税筹划、报表编制（包括资产负债表、利润表部分指标重新定义公式），组织会计档案整理、保管，财产清查等。

赵景鹏：资金出纳。其主要职责为支票签发、银行承兑汇票贴现、单据整理、网上电子支付业务、涉及收付款记账凭证审核，保管库存现金、有价证券及法定代表人名章，配合清查人员进行库存现金、银行存款清查等。

童运：总账会计。其主要职责为票据审核、填制除成本核算以外的原始凭证、编制除成本业务以外的记账凭证、账簿核对，负责保管发票专用章及财务专用章等。

黄伊恩：成本会计。其主要职责为产品成本核算，编制成本计算原始凭证，编制产品成本业务记账凭证，进行成本分析等。

三、财务核算方法及制度

1. 公司以人民币为记账本位币（核算中金额计算保留至分位），记账文字为中文，会计核算采用科目汇总表账务处理程序。

2. 公司为增值税一般纳税人，销售商品增值税税率为13%；公司当期取得的增值税专用发票，按照现行增值税制度规定当期准予抵扣的，均已认证且于当期一次性抵扣。

3. 公司适用的城市维护建设税税率为7%，教育费附加征收率为3%，地方教育附加征收率为2%。

4. 公司按规定代扣代缴个人所得税。

5. 公司适用的企业所得税税率为25%，并假设这一税率适用于未来可预见的期间，公司不享受其他税收优惠政策。

6. 公司原材料、周转材料、库存商品采用实际成本计价法组织日常核算。

7. 原材料入库业务，于月末根据“收料单”编制“收料凭证汇总表”，并据以进行原材料入库业务的总分类核算；原材料发出业务，于月末根据“领料单”编制“发出材料汇总表”“生产车间领用材料分配表”，并据以进行原材料出库业务的总分类核算。

8. 公司应收账款坏账准备采用账龄分析法估计，其他的应收及预付款项不计提坏账准备。不同账龄计提坏账准备的比例：未到期：0；逾期1～90天：2%；逾期91～270天：4%；逾期271～360天：6%；逾期361～540天：10%；逾期541～720天：12%；逾期720天以上：15%。

9. 公司固定资产折旧和无形资产摊销采用年限平均法；固定资产折旧方法和无形资产摊销方法与税法规定一致；固定资产预计净残值率为4%，无形资产无净残值；房屋建筑物折旧年限20年，年折旧率4.8%；机器设备折旧年限10年，年折旧率9.6%；运输设备折旧年限4年，年折旧率24%；办公设备折旧年限5年，年折旧率19.2%；土地使用权摊销年限30年，专利权和非专利技术摊销年限10年。

10. 公司根据有关规定，每年按当年净利润的10%计提法定盈余公积，不计提任意盈余公积。

11. 公司采用品种法计算产品成本，成本项目为直接材料、直接人工和制造费用。

12. 公司专设独立销售机构。

13. 计算过程中，无特殊说明金额均保留小数点后2位；涉及百分号的计算保留百分号前2位小数。

14. 未列明的其他会计事项，公司根据现行《企业会计准则》的相关规定处理。

四、期初数据

2022年12月1日公司期初建账资料分别见表1-3至表1-5。

表1-3　期初建账资料（1）　单位：元

科目名称	账簿类别	借方金额	贷方金额
应收账款	三栏式总账	27 944 300.00	
北京城乡贸易城	三栏式明细账	6 428 000.00	
福建银海贸易有限责任公司	三栏式明细账	21 516 300.00	
天津万润贸易公司	三栏式明细账		
在途物资	三栏式总账		
短期借款	三栏式总账		
应付票据	三栏式总账		5 786 786.07
北京京亿不锈钢有限公司	三栏式明细账		5 786 786.07
应付账款	三栏式总账		6 637 600.41
无锡电器科技有限公司	三栏式明细账		6 469 600.41
九江塑电科技有限公司	三栏式明细账		

续表

科目名称	账簿类别	借方金额	贷方金额
北京市昌平区第三电力公司	三栏式明细账		120 000.00
北京市昌平区第二自来水公司	三栏式明细账		48 000.00
应交税费	三栏式总账		1 412 203.50
应交增值税	三栏式明细账		
进项税额	三栏式明细账		
销项税额	三栏式明细账		
转出未交增值税	三栏式明细账		
未交增值税	三栏式明细账		1 253 000.00
代扣代缴个人所得税	三栏式明细账		8 843.50
应交城市维护建设税	三栏式明细账		87 710.00
应交教育费附加	三栏式明细账		37 590.00
应交地方教育附加	三栏式明细账		25 060.00
应交所得税	三栏式明细账		
应付股利	三栏式总账		
应付利息	三栏式总账		
实收资本	三栏式总账		50 000 000.00
盈余公积	三栏式总账		
法定盈余公积	三栏式明细账		
本年利润	三栏式总账		
利润分配	三栏式总账		37 555 024.63
未分配利润	三栏式明细账		37 555 024.63
提取法定盈余公积	三栏式明细账		
应付股利	三栏式明细账		

表1-4 期初建账资料（2） 单位：元

科目名称	账簿类别	借方金额	贷方金额
库存现金	三栏式总账/库存现金日记账	30 000.00	
银行存款	三栏式总账/银行存款日记账	19 600 000.00	

表1-5 期初建账资料（3） 金额单位：元

科目名称	账簿类别	借方			贷方
		数量	单价	金额	
原材料	三栏式总账			3 471 900.00	
轻巧、经典型壶盖	数量金额式明细账	44 200	5.00	221 000.00	
豪华型壶盖	数量金额式明细账	2 500	8.00	20 000.00	
轻巧、经典型壶底	数量金额式明细账	44 200	20.00	884 000.00	
豪华型壶底	数量金额式明细账	2 500	35.00	87 500.00	
轻巧型辅材套件	数量金额式明细账	26 000	4.00	104 000.00	
经典型辅材套件	数量金额式明细账	18 200	4.50	81 900.00	
豪华型辅材套件	数量金额式明细账	2 500	5.00	12 500.00	
轻巧型壶体	数量金额式明细账	26 000	42.00	1 092 000.00	
经典型壶体	数量金额式明细账	18 200	45.00	819 000.00	
豪华型壶体	数量金额式明细账	2 500	60.00	150 000.00	
库存商品	三栏式总账			3 827 962.00	
轻巧型电热水壶	数量金额式明细账	23 000	76.82	1 766 860.00	
经典型电热水壶	数量金额式明细账	20 000	82.65	1 653 000.00	
豪华型电热水壶	数量金额式明细账	3 400	120.03	408 102.00	
精磨型豆浆机	数量金额式明细账				
时尚型豆浆机	数量金额式明细账				
经典型电饭煲	数量金额式明细账				
智能型电饭煲	数量金额式明细账				
固定资产	三栏式总账			69 060 221.00	
房屋及建筑物	三栏式明细账			34 000 000.00	

续表

科目名称	账簿类别	借方			贷方
		数量	单价	金额	
机器设备	三栏式明细账			25 290 000.00	
运输设备	三栏式明细账			8 050 000.00	
办公设备	三栏式明细账			1 720 221.00	
累计折旧	三栏式总账				22 224 161.89
房屋及建筑物	三栏式明细账				4 661 000.00
机器设备	三栏式明细账				11 812 537.50
运输设备	三栏式明细账				4 398 368.58
办公设备	三栏式明细账				1 352 255.81
应付职工薪酬	三栏式总账				318 606.50
工资	三栏式明细账				318 606.50
生产成本	三栏式总账				
轻巧型电热水壶	三栏式明细账				
经典型电热水壶	三栏式明细账				
豪华型电热水壶	三栏式明细账				
制造费用	三栏式总账				
水电费	三栏式明细账				
折旧	三栏式明细账				
工资	三栏式明细账				
主营业务收入	三栏式总账				
轻巧型电热水壶	三栏式明细账				
经典型电热水壶	三栏式明细账				
豪华型电热水壶	三栏式明细账				
精磨型豆浆机	三栏式明细账				

续表

科目名称	账簿类别	借方			贷方
		数量	单价	金额	
时尚型豆浆机	三栏式明细账				
经典型电饭煲	三栏式明细账				
智能型电饭煲	三栏式明细账				
主营业务成本	三栏式总账				
轻巧型电热水壶	三栏式明细账				
经典型电热水壶	三栏式明细账				
豪华型电热水壶	三栏式明细账				
精磨型豆浆机	三栏式明细账				
时尚型豆浆机	三栏式明细账				
经典型电饭煲	三栏式明细账				
智能型电饭煲	三栏式明细账				
税金及附加	三栏式总账				
销售费用	三栏式总账				
差旅费	三栏式明细账				
水电费	三栏式明细账				
折旧	三栏式明细账				
工资	三栏式明细账				
管理费用	三栏式总账				
办公费	三栏式明细账				
水电费	三栏式明细账				
折旧	三栏式明细账				
工资	三栏式明细账				
财务费用	三栏式总账				
利息费用	三栏式明细账				
所得税费用	三栏式总账				

思政案例

“诚实守信” ——会计的生命力

2021年10月30日习近平主席在二十国集团领导人第十六次峰会第一阶段会议上的讲话中提到，中国古人说：“诚信者，天下之结也。”就是说诚信是结交天下的根本。中国将坚持对外开放的基本国策，发挥超大规模市场优势和内需潜力，着力推动规则、规制、管理、标准等制度型开放，不断加大知识产权保护力度，持续打造市场化、法治化、国际化营商环境，为中外企业提供公平公正的市场秩序。

我国坚持市场经济为主、宏观调控为辅的经济模式，市场经济追求自由，自由环境下会出现很多的问题，诚信是保障经济能够自由健康发展下去的重要原则。会计工作是一项基础性工作，各种经济得到运行和应用都离不开会计，若是诚信问题出现在会计工作中，其带来的损失和影响必然是不可估量的。所谓会计的诚信，主要从职业道德、业务技术以及工作态度等方面是否优劣进行判断。由于会计行业的特殊性，决定了其诚信的特殊意义，其与一般意义上的社会个人的诚信相比，有着更重要的社会责任性、忠诚性和服务的针对性。

诚信是会计的生命。诚信要求会计人员在日常工作中讲求信用，保守秘密，以实际发生的经济业务为依据，按会计准则和会计制度的要求，进行真实、完整的会计核算，客观公正、不偏不倚地反映企业的财务状况、经营成果。

资料来源：佚名. 诚信-会计的生命线［EB/OL］.［2014-04-29］. https：//www.docin.com/p-802270353.html.

启示：在现代社会，诚信素质是公民道德素质的重要内容，是否诚信是衡量一个公民道德水准的基本尺度，也就是“人而无信，不知其可也”。社会公德是全体公民在社会交往和公共生活中应该遵循的行为准则，涵盖了人与人、人与社会、人与自然之间的关系。随着公共生活领域不断扩大，人们相互交往日益频繁，社会公德在维护公众利益和公共秩序，保持社会稳定方面的作用更加突出，成为公民个人道德修养和社会文明程度的重要表现。会计行业是对诚信要求最为严格的行业，若是会计行业中失去了诚信，那么独立的审计工作就无从谈起了。

项目二

期初建账

任务一　账簿选用与启用

一、实训目标

1. 能正确选用账簿。
2. 能正确启用账簿。

二、实训材料

1. 日记账。
2. 总账。
3. 明细账。
4. 备查账。

三、实训内容和步骤

第一步，选用账簿。

1. 日记账，是按照经济业务发生的时间顺序逐日逐笔登记的账簿。日记账是序时账簿，采用的是订本式账簿格式。账页格式有三栏式、多栏式、收付分页式，一般采用的是三栏式。

规模较大的单位，除在基本存款账户所在行开立账户外，往往还在其他银行开立存款账户，为准确、及时反映不同存款种类和币种的增减变化和结余情况，便于对银行存款进行有效控制，银行存款日记账应按不同的开户行和存款种类分别设置。

2. 总账，是根据总分类科目设置用以总括反映会计主体经济业务情况的账簿。

3. 明细账，是根据明细科目设置，用以详细记录某一类经济业务情况的账簿。

4. 备查账簿，是对于一些备忘事项，为便于查考而登记的账簿，如“租入固定资产登记簿”等。备查账簿不是根据会计科目设置的，与其他账户之间不存在严密的依存关系，如租入资产、应收票据、销售合同、采购合同等备查簿，用途是记录分类账簿未尽事项。

第二步，启用账簿。

启用账簿时，应当在账簿封面上写明单位名称，并填写账簿扉页上的启用表。账簿启用表的内容包括：机构名称、账簿名称、账簿编号、账簿页数、启用日期、记账人员、复核人员、主管会计、会计机构负责人姓名并加盖名章，在印鉴处加盖单位公章。

四、实训注意事项

1. 当会计人员工作调动时，还应当填写交接记录。
2. 总账和日记账一般采用订本式，明细账一般采用活页式，备查账格式比较灵活。
3. 账簿启用后登记账簿的一般注意事项如下：

（1）内容准确完整。

登记会计账簿时，应当将会计凭证日期、编号、业务内容摘要、金额和其他有关资料逐项填入账内，做到数字准确、摘要清楚、登记及时、字迹工整。对于每一项会计事项，一方面要记入有关的总账，另一方面要记入该总账所属的明细账。账簿记录中的日期，应该填写记账凭证上的日期。以自制的原始凭证（如收料单、领料单等）作为记账依据的，账簿记录中的日期应按有关自制凭证上的日期填列。此外，负责登记账簿的会计人员，在登记账簿前，应对已经专门复核人员审查过的记账凭证再复核一遍，这是岗位责任制和内部牵制制度的要求。如果记账人员对记账凭证中的某些问题弄不明白，可以向填制记账凭证的人员或其他人员请教。如果认为记账凭证的处理有错误，可暂停登记，及时向会计主管人员反映，由其作出更改或照登的决定。在任何情况下，凡不兼任填制记账凭证工作的记账人员都不得自行更改记账凭证。

（2）登记账簿要及时。

登记账簿的间隔时间应该多长，没有统一的规定，这要看本单位所采用的具体会计核算形式而定。总的来说是越短越好，一般情况下，总账可以三五天、按旬或半个月登记一次。

（3）注明记账符号。

登记账簿完毕后，要在记账凭证上签名或者盖章，并注明已经登账的符号，表示已经记账。在记账凭证上设有专门的栏目注明记账的符号，以免发生重记或漏记。

（4）书写留空。

账簿中书写的文字和数字上面要留有适当空格，不要写满格，一般应占格距的1/2。这样，在发生登记错误时，能比较容易地进行更正。同时也方便查账工作。

（5）正常记账使用蓝黑墨水。

登记账簿要用蓝黑墨水或者碳素墨水书写，不得使用圆珠笔（银行的复写账簿除外）或者铅笔书写。在会计上，数字的颜色是重要的语素之一，它同数字和文字一起传达会计信息，书写墨水的颜色用错了，其导致的概念混乱不亚于数字和文字的错误。

（6）特殊记账使用红墨水。

对在登记账簿中使用红色墨水的问题，依据财政部《会计基础工作规范》的规定，下列情况，可以用红色墨水记账：①按照红字冲账的记账凭证，冲销错误记录；②在不设借贷等栏的多栏式账页中，登记减少数；③在三栏式账户的余额栏前，如未印明余额方向，在余额栏内登记负数余额；④根据国家统一会计制度的规定可以用红字登记的其他会计记录。

（7）顺序连续登记。

各种账簿应按页次顺序连续登记，不得跳行、隔页。如果发生跳行、隔页，应当将空行、空页划线注销，或者注明“此行空白”“此页空白”字样，并由记账人员签名或者盖章。这对避免在账簿登记中可能出现的漏洞，是十分必要的防范措施。

（8）结出余额。

凡需要结出余额的账户，结出余额后，应当在“借或贷”等栏内写明“借”或者“贷”等字样。没有余额的账户，应当在“借或贷”等栏内写“平”字，并在余额栏内用“0”表示。一般说来，对于没有余额的账户，在余额栏内标注的“0”应当放在“元”位。

（9）过次承前。

每一账页登记完毕结转下页时，应当结出本页合计数及余额，写在本页最后一行和下页第一行有关栏内，并在摘要栏内注明“过次页”和“承前页”字样；也可以将本页合计数及金额只写在下页第一行有关栏内，并在摘要栏内注明“承前页”字样。也就是说，“过次页”和“承前页”的方法有两种：一是在本页最后一行内结出发生额合计数及余额，然后过次页并在次页第一行承前页；二是只在次页第一行承前页写出发生额合计数及余额，不在上页最后一行结出发生额合计数及余额后过次页。财政部《会计基础工作规范》还对“过次页”的本页合计数的结计方法，根据不同需要作了规定：

① 对需要结计本月发生额的账户，结计“过次页”的本页合计数应当为自本月初起至本页末止的发生额合计数。这样做，便于根据“过次页”的合计数，随时了解本月初到本页末止的发生额，也便于月末结账时，加计“本月合计”数。

② 对需要结计本年累计发生额的账户，结计“过次页”的本页合计数应当为自年初起至本页末止的累计数，这样做，便于根据“过次页”的合计数，随时了解本年初到本页末止的累计发生额，也便于年终结账时，加计“本年累计”数。

③ 对既不需要结计本月发生额也不需要结计本年累计发生额的账户，可以只将每页末的余额结转次页，如某些材料明细账户就没有必要将每页的发生额都结转次页。

五、实训案例

2022年12月1日，北京沃达电器有限责任公司启用账簿。

要求：以总账为例填写账簿启用及交接表。

第一步，选用账簿。

公司选用总账、日记账和明细分类账。

第二步，启用账簿。

账簿启用及交接表见表2-1。

表2-1 账簿启用及交接表

机构名称	北京沃达电器有限责任公司	北京沃达电器有限责任公司（印章）
账簿名称	总分类账 （第 1 册）	
账簿编号	01	
账簿页数	本账簿共计 页（本账簿页数 ）	
启用日期	公元 2022 年 12 月 1 日	

经管人员	负责人		主管会计		复核		记账	
	姓名	盖章	姓名	盖章	姓名	盖章	姓名	盖章

接交记录	经管人员		接管				交出			
	职别	姓名	年	月	日	盖章	年	月	日	盖章
备注										

任务二　账户设置

一、实训目标

1. 能设置正确的会计账户。
2. 能确定合理的记账方法。
3. 能选择会计核算程序。

二、实训材料

1. 日记账。
2. 总账。
3. 明细账。

三、实训内容和步骤

第一步，设置会计账户。

1. 账户是用来记录会计科目所反映经济业务内容的工具，它是根据会计科目设置的。账户以会计科目作为名称，同时又具备一定的格式，即结构。

2. 账户的内容。

（1）账户名称（即会计科目）。

（2）日期和摘要。

（3）增加和减少的金额及余额。

3. 根据账户所反映的经济内容可将其分为资产类账户、负债类账户、所有者权益类账户、成本类账户、损益类账户等。

4. 会计账户按企业会计准则确定，也可根据自身情况设置。

5. 企业可根据单位实际需要设置三栏式、多栏式、数量金额式明细账。

（1）三栏式明细账，以应收账款为例，“应收账款”账户核算和监督企业应收账款的发生和收回情况。不单独设置“预收账款”账户的企业，预收的账款也在“应收账款”账户核算。该账户应按不同的购买单位或接受劳务的单位设置明细账，进行明细核算。

（2）多栏式明细账，以管理费用为例，“管理费用”账户核算企业为组织和管理生产经营过程中发生的各种费用。该账户按管理费用的费用项目进行明细核算。

（3）数量金额式明细账，以库存商品为例，“库存商品”账户核算企业库存商品的入库、出库和结存情况。该账户按库存商品的品种进行明细核算。

第二步，确定记账方法。

1. 记账方法是根据一定的原理、记账符号、记账规则，采用一定的计量单位，利用文字和数字在账簿中登记经济业务的方法。

2. 按记录方式的不同，记账方法可分为单式记账法和复式记账法两大类。单式记账法是对发生经济业务之后所产生会计要素的增减变动，只在一个账户中进行登记的方法。复式记账法是对每项经济业务按相等的金额在两个或两个以上有关账户中同时进行登记的方法。

3. 复式记账法又分为借贷记账法、收付记账法和增减记账法。目前使用最多的是借贷记账法。

第三步，确定账务处理程序。

1. 我国各经济单位采用的账务处理程序主要有五种：记账凭证账务处理程序、汇总记账凭证账务处理程序、科目汇总表账务处理程序、多栏式日记账账务处理程序和日记总账账务处理程序。前三种是最常用的账务处理程序。实训中用得最多的是科目汇总表账务处理程序。

2. 科目汇总表是根据一定时期内的全部记账凭证，按科目进行归类编制的。在科目汇总表中，分别计算出每一个总账科目的借方发生额合计数、贷方发生额合计数。根据借贷记账法的记账规则，两者合计数应相等。科目汇总表可以每月编制一张，也可以每旬汇总一次，每月编制三张。

四、实训注意事项

1. 预收账款与预付账款账户尽量不开设，直接与应付账款、应收账款合并使用，以防核算错误。

2. 账户设置时一般一级账户按照企业会计准则设置（特殊的也可单列），二级及以下账户根据企业需要设置。

五、实训案例

2022年12月1日，北京沃达电器有限责任公司期初建账资料见表2-2。

表2-2 期初建账资料 单位：元

科目名称	账簿类别	借方余额	贷方余额
应收账款	三栏式总账	27 944 300.00	
北京城乡贸易城	三栏式明细账	6 428 000.00	
福建银海贸易有限责任公司	三栏式明细账	21 516 300.00	
天津万润贸易公司	三栏式明细账		
在途物资	三栏式总账		
短期借款	三栏式总账		
应付票据	三栏式总账		5 786 786.07
北京京亿不锈钢有限公司	三栏式明细账		5 786 786.07

续表

科目名称	账簿类别	借方余额	贷方余额
应付账款	三栏式总账		6 637 600.41
无锡电器科技有限公司	三栏式明细账		6 469 600.41
九江塑电科技有限公司	三栏式明细账		
北京市昌平区第三电力公司	三栏式明细账		120 000.00
北京市昌平区第二自来水公司	三栏式明细账		48 000.00
应交税费	三栏式总账		1 412 203.50
应交增值税	三栏式明细账		
进项税额	三栏式明细账		
销项税额	三栏式明细账		
转出未交增值税	三栏式明细账		
未交增值税	三栏式明细账		1 253 000.00
代扣代缴个人所得税	三栏式明细账		8 843.50
应交城市维护建设税	三栏式明细账		87 710.00
应交教育费附加	三栏式明细账		37 590.00
应交地方教育附加	三栏式明细账		25 060.00
应交所得税	三栏式明细账		
应付股利	三栏式总账		
应付利息	三栏式总账		
实收资本	三栏式总账		50 000 000.00
盈余公积	三栏式总账		
法定盈余公积	三栏式明细账		
本年利润	三栏式总账		
利润分配	三栏式总账		37 555 024.63
未分配利润	三栏式明细账		37 555 024.63
提取法定盈余公积	三栏式明细账		
应付股利	三栏式明细账		

要求：根据期初建账资料分别开设总账、明细账（以应收账款为例）。

第一步，设置会计账户。

公司依据企业会计准则设置一级账户，之后根据业务需要开设二级账户（见表2-3至表2-5）。

表2-3 "1122应收账款"总账 单位：元

2022年		凭证号数	摘要	对方科目	借方	贷方	方向	余额
月	日							
12	1		期初余额				借	27 944 300.00

表2-4 "应收账款——112201北京城乡贸易城"明细账 单位：元

2022年		凭证号数	摘要	借方	贷方	方向	余额
月	日						
12	1		期初余额			借	6 428 000.00

表2-5 "应收账款——112202福建银海贸易有限责任公司"明细账

2022年		凭证号数	摘要	借方	贷方	方向	余额
月	日						
12	1		期初余额			借	21 516 300.00

第二步，确定记账方法。

公司采用复式记账法下的借贷记账法。

第三步，确定账务处理程序。

公司采用科目汇总表账务处理程序。

任务三 登记日记账期初余额

一、实训目标

1. 能正确登记库存现金日记账的期初余额。
2. 能正确登记银行存款日记账的期初余额。

二、实训材料

1. 库存现金日记账。
2. 银行存款日记账。

三、实训内容和步骤

第一步，登记库存现金日记账的期初余额。

1.标题栏中有日期、凭证号数、摘要、对方科目、收入支出金额、余额。

（1）日期：指的是记账凭证上的日期，不是原始凭证上的日期，也不是登记账簿的日期。

（2）凭证号数：如果是通用记账凭证就写记第×号；如果是专用记账凭证就写收第×号、付第×号或者是现收第×号、现付第×号、银付第×号等，对于既涉及现金又涉及银行存款的，我们一般编写付款凭证。

（3）摘要：要求简明扼要，一般可以将记账凭证上的摘要照抄。

（4）对方科目：一般只填总账科目不填明细科目，如果涉及多个总账科目可以选择一个主要的科目或者选择一个金额较大的后面加一个等字。

（5）收入支出金额：按照库存现金科目的借贷方向登记，借方登在收入栏，贷方登在支出栏。

（6）结余：本日余额=上日余额+本日收入合计-本日支出合计。

2.启用新账簿时，应把上年度的年末余额记入新账的第一行，并在摘要栏注明“上年结转”字样。

第二步，登记银行存款日记账的期初余额。

登记要求同库存现金日记账。

四、实训注意事项

1. 日记账的登记人员是本单位的出纳人员。
2. 登记依据是审核无误的记账凭证。
3. 登记方法是逐日逐笔序时登记。
4. 库存现金日记账登记要求“日清日结”，银行存款日记账登记要求“日清月结”。

五、实训案例

2022年12月1日，北京沃达电器有限责任公司期初建账资料（见表2-6）。

表2-6　期初建账资料　单位：元

科目编码	科目名称	账簿类别	借方金额	贷方金额
1001	库存现金	三栏式总账/库存现金日记账	30 000.00	
1002	银行存款	三栏式总账/银行存款日记账	19 600 000.00	

要求：根据期初建账资料登记银行存款和库存现金日记账期初余额。

第一步，登记库存现金日记账期初余额（见表2-7）。

表2-7　　库存现金日记账　　单位：元

2022年		凭证号数	摘要	对方科目	借方	贷方	余额
月	日						
12	1		期初余额				30 000.00

第二步，登记银行存款日记账期初余额（见表2-8）。

表2-8　　银行存款日记账　　单位：元

2022年		凭证号数	摘要	对方科目	借方	贷方	余额
月	日						
12	1		期初余额				19 600 000.00

任务四　登记明细账期初余额

一、实训目标

1. 能正确登记三栏式明细账的期初余额。
2. 能正确登记多栏式明细账的期初余额。
3. 能正确登记数量金额式明细账的期初余额。

二、实训材料

1. 三栏式明细账。
2. 多栏式明细账。
3. 数量金额式明细账。

三、实训内容和步骤

第一步，登记三栏式明细账的期初余额。

1. 三栏式明细账是设有借方、贷方和余额三个栏目，用以分类核算各项经济业务，提供详细核算资料的账簿，其格式与三栏式总账相同。

2. 三栏式明细账适用于只需要进行金额核算，不需要进行数量核算的结算类科目的明细分类核算。例如，对“应收账款”“应收票据”“预收账款”“应付账款”“预付账款”等总账科目的明细分类核算，就可采用三栏式明细账进行。

3. 启用新账簿时，应把上年度的年末余额记入新账的第一行，并在摘要栏注明“上年结转”字样。

4. 三栏式明细账是由会计人员根据审核无误的记账凭证，按经济业务发生的时间先后顺序逐日逐笔进行登记的。

第二步，登记多栏式明细账的期初余额。

1. 多栏式明细账是将属于同一个总账科目的各个明细科目合并在一张账页上进行登记。多栏式明细账适用于那些要求对金额进行分析的有关费用成本类、收入成果类科目的明细分类核算，例如，对“主营业务收入”“管理费用”“销售费用”“生产成本”等总账科目的明细核算，可采用多栏式明细账。

2. 多栏式明细账，是根据经济业务的特点和经营管理的需要，在一张账页内按有关明细科目或明细项目分设若干专栏，用以在同一张账页集中反映各有关明细科目或明细项目的核算资料。按明细分类账登记的经济业务不同，多栏式明细账账页又分为借方多栏、贷方多栏和借贷方均多栏三种格式。

（1）借方多栏式明细账的设置。

借方多栏式明细账的账页格式适用于借方需要设多个明细科目或明细项目的账户，如“材料采购”、“生产成本”、“制造费用”、“管理费用”和“营业外支出”等科目的明细分类核算。

（2）贷方多栏式明细账的设置。

贷方多栏式明细账的账页格式适用于贷方需要设多个明细科目或明细项目的账户，如“主营业务收入”和“营业外收入”等科目的明细分类核算。

（3）借贷方多栏式明细账的设置。

借贷方多栏式明细账的账页格式适用于借方贷方均需要设多个明细科目或明细项目的账户，如“本年利润”科目的明细分类核算。

3. 启用新账簿时，应把上年度的年末余额记入新账的第一行，并在摘要栏注明“上年结转”字样。

4. 多栏式明细账是由会计人员根据审核无误的记账凭证逐笔登记的。

第三步，登记数量金额式明细账的期初余额。

1. 数量金额式明细分类账的借方（收入）、贷方（发出）和余额（结存）都分别设有数量、单价和金额三个专栏。数量金额式明细账适用于既要进行金额明细核算，又要进行数量明细核算的经济业务，如原材料、库存商品等物资的明细核算。这种明细账能够提供物资收入、发出、结存等数量和金额资料，便于开展业务和加强管理。

2. 数量金额式明细账的账页格式，分别设有收入、发出和结存栏，而且在收入、发出和结存栏的每一栏目中，又分别设有数量、单价和金额栏。

3. 启用新账簿时，应把上年度的年末余额记入新账的第一行，并在摘要栏注明“上年结转”字样。

4. 数量金额式明细账是由会计人员根据审核无误的记账凭证，按经济业务发生的时间先后顺序逐日逐笔进行登记的。

四、实训注意事项

1. 明细账的登记人员是本单位的记账人员。
2. 登记依据是审核无误的记账凭证或原始凭证。
3. 登记方法是逐日逐笔序时登记。

五、实训案例

期初建账资料见表2–2和表2–9。

表2–9 期初建账资料 金额单位：元

科目名称	账簿类别	借方			贷方
		数量	单价	金额	
原材料	三栏式总账			3 471 900.00	
轻巧、经典型壶盖	数量金额式明细账	44 200	5.00	221 000.00	
豪华型壶盖	数量金额式明细账	2 500	8.00	20 000.00	
轻巧、经典型壶底	数量金额式明细账	44 200	20.00	884 000.00	
豪华型壶底	数量金额式明细账	2 500	35.00	87 500.00	
轻巧型辅材套件	数量金额式明细账	26 000	4.00	104 000.00	
经典型辅材套件	数量金额式明细账	18 200	4.50	81 900.00	
豪华型辅材套件	数量金额式明细账	2 500	5.00	12 500.00	
轻巧型壶体	数量金额式明细账	26 000	42.00	1 092 000.00	
经典型壶体	数量金额式明细账	18 200	45.00	819 000.00	
豪华型壶体	数量金额式明细账	2 500	60.00	150 000.00	
库存商品	三栏式总账			3 827 962.00	
轻巧型电热水壶	数量金额式明细账	23 000	76.82	1 766 860.00	
经典型电热水壶	数量金额式明细账	20 000	82.65	1 653 000.00	
豪华型电热水壶	数量金额式明细账	3 400	120.03	408 102.00	
精磨型豆浆机	数量金额式明细账				
时尚型豆浆机	数量金额式明细账				
经典型电饭煲	数量金额式明细账				
智能型电饭煲	数量金额式明细账				
固定资产	三栏式总账			69 060 221.00	
房屋及建筑物	三栏式明细账			34 000 000.00	
机器设备	三栏式明细账			25 290 000.00	

续表

科目名称	账簿类别	借方			贷方
		数量	单价	金额	
运输设备	三栏式明细账			8 050 000.00	
办公设备	三栏式明细账			1 720 221.00	
累计折旧	三栏式总账				22 224 161.89
房屋及建筑物	三栏式明细账				4 661 000.00
机器设备	三栏式明细账				11 812 537.50
运输设备	三栏式明细账				4 398 368.58
办公设备	三栏式明细账				1 352 255.81
应付职工薪酬	三栏式总账				318 606.50
工资	三栏式明细账				318 606.50
生产成本	三栏式总账				
轻巧型电热水壶	三栏式明细账				
经典型电热水壶	三栏式明细账				
豪华型电热水壶	三栏式明细账				
制造费用	三栏式总账				
水电费	三栏式明细账				
折旧	三栏式明细账				
工资	三栏式明细账				
主营业务收入	三栏式总账				
轻巧型电热水壶	三栏式明细账				
经典型电热水壶	三栏式明细账				
豪华型电热水壶	三栏式明细账				
精磨型豆浆机	三栏式明细账				
时尚型豆浆机	三栏式明细账				
经典型电饭煲	三栏式明细账				

续表

科目名称	账簿类别	借方			贷方
		数量	单价	金额	
智能型电饭煲	三栏式明细账				
主营业务成本	三栏式总账				
轻巧型电热水壶	三栏式明细账				
经典型电热水壶	三栏式明细账				
豪华型电热水壶	三栏式明细账				
精磨型豆浆机	三栏式明细账				
时尚型豆浆机	三栏式明细账				
经典型电饭煲	三栏式明细账				
智能型电饭煲	三栏式明细账				
税金及附加	三栏式总账				
销售费用	三栏式总账				
差旅费	三栏式明细账				
水电费	三栏式明细账				
折旧	三栏式明细账				
工资	三栏式明细账				
管理费用	三栏式总账				
办公费	三栏式明细账				
水电费	三栏式明细账				
折旧	三栏式明细账				
工资	三栏式明细账				
财务费用	三栏式总账				
利息费用	三栏式明细账				
所得税费用	三栏式总账				

2022年12月1日，北京沃达电器有限责任公司期初存货信息见表2-10。

表2-10　期初存货信息

存货名称	规格型号	计量单位
轻巧、经典型壶盖	通用：定制	件
豪华型壶盖	豪华型：定制	件
轻巧、经典型壶底	通用：定制	件
豪华型壶底	豪华型：定制	件
轻巧型辅材套件	轻巧型：定制	套
经典型辅材套件	经典型：定制	套
豪华型辅材套件	豪华型：定制	套
轻巧型壶体	轻巧型：定制	件
经典型壶体	经典型：定制	件
豪华型壶体	豪华型：定制	件
轻巧型电热水壶	轻巧型	件
经典型电热水壶	经典型	件
豪华型电热水壶	豪华型	件
精磨型豆浆机	精磨型	件
时尚型豆浆机	时尚型	件
经典型电饭煲	经典型	件
智能型电饭煲	智能型	件

要求：根据期初建账资料和存货信息，分别登记明细账余额（以应收账款、管理费用、原材料为例）。

第一步，登记三栏式明细账期初余额（见表2-11和表2-12）。

表2-11　“应收账款——112201北京城乡贸易城”明细账　单位：元

2022年		凭证号数	摘要	借方	贷方	方向	余额
月	日						
12	1		期初余额			借	6 428 000.00

表2-12　“应收账款——112202福建银海贸易有限责任公司”明细账　单位：元

2022年		凭证号数	摘要	借方	贷方	方向	余额
月	日						
12	1		期初余额			借	21 516 300.00

第二步，登记多栏式明细账期初余额（见表2-13）。

表2-13 “管理费用”明细账

单位：元

2022年		凭证号数	摘要	借方					贷方	方向	余额
月	日			办公费	折旧费	水电费	工资	其他			
12	1		期初余额							平	

第三步，登记数量金额式明细账期初余额（见表2-14至表2-23）。

表2-14 “原材料——轻巧、经典型壶盖”明细账

单位：元

2022年		凭证号数	摘要	借方	贷方	方向	余额
月	日						
12	1		期初余额			借	221 000.00

表2-15 “原材料——豪华型壶盖”明细账

单位：元

2022年		凭证号数	摘要	借方	贷方	方向	余额
月	日						
12	1		期初余额			借	20 000.00

表2-16 “原材料——轻巧、经典型壶底”明细账

单位：元

2022年		凭证号数	摘要	借方	贷方	方向	余额
月	日						
12	1		期初余额			借	884 000.00

表2-17 “原材料——豪华型壶底”明细账

单位：元

2022年		凭证号数	摘要	借方	贷方	方向	余额
月	日						
12	1		期初余额			借	87 500.00

表2-18 “原材料——轻巧型辅材套件”明细账

单位：元

2022年		凭证号数	摘要	借方	贷方	方向	余额
月	日						
12	1		期初余额			借	104 000.00

表2-19 “原材料——经典型辅材套件”明细账

单位：元

2022年		凭证号数	摘要	借方	贷方	方向	余额
月	日						
12	1		期初余额			借	81 900.00

表2-20 “原材料——豪华型辅材套件”明细账 单位：元

2022年		凭证号数	摘要	借方	贷方	方向	余额
月	日						
12	1		期初余额			借	12 500.00

表2-21 “原材料——轻巧型壶体”明细账 单位：元

2022年		凭证号数	摘要	借方	贷方	方向	余额
月	日						
12	1		期初余额			借	1 092 000.00

表2-22 “原材料——经典型壶体”明细账 单位：元

2022年		凭证号数	摘要	借方	贷方	方向	余额
月	日						
12	1		期初余额			借	819 000.00

表2-23 “原材料——豪华型壶体”明细账 单位：元

2022年		凭证号数	摘要	借方	贷方	方向	余额
月	日						
12	1		期初余额			借	150 000.00

任务五 登记总账期初余额

一、实训目的

能正确登记总账的期初余额。

二、实训材料

总账。

三、实训内容和步骤

第一步，根据总分类科目开设账户。

总账是根据总分类科目开设的，用来登记全部经济业务，进行总分类核算，提供总括核算资料的分类账簿。总账所提供的核算资料，是编制会计报表的主要依据，任何单位都必须设置总账。

第二步，启用总账新账簿，并登记期初余额。

启用新账簿时，应把上年度的年末余额记入新账的第一行，并在摘要栏注明“上年结转”字样。

期初余额是指企业上月结存的数据，期末余额就是期初金额加上本期增加额减去本期减少额。

总账的登记依据和方法，主要取决于企业所采用的会计核算形式。它可以直接根据各种记账凭证逐笔登记，也可以根据科目汇总表或汇总记账凭证登记。

四、实训注意事项

1. 总账的登记人员是本单位的记账人员。
2. 总账登记依据是审核无误的记账凭证、科目汇总表或汇总记账凭证。

五、实训案例

2022年12月1日，北京沃达电器有限责任公司期初建账资料见表2-24。

表2-24 期初建账资料 单位：元

科目名称	账簿类别	借方			贷方
		数量	单价	金额	
原材料	三栏式总账			3 471 900.00	
轻巧、经典型壶盖	数量金额式明细账	44 200	5.00	221 000.00	
豪华型壶盖	数量金额式明细账	2 500	8.00	20 000.00	
轻巧、经典型壶底	数量金额式明细账	44 200	20.00	884 000.00	
豪华型壶底	数量金额式明细账	2 500	35.00	87 500.00	
轻巧型辅材套件	数量金额式明细账	26 000	4.00	104 000.00	
经典型辅材套件	数量金额式明细账	18 200	4.50	81 900.00	
豪华型辅材套件	数量金额式明细账	2 500	5.00	12 500.00	
轻巧型壶体	数量金额式明细账	26 000	42.00	1 092 000.00	
经典型壶体	数量金额式明细账	18 200	45.00	819 000.00	
豪华型壶体	数量金额式明细账	2 500	60.00	150 000.00	
库存商品	三栏式总账			3 827 962.00	
轻巧型电热水壶	数量金额式明细账	23 000	76.82	1 766 860.00	
经典型电热水壶	数量金额式明细账	20 000	82.65	1 653 000.00	

续表

科目名称	账簿类别	借方			贷方
		数量	单价	金额	
豪华型电热水壶	数量金额式明细账	3 400	120.03	408 102.00	
精磨型豆浆机	数量金额式明细账				
时尚型豆浆机	数量金额式明细账				
经典型电饭煲	数量金额式明细账				
智能型电饭煲	数量金额式明细账				
固定资产	三栏式总账			69 060 221.00	
房屋及建筑物	三栏式明细账			34 000 000.00	
机器设备	三栏式明细账			25 290 000.00	
运输设备	三栏式明细账			8 050 000.00	
办公设备	三栏式明细账			1 720 221.00	
累计折旧	三栏式总账				22 224 161.89
房屋及建筑物	三栏式明细账				4 661 000.00
机器设备	三栏式明细账				11 812 537.50
运输设备	三栏式明细账				4 398 368.58
办公设备	三栏式明细账				1 352 255.81
应付职工薪酬	三栏式总账				318 606.50
工资	三栏式明细账				318 606.50
生产成本	三栏式总账				
轻巧型电热水壶	三栏式明细账				
经典型电热水壶	三栏式明细账				
豪华型电热水壶	三栏式明细账				
制造费用	三栏式总账				
水电费	三栏式明细账				
折旧	三栏式明细账				
工资	三栏式明细账				

续表

科目名称	账簿类别	借方			贷方
		数量	单价	金额	
主营业务收入	三栏式总账				
轻巧型电热水壶	三栏式明细账				
经典型电热水壶	三栏式明细账				
豪华型电热水壶	三栏式明细账				
精磨型豆浆机	三栏式明细账				
时尚型豆浆机	三栏式明细账				
经典型电饭煲	三栏式明细账				
智能型电饭煲	三栏式明细账				
主营业务成本	三栏式总账				
轻巧型电热水壶	三栏式明细账				
经典型电热水壶	三栏式明细账				
豪华型电热水壶	三栏式明细账				
精磨型豆浆机	三栏式明细账				
时尚型豆浆机	三栏式明细账				
经典型电饭煲	三栏式明细账				
智能型电饭煲	三栏式明细账				
税金及附加	三栏式总账				
销售费用	三栏式总账				
差旅费	三栏式明细账				
水电费	三栏式明细账				
折旧	三栏式明细账				
工资	三栏式明细账				

续表

科目名称	账簿类别	借方			贷方
		数量	单价	金额	
管理费用	三栏式总账				
办公费	三栏式明细账				
水电费	三栏式明细账				
折旧	三栏式明细账				
工资	三栏式明细账				
财务费用	三栏式总账				
利息费用	三栏式明细账				
所得税费用	三栏式总账				

要求：根据期初建账资料，登记总账（以原材料为例）期初余额。

答案：以原材料总账为例登记期初余额（见表2-25）。

表2-25 “原材料”总账

单位：元

2022年		凭证号数	摘要	借方	贷方	方向	余额
月	日						
12	1		期初余额			借	3 471 900.00

思政案例

龙力生物：删改、伪造大量会计凭证

2015年至2017年，龙力生物通过删改财务数据、伪造会计凭证等方式，导致2015年度虚增资产近5亿元，虚减负债17亿余元，虚增利润近1.4亿元；2016年度虚增资产近1.3亿元，虚减负债28亿余元，虚增利润近2.5亿元；2017半年度虚减负债29亿余元，虚增利润近2亿元。中国证监会《行政处罚决定书》（〔2021〕3号）显示，龙力生物2015年年度、2016年半年度、2016年年度报告中财务报表里银行存款项目存在虚假记载。2015年1月1日至2016年12月31日，龙力生物删除、修改、伪造大量会计凭证、相关单据，以及将部分募集资金从募集资金专户转入一般户用于日常经营和归还贷款。通过上述方式，龙力生物《2015年年度报告》虚增银行存款49 893.18万元，占公司披露总资产的18.5%；《2016年半年度报告》虚增银行存款12 099.35万元，占公司披露总资产的3.52%；《2016年年度报告》虚增银行存款12 663.86万元，占公司披露总资产的3%。

证监会决定：

1.对龙力生物责令改正，给予警告并处以60万元罚款；

2.对程少博给予警告，并处以90万元罚款，其中作为直接负责的主管人员罚款30万元，作为实际控制人罚款60万元；依据2005年《证券法》第一百九十四条的规定，对程少博给予警告，并处以60万元罚款，其中作为直接负责的主管人员罚款20万元，作为实际控制人罚款40万元。对程少博合计罚款150万元；

资料来源：中国证券监督管理委员会．龙力生物：删改、伪造大量会计凭证，造假方式“简单粗暴”［EB/OL］．［2023-04-18］．https：//www.xinsanbanbao.com/20230418/news/n72905.html.

启示：《中华人民共和国会计法》中规定，会计凭证、会计账簿、财务会计报告和其他会计资料，必须符合国家统一的会计制度的规定。使用电子计算机进行会计核算的，其软件及其生成的会计凭证、会计账簿、财务会计报告和其他会计资料，也必须符合国家统一的会计制度的规定。任何单位和个人不得伪造、变造会计凭证、会计账簿及其他会计资料，不得提供虚假的财务会计报告。《中华人民共和国会计法》第四十四条：隐匿或者故意销毁依法应当保存的会计凭证、会计账簿、财务会计报告，构成犯罪的，依法追究刑事责任。

项目三

原始凭证填制与审核

任务一　支票填写

一、实训目标

1. 能正确填写现金支票。
2. 能正确填写转账支票。

二、实训材料

1. 现金支票。
2. 转账支票。

三、实训内容和步骤

（一）认知支票

第一步，认知支票正联。

支票的正联要素主要有：出票日期（大写）、收款人、大写金额、小写金额、密码、用途、印鉴章及收款人信息。

第二步，认知支票存根联。

支票的存根联要素主要有：出票日期（小写）、收款人、金额、用途及单位主管信息。

第三步，认知支票反面的背书栏。

背书是转让的意思，持票人可多次对支票进行背书转让。支票的背书栏要素有：被背书人（公司名称）、背书人（签章）、背书日期信息。

支票样式如图3-1所示。支票背书栏如图3-2所示。

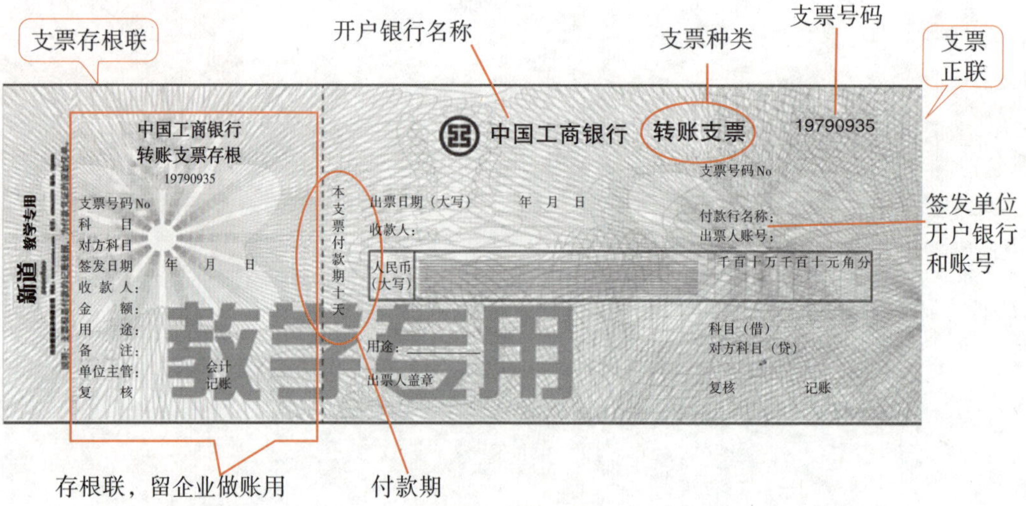

图3-1　支票样式

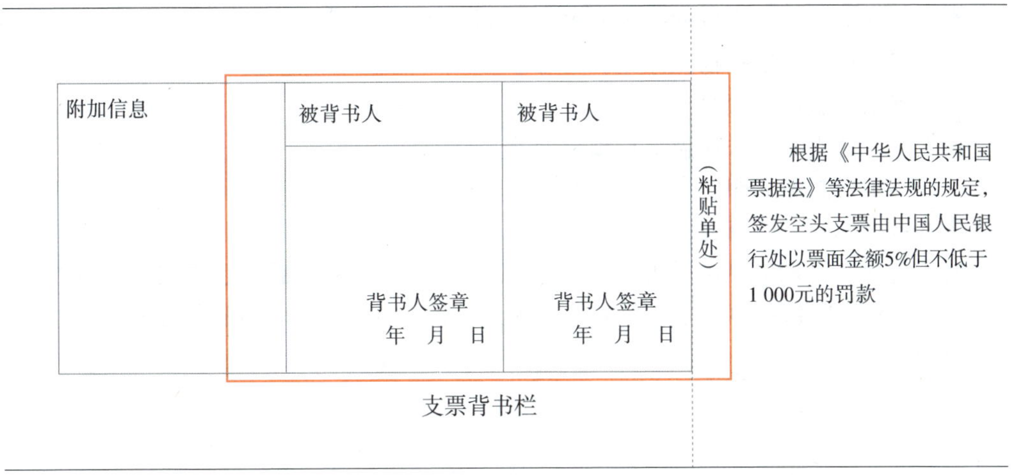

图3-2 支票背书栏

（二）填写支票

第一步，填写支票签发日期。

数字必须大写，大写数字写法：零、壹、贰、叁、肆、伍、陆、柒、捌、玖、拾。

（1）月份为1—10月的要在其前加零，10—12月的在其前加壹，如10月写成：零壹拾月。

（2）日为1—10日的在其前加零，如9日写成：零玖日。日为10的倍数（10，20，30）的要在其前加零，如10日写成：零壹拾日。

第二步，填写收款人。

填写收款人单位全称。

第三步，填写金额。

注意数字的大写写法：零、壹、贰、叁、肆、伍、陆、柒、捌、玖、拾、佰、仟、万、亿；大写金额前不得留有空格；大小写金额必须一致；小写金额前加人民币符号￥。

（1）数字到元为止的，要在元后加正或者整字，如￥4 500.00写成肆仟伍佰元正。

（2）数字到角为止的，要在角后加正或者整字，如￥7 881.10写成柒仟捌佰捌拾壹元壹角正。

（3）数字到分为止的，后面无须加任何字，如￥7 881.11写成柒仟捌佰捌拾壹元壹角壹分。

（4）数字之间无论多少个零，均只写一个零，如￥30 005.10写成叁万零伍元壹角正。

（5）元位为0，角分位不为0的，元位的零不写零，如￥350.10写成叁佰伍拾元壹角正。

值得注意的是大写金额与人民币字样之间不可以留有太大的空隙，否则容易被退票。

第四步，填写用途。

据实填写用途，如水电费、货款等。

第五步，填写密码。

支票密码，一般由电子支付密码器生成（电子支付密码器是与企业预留印鉴配合使用鉴别票据真伪的一种辅助工具），是根据票面上的五要素——日期、金额、签发账号、凭证编号和业务种类，生成的一个16位的支付密码。

第六步，填写支票存根联。

根据支票正联信息填写。

第七步，在支票正联加盖银行预留印鉴。

在支票空白处加盖印鉴章：财务专用章、法人章。

第八步，填写支票背面。

对于现金支票收款人是本单位的，在支票的背面收款人那里还要加盖财务专用章（有部分银行要求盖印鉴章或者法人章，还要写上经办人的姓名与身份证号，并检查经办人身份证原件）。

四、实训注意事项

1. 支票的付款日期为开票日起10日内，超过10日再去银行办理银行将不受理。

2. 收款人是本单位的，在支票的背面收款人那里还要加盖财务专用章。

3. 一般银行对印章只要求清晰，但是有些银行比较严格，要求印章不能压到金额线上面。

4. 转账支票背面本单位不盖章。收款单位取得转账支票后，在支票背面被背书栏内加盖收款单位财务专用章和法人章，填写好银行进账单后连同该支票交给收款单位的开户银行委托银行收款。

5. 转账支票收款人可写为收款人个人姓名，此时转账支票背面不盖任何章，收款人在转账支票背面填上身份证号码和发证机关名称，凭身份证和转账支票兑现存入个人在开户银行开立的个人结算账户内。

五、实训案例

2022年1月25日，北京新锐电器有限公司开出一张转账支票，金额12万元，用于支付北京融通综合服务有限公司广告费。北京融通综合服务有限公司开户行：中国工商银行北京分行昌平支行。银行账号：0100229999888899988。

要求：请按照填写支票的步骤正确填写转账支票（如图3-3和图3-4所示）。

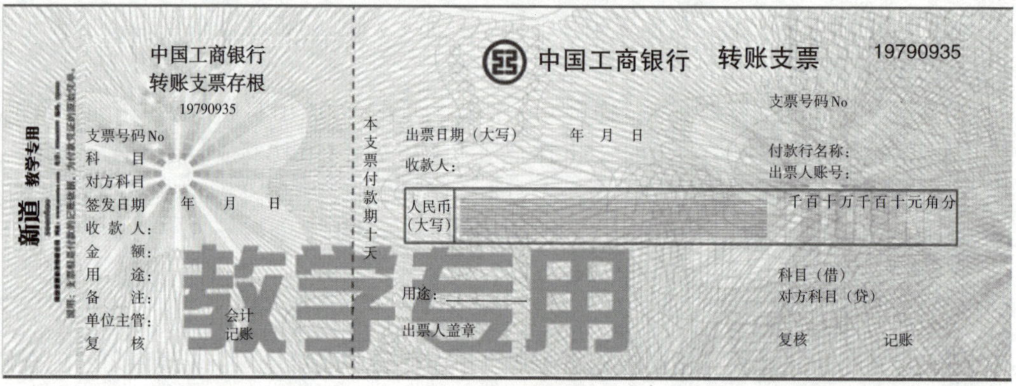

图3-3　支票正面

附加信息	被背书人	被背书人
	背书人签章 年　月　日	背书人签章 年　月　日

（粘贴单处）

根据《中华人民共和国票据法》等法律法规的规定，签发空头支票由中国人民银行处以票面金额5%但不低于1 000元的罚款

图3-4　支票背面

答案：支票填写如图3-5所示。

注意：在教学中支票号码由签发人自己按顺序从00000001号开始编制

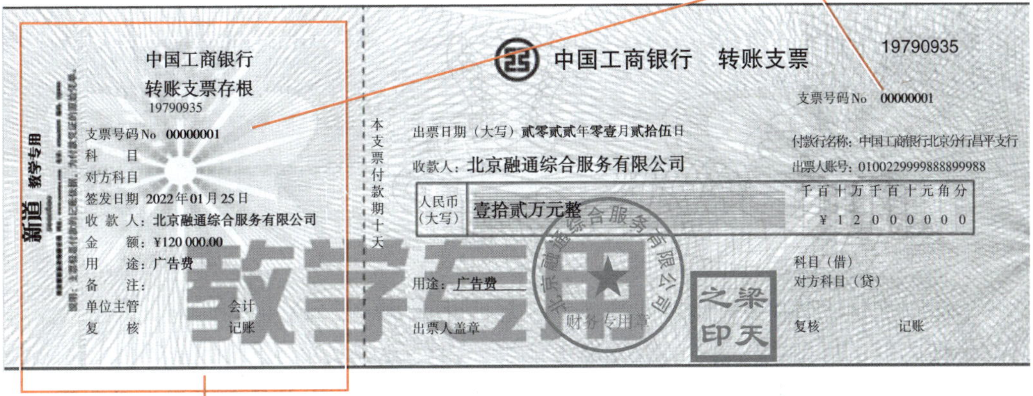
中国工商银行
转账支票存根
19790935
支票号码No　00000001
科　　目
对方科目
签发日期　2022年01月25日
收 款 人：北京融通综合服务有限公司
金　　额：¥120 000.00
用　　途：广告费
备　　注：
单位主管　　会计
复　　核　　记账

中国工商银行　转账支票　19790935
支票号码No　00000001
出票日期（大写）贰零贰贰年零壹月贰拾伍日　付款行名称：中国工商银行北京分行昌平支行
收款人：北京融通综合服务有限公司　出票人账号：0100229999888899988
人民币（大写）壹拾贰万元整　千百十万千百十元角分　¥ 1 2 0 0 0 0 0 0
本支票付款期十天
用途：广告费　科目（借）　对方科目（贷）
出票人盖章　复核　记账

留下转账支票存根作为记账依据

图3-5　支票

任务二　采购订单填写

一、实训目标

能正确填写采购订单。

二、实训材料

采购订单1张。

三、实训内容和步骤

（一）认知采购订单

采购订单的要素主要有：供应商名称、采购类别、合同编号、付款方式、制单日期、订单编号、采购品名、规格、单位、数量、单价、采购大小写金额、采购员、采购部经理签字。采购订单的样式见表3-1。

表3-1

采购订单

金额单位：元

供应商名称：　　　　采购类别：

合同编号：　　　　付款方式：

制单日期：　　　　订单编号：

序号	品名	规格	单位	到货时间	数量	单价	折扣率	金额小计
金额合计	（大写）：					（小写）：		
备　注								

采购部经理：　　　　采购员：

（二）填写采购订单

第一步，填写采购订单——表头。

供应商名称：填写采购物品供应企业，如河北钢铁厂。

采购类别：填写采购属于正常采购或额外采购。

合同编号：依据采购合同填写。

付款方式：依据采购合同填写。

制单日期：填写采购订单填写当天的日期，如2022年12月5日。

订单编号：填写该采购订单编号。

第二步，填写采购订单——表体。

采购品名：填写本次采购物品名称，如“钢管”。

规格：填写采购物品大小、质量等。

单位：填写采购物品计量单位，如“千克”。

数量：填写采购物品数量。

采购大小写金额：

（大写）：后面填写本次实际应付的大写金额合计数。注意大写的数字写法：零、壹、贰、叁、肆、伍、陆、柒、捌、玖、拾。

（小写）：后面填写本次实际应付的小写金额合计数，必须与大写金额保持一致，如￥2 000.00。

第三步，填写采购订单——表尾。

采购员：采购经办人员签字。

采购部经理：采购部经理审核签字。

四、实训注意事项

1. 采购订单依据采购合同填制。

2. 采购订单第一联留存采购部；第二联送达仓储部，作为验收货物的依据；第三联送达财务部，支付货款时使用；第四联递送供应商。

五、实训案例

2022年12月5日，北京新锐电器有限公司依据采购合同，向河北钢铁厂采购钢管，数量14 000根，每根钢管单价70.20元，折扣率2%。

要求：按照填写采购订单的步骤正确填写采购订单（见表3-2）。

表3-2

采购订单

金额单位：元

供应商名称：　　　　　　采购类别：

合同编号：　　　　　　　付款方式：

制单日期：　　　　　　　订单编号：

序号	品名	规格	单位	到货时间	数量	单价	折扣率	金额小计
金额合计	（大写）：					（小写）：		
备　注								

采购部经理：　　　　　　采购员：

答案：已填写采购订单见表3-3。

表3-3

采购订单

金额单位：元

供应商名称：河北钢铁厂　　　　采购类别：正常采购

合同编号：CG-HT-201110001　　付款方式：月结

制单日期：2022.12.05　　　　订单编号：CG-DD-201110001

序号	品名	规格	单位	到货时间	数量	单价	折扣率	金额小计
1	钢管	外16/内11/L5 000mm	根	2022.12.05	14 000	70.2	2%	963 144.00
2								
金额合计	（大写）：玖拾陆万叁仟壹佰肆拾肆元整					（小写）：¥963 144.00		
备　注								

采购部经理：李斌　　　　采购员：付海生

任务三 采购入库单填写

一、实训目标

能正确填写采购入库单。

二、实训材料

采购入库单。

三、实训内容和步骤

（一）认知采购入库单

采购入库单的要素主要有：制单日期、仓库、供应商名称、采购类型、单据编号、订单编号、采购品名、规格、单位、入库时间、数量、仓管员、仓储部经理签字。采购入库单见表3-4。

表3-4

采购入库单

制单日期： 仓库：
供应商名称： 采购类型：
单据编号： 订单编号：

序号	品名	规格型号	单位	入库时间	数量	备注
合计						

仓储部经理： 仓管员：

（二）填写采购入库单

第一步，填写采购入库单——表头。

制单日期：填写采购入库单填写当天的日期，如2022年12月5日。

仓库：填写采购物品进入的仓库名称，如原材料库。

供应商名称：填写采购物品供应企业，如河北钢铁厂。

采购类型：填写采购属于原材料采购或周转材料采购。

单据编号：填写该采购入库单编号。

订单编号：填写该采购订单编号。

第二步，填写采购入库单——表体。

采购品名：填写本次入库物品名称，如“钢管”。

规格型号：填写采购物品大小、质量等。

单位：填写采购物品计量单位，如“千克”。

入库时间：填写采购物品实际入库时间。

数量：填写入库物品数量。

第三步，填写采购入库单——表尾。

仓管员：仓库保管人员签字。

仓储部经理：仓储部经理审核签字。

四、实训注意事项

1. 采购入库单依据采购订单，实际采购物品的入库规格、数量、时间填制。

2. 采购入库单第一联留存仓储部。第二联送达采购部。第三联送达财务部，支付货款时使用。第四联递送供应商。

五、实训案例

2022年12月5日，北京新锐电器有限公司向河北钢铁厂采购原材料，钢管14 000根，采购物品清点入原材料库。

要求：按照填写采购入库单的步骤正确填写采购入库单（见表3-5）。

表3-5

采购入库单

制单日期： 仓库：

供应商名称： 采购类型：

单据编号： 订单编号：

序号	品名	规格型号	单位	入库时间	数量	备注
合计						

仓储部经理： 仓管员：

答案：填写采购入库单见表3-6。

表3-6

采购入库单

制单日期：2022年12月05日 仓库：原材料库

供应商名称：河北钢铁厂 采购类型：原材料采购

单据编号：CK-CLRK-201110001 订单编号：CG-DD-201109001

序号	品名	规格型号	单位	入库时间	数量	备注
1	钢管	外16/内11/L5 000mm	根	2022年12月05日	14 000	
合计						

仓储部经理：何明海 仓管员：王宝珠

任务四 领料单填写

一、实训目标

能正确填写领料单。

二、实训材料

领料单。

三、实训内容和步骤

（一）认知领料单

领料单的要素主要有：领料部门、领料单号、派工单号、制单日期、材料编码、材料名称、单位、材料规格、加工产品、领用数量、领用时间、仓储部、部门经理、车间管理员签字。领料单见表3-7。

表3-7

领料单

领料部门：

领料单号： 派工单号： 制单日期：

序号	材料编码	材料名称	单位	材料规格	加工产品	领用数量	领用时间	备注

仓储部： 部门经理： 车间管理员：

（二）填写领料单

第一步，填写领料单——表头。

领料部门：填写领取材料使用的部门。

领料单号：填写领料单的编号。

派工单号：填写加工所领取材料的派工单号。

制单日期：填写领料单填写当天的日期，如2022年12月5日。

第二步，填写领料单——表体。

材料编码：填写所领取材料的编码。

材料名称：填写本次领取材料的名称，如“钢管”。

单位：填写领取材料的计量单位，如“千克”。

材料规格：填写领取材料的大小、质量等。

加工产品：填写领取材料进行加工的产品名称。

领用数量：填写领取材料的数量。

领用时间：填写领取材料的时间。

第三步，填写领料单——表尾。

仓储部：仓库保管人员签字。

部门经理：仓储部经理审核签字。

车间管理员：生产车间管理人员签字。

四、实训注意事项

1. 领料单依据生产计划，领取材料的规格、数量、时间填制。
2. 领料单第一联留存仓储部，第二联送达生产车间，第三联送达财务部。

五、实训案例

2022 年 12 月 5 日，北京新锐电器有限公司生产计划部-机加工车间，领用钢管 10 000 根、坐垫 50 00 个，生产经济车架。

要求：按照填写领料单的步骤正确填写领料单（见表3-8）。

表3-8

领料单

领料部门：

领料单号：　　　　派工单号：　　　　制单日期：

序号	材料编码	材料名称	单位	材料规格	加工产品	领用数量	领用时间	备用

仓储部：　　　　部门经理：　　　　车间管理员：

答案：填写领料单见表3-9。

表3-9

领料单

领料部门：生产计划部——机加工车间

领料单号：5C-LL-201109001　　派工单号：5C-PG-20111001　　制单日期：2022年12月05日

序号	材料编码	材料名称	单位	材料规格	加工产品	领用数量	领用时间	备注
1	B0001	钢管	根	外16/内11/L5 000mm	经济车架	10 000	2022.12.05	
2	B0003	坐垫	个	HJA500	经济车架	5 000	2022.12.05	

仓储部：　　　　部门经理：　　　　车间管理员：周群

任务五　材料出库单填写

一、实训目标

能正确填写材料出库单。

二、实训材料

材料出库单。

三、实训内容和步骤

（一）认知材料出库单

材料出库单的要素主要有：单据编号、出库类型、出库日期、派工单号、物料名称、物料编码、出库数量、单价、金额、仓管员、仓储部经理、车间管理员签字。材料出库单见表3-10。

表3-10

材料出库单

金额单位：元

单据编号：　　　　　　出库类型：

出库日期：　　　　　　派工单号：

序号	物料名称	物料编码	出库数量	单价	金额	备注
1						
2						
3						
4						
5						
合计						

第一联 仓储部存根

仓管员：　　　　　　仓储部经理：　　　　　　车间管理员：

（二）填写材料出库单

第一步，填写材料出库单——表头。

单据编号：填写该材料出库单编号。

出库类型：填写材料出库的目的。

出库日期：填写材料实际出库的日期，如2022年12月5日。

派工单号：填写该材料出库对应的派工单编号。

第二步，填写材料出库单——表体。

物料名称：填写出库材料名称，如“钢管”。

物料编码：填写出库材料的编码。

出库数量：填写出库材料的数量。

单价：填写出库材料的单位价格。

金额：填写出库材料的总金额。

第三步，填写材料出库单——表尾。

车间管理员：产品生产完工车间的管理员签字。

仓管员：仓库保管人员签字。

仓储部经理：仓储部经理审核签字。

四、实训注意事项

1. 仓管员根据“领料单”如实填写“材料出库单”一式三联。

2. 车间领料人就出库单的相应项目与仓管员核对，确认无误后在“材料出库单”上签名，做到货、单相符。

3. 仓储部经理凭手续齐全的“领料单（仓库联）”和“材料出库单”的存根联登记仓库实物台账，其余一联交财务部门，一联交生产部门，材料依据材料出库单和领料单进行出库。

五、实训案例

2022年12月5日，北京新锐电器有限公司车间为进行生产领料，出库钢管10 000根、坐垫5 000个，出库材料清点出库。

要求：按照填写材料出库单的步骤正确填写材料出库单（见表3-11）。

表3-11

材料出库单

金额单位：元

单据编号：　　　　　　　　出库类型：

出库日期：　　　　　　　　派工单号：

序号	物料名称	物料编码	出库数量	单价	金额	备注
1						
2						
3						
4						
5						
合计						

第一联　仓储部存根

仓管员：　　　　　　仓储部经理：　　　　　　车间管理员：

答案：填写材料出库单见表3-12。

表3-12

材料出库单

金额单位：元

单据编号：CC-CLCK-201110001　　出库类型：生产车间领料

出库日期：2022年12月05日　　派工单号：5C-PG-20111001

序号	物料名称	物料编码	出库数量	单价	金额	备注
1	钢管	B001	10 000			
2	坐垫	B003	5 000			
3						
4						
5						
合计			15 000			

第一联　仓储部存根

仓管员：王宝珠　　仓储部经理：何明海　　车间管理员：周群

任务六　完工单填写

一、实训目标

能正确填写完工单。

二、实训材料

完工单。

三、实训内容和步骤

（一）认知完工单

完工单的要素主要有：生产部门、完工单号、编制日期、产品名称、完工日期、计划产量、实际产量、剩余在制品、待检验、不良产品数、车间管理员、部门经理签字。完工单见表3-13。

表3-13

完工单

数量单位：

生产部门：

完工单号：　　编制日期：

产品名称	完工日期	计划产量	实际产量	剩余在制品	待检验	不良产品数

部门经理：　　车间管理员：

（二）填写完工单

第一步，填写完工单——表头。

生产部门：填写完工产品生产的部门，如生产计划部。

完工单号：填写该完工单编号。

编制日期：填写编制该完工单的日期，如2022年12月5日。

第二步，填写完工单——表体。

产品名称：填写本次完工的产品名称，如“经济童车”。

完工日期：填写实际完工的日期，如2022年12月5日。

计划产量：填写计划生产产品的数量。

实际产量：填写实际完工产品的数量。

剩余在制品：填写尚未完工，需要继续生产的产品数量。

待检验：填写已经完工，需要进行检验的产品数量。

不良产品数：填写已经完工，检验不合格的产品数量。

第三步，填写完工单——表尾。

车间管理员：车间管理人员签字。

部门经理：部门经理审核签字。

四、实训注意事项

1. 完工单由车间管理员依据实际完工情况填写，需要生产部门经理审核。
2. 完工单一式二联，第一联生产计划部留存，第二联仓储部留存。

五、实训案例

2022年12月5日，北京新锐电器有限公司生产计划部，完成计划产量4 000辆经济童车的生产，无不良产品。

要求：按照填写完工单的步骤正确填写完工单（见表3-14）。

表3-14

完工单

数量单位：

生产部门：

完工单号：　　　　编制日期：

产品名称	完工日期	计划产量	实际产量	剩余在制品	待检验	不良产品数

部门经理：　　　　车间管理员：

答案：填写完工单见表3-15。

表3-15

完工单

数量单位：辆

生产部门：生产计划部

完工单号：SC-WG-201110002　　编制日期：2022年12月05日

产品名称	完工日期	计划产量	实际产量	剩余在制品	待检验	不良产品数
经济童车	2022年12月05日	4 000	4 000	0	0	0

部门经理：　　车间管理员：

任务七　生产入库单填写

一、实训目标

能正确填写生产入库单。

二、实训材料

生产入库单。

三、实训内容和步骤

（一）认知生产入库单

生产入库单的要素主要有：制单日期、仓库、单据编号、完工单编号、品名、规格型号、单位、入库时间、数量、车间管理员、仓管员、仓储部经理签字。生产入库单见表3-16。

表3-16

生产入库单

制单日期：　　仓库：

单据编号：　　完工单编号：

序号	品名	规格型号	单位	入库时间	数量	备注
1						
2						
3						
4						
5						
合计						

第一联　仓储部存根

仓储部经理：　　仓管员：　　车间管理员：

（二）填写生产入库单

第一步，填写生产入库单——表头。

制单日期：填写生产入库单填写当天的日期，如2022年12月5日。
仓库：填写生产完工产品进入的仓库名称，如成品库。
单据编号：填写该生产入库单编号。
完工单编号：填写该入库产品完工单的编号。
第二步，填写生产入库单——表体。
品名：填写本次生产完工入库产品名称，如“经济童车”。
规格型号：填写生产完工产品大小、质量等。
单位：填写生产入库产品的计量单位，如“辆”。
入库时间：填写生产完工产品的实际入库时间。
数量：填写生产完工入库产品的数量。
第三步，填写生产入库单——表尾。
车间管理员：产品生产完工车间的管理员签字。
仓管员：仓库保管人员签字。
仓储部经理：仓储部经理审核签字。

四、实训注意事项

1. 办理入库前，核对车间出具的“完工单”和“质检报告”信息是否齐全。
2. 生产入库时无法确定产品的总成本和单位成本，因此只填数量，不填单价和金额。
3. 生产入库单一式三联。存根联留在仓库登记存货台账，其余一联交财务部门作为成本核算的依据，一联交生产部门作为产量统计的依据。

五、实训案例

2022年12月5日，北京新锐电器有限公司完工入库经济童车4 000辆，完工产品清点入成品库。

要求：按照填写生产入库单的步骤正确填写生产入库单（见表3-17）。

表3-17

生产入库单

制单日期：　　　　仓库：
单据编号：　　　　完工单编号：

序号	品名	规格型号	单位	入库时间	数量	备注
1						
2						
3						
4						
5						
合计						

第一联　仓储部存根

仓储部经理：　　　　仓管员：　　　　车间管理员：

答案：填写生产入库单见表3-18。

表3-18

生产入库单

制单日期：2022年12月05日　　　　仓库：成品仓

单据编号：0002　　　　完工单编号：SC-WG-201110002

序号	品名	规格型号	单位	入库时间	数量	备注
1	经济童车		辆	2022年12月05日	4 000	
2						
3						
4						
5						
合计						

第一联　仓储部存根

根据完工单和实际验收数量填写

仓储部经理：　　　　仓管员：　　　　车间管理员：

任务八　借款单填写

一、实训目标

能正确填写借款单。

二、实训材料

借款单。

三、实训内容和步骤

（一）认知借款单

借款单的要素主要有：部门、日期、借款用途、大写金额、小写金额、支付方式，以及借款人、部门经理、财务部经理、总经理签字。借款单如图3-6所示。

借　款　单

部门：　　　　年　　月　　日

借款用途＿＿＿＿＿＿＿＿＿＿

借款金额
人民币（大写）＿＿＿＿＿＿＿＿　¥＿＿＿＿＿

□现金　　□支票　　□电汇

财务部经理：　　总经理：　　部门经理：　　借款人：

图3-6　借款单

（二）填写借款单

第一步，填写借款单借款人所在部门。

依据借款人所在部门如实填写，此部分可参照单位人员花名册。

第二步，填写借款单借款日期。

依据借款人发生借款的日期填写，如当前时间为2022年12月5日，即填写2022年12月5日。

第三步，填写借款单借款用途。

依据实际情况填写，如支付办公用品采购款项、部门备用金、支付广告投放费等。

第四步，填写借款单借款金额。

人民币（大写）：后面填写本次实际应付的大写金额合计数。注意大写的数字写法：零、壹、贰、叁、肆、伍、陆、柒、捌、玖、拾。￥：小写金额，如￥2 000.00。

大、小写金额紧贴人民币（大写）、￥后面。

第五步，填写借款单支付方式。

支付方式依照实际情况填写。如一般1 000元以下费用支付现金，其余用支票。同城结算用支票，异地结算用电汇。

第六步，借款单审批人员签字。

此处是内部审批过程的展现，如车间管理员借款，需要生产计划部经理、财务部经理、总经理3人依据权限进行审批。

四、实训注意事项

1. 借款单是企业的内部自制单据，一般由部门提供基本样式，各部门人员经办业务时需要借款的依照固定的格式进行填写。

2. 借款单本身属于企业内部的一种原始凭证，一般依据相关审批事项填写。

3. 借款单的应用范围广泛，多数支付业务都可以通过填写借款单取得相应的支付款，如日常零星支出需要借现金；发放薪酬、支付材料款等时需要使用支票或电汇。

五、实训案例

2022年12月5日，北京新锐电器有限公司管理部，以现金方式，借入部门备用金500元。

要求：按照填写借款单的步骤正确填写借款单（如图3-7所示）。

借　款　单

部门：　　　　　　　　　　年　　月　　日

借款用途______________________________

借款金额

人民币（大写）______________________　￥__________

□现金　　　　□支票　　　　□电汇

财务部经理：　　　总经理：　　　部门经理：　　　借款人：

图3-7　借款单

答案：填写借款单如图3-8所示。

借　款　单

部门：企业管理部　　　　2022年12月05日

借款用途 部门备用金

借款金额
人民币（大写）伍佰元整　　　　¥ 500.00

☑现金　　☐支票　　☐电汇

财务部经理：××　　总经理：××　　部门经理：××　　借款人：叶瑛

图3-8　借款单

任务九　支出凭单填写

一、实训目标

能正确填写支出凭单。

二、实训材料

支出凭单。

三、实训内容和步骤

（一）认知支出凭单

支出凭单的要素主要有：部门、日期、预算项目、即付、大写金额、小写金额、领款人，以及会计人员、部门经理、财务部经理、总经理签字。支出凭单如图3-9所示。

支出凭单

部门：　　　　年　　月　　日　　　　预算项目：

即　付：

　　　　款

计人民币
（大写）：　　　　¥

领款人：　　　　会计主管　　　　出纳

部门经理：　　　　财务部经理：　　　　总经理：

图3-9　支出凭单

（二）填写支出凭单

第一步，填写支出凭单——表头。

部门：填写员工所属的职能部门，如营销部。

日期：填写费用报销当天的日期，如2022年12月5日。

预算项目：填写该项费用属于哪个预算项目。预算项目在各部门业务计划中已明确，如日常费用。

第二步，填写支出凭单——表体。

即付：填写本次费用支出的明细用途而非科目，如“即付参加10月份商品交易会会务费”。

计人民币（大写）：后面填写本次实际应付的大写金额合计数。注意大写的数字写法：零、壹、贰、叁、肆、伍、陆、柒、捌、玖、拾。

¥：小写金额，如：¥2 000.00。

领款人：填写实际领取报销费用的人。

第三步，填写支出凭单——表尾。

会计人员：会计人员办理过做标记用。

部门经理：费用列支单位的部门经理签字。

财务部经理：财务部经理审核签字。

总经理：按照财务制度超过一定额度的费用需要总经理审核签字。

四、实训注意事项

1. 企业对外的结算业务，无论是先借款后报销，还是先个人垫付再报销，报销时都需要填写支出凭单，依据相关审批事项填写。

2. 支出凭单本身属于企业内部的一种原始凭证。

3. 支出凭单的后面要粘贴外来原始凭证，如会务费发票。

4. 支出凭单一式一联，财务部留存，作为编制记账凭证的依据。

五、实训案例

2022年12月5日，北京新锐电器有限公司购买办公用品填写支出凭单，金额1 024元。

要求：请按照填写支出凭单的步骤正确填写支出凭单（如图3-10所示）。

支出凭单

部门：　　　　年　　月　　日　　　　预算项目：

即　付：________________________________

________________________________款

计人民币（大写）：________________　¥________

领款人：________________

会计主管		出纳	

部门经理：　　　　财务部经理：　　　　总经理：

图3-10　支出凭单

答案：填写支出凭单如图3-11所示。

支出凭单

部门：采购部　　2022年12月05日　　预算项目：

即　付：购买办公用品 款			
计人民币（大写）：壹仟零贰拾肆元整	￥1 024.00		
领款人：许采购	会计主管 ××	出纳 ××	

部门经理：××　　财务部经理：××　　总经理：××

图3-11　支出凭单

任务十　销售出库单填写

一、实训目标

能正确填写销售出库单。

二、实训材料

销售出库单。

三、实训内容和步骤

第一步，认知销售出库单。

销售出库单是指对外发生销售业务，将货物发送给客户方时所填制的出库单据，属于自制原始凭证，不同企业销售出库单的模板也可能不一样。销售出库单的要素主要有：出库日期、编号、产品名称、规格、数量等。销售出库单见表3-19。

表3-19

销售出库单

数量单位：

销售订单号：　　客户名称：　　出库类型：

出库单编号：　　出库日期：　　仓位：

序号	产品名称	产品编码	规格类型	出库数量	备注
合计					

仓管员：　　仓储部经理：　　销售专员：

第二步，填写销售出库单。

仓管员根据“发货单”如实填写“销售出库单”一式三联，销售专员与仓管员一起核对单货，确认无误后在“销售出库单”上签名，做到货、单相符，仓储部经理凭手续齐全的“发货单（仓库联）”和“销售出库单”的存根联登记仓库库存台账，其余一联交财务部门，一联交销售部门。

四、实训注意事项

销售出库单分为三联：第一联由仓储部留存；第二联由销售部留存；第三联由财务部留存。

五、实训案例

2022年12月5日，北京新锐电器有限公司向华晨商贸城发出经济童车3 000辆。

要求：请根据发货单（见表3-20），正确填写销售出库单（见表3-21）。

表3-20

发货单

数量单位：辆

单据编号：0001　　日　　期：2022年12月05日　　交货日期：2022.12.05

销售订单号：LJ110001　　客户名称：华晨商贸城　　仓　　库：成品库

业务员：刘思雨　　运输方式：陆运　　客户联系人：甲

产品名称	产品型号	发货数量	备注
经济童车		3 000	
合计		3 000	

销售部经理：××　　财务部经理：钱坤　　客户确认：甲

表3-21

销售出库单

数量单位：

销售订单号：　　客户名称：　　出库类型：

出库单编号：　　出库日期：　　仓位：

序号	产品名称	产品编码	规格类型	出库数量	备注
合计					

仓管员：　　仓储部经理：　　销售专员：

答案：填写销售出库单见表3-22。

表3-22

销售出库单

数量单位：辆

销售订单号：LJ110001　　客户名称：华晨商贸城　　出库类型：销售出库

出库单编号：CC-CPCK-201110001　　出库日期：2022.12.05　　仓位：C01

序号	产品名称	产品编码	规格类型	出库数量	备注
1	经济童车	P0001		3 000	
合计					

仓管员：王宝珠　　仓储部经理：何明海　　销售专员：

任务十一　增值税专用发票填写

一、实训目标

能正确填写增值税专用发票。

二、实训材料

增值税专用发票。

三、实训内容和步骤

第一步，认知增值税专用发票。

增值税专用发票是由国家税务总局监制设计印制的，只限于增值税一般纳税人领购使用，既作为纳税人反映经济活动的重要会计凭证，又是兼记销售方纳税义务和购买方进项税额的合法证明，是增值税计算和管理中重要且合法的凭证。

通常，增值税专用发票一式三联，第一联为记账联，是销售方发票联，是销售方的记账凭证。第二联是抵扣联（购买方用来扣税）。第三联是发票联（购买方用来记账）。

增值税专用发票的要素主要有：购销双方的相关信息，货物或应税劳务、服务名称，单位，数量，单价，金额，税率等。

第二步，填写增值税专用发票。

1. 购买方基本信息：实训中根据仿真企业客户或供应商的基本信息表填写此部分内容。

2. 密码区：是一种密文，包含七个方面的数据：发票代码、发票号码、开票日期、销售方纳税人识别号和购买方纳税人识别号、金额、税率、税额等信息，实训中此部分可以不填。

3. 开票日期：真实记录发票的开具日期，实训中以系统日期为准。

4. 货物或应税劳务、服务的名称，规格型号，单位，数量，单价，金额，税率，税额：此部分依照实际经济业务内容填写，一张增值税发票上可以开具不同种类货物或劳务、服务内容。

5. 销售方基本信息：实训中根据仿真企业客户或供应商的基本信息表填写此部分内容。

6. 备注：此部分填写发票项目中是否有未记录但存在的重要信息，如果不存在可以不填，在此处加盖单位发票专用章。

四、实训注意事项

1. 增值税专用发票是国家税务机关统一定制的，对使用范围有明确的规定与限制。

2. 增值税专用发票（以下简称专用发票）只限于增值税一般纳税人领购使用，增值税的小规模纳税人和非增值税纳税人不得领购使用。

3. 关于增值税专用发票的其他信息可查询《增值税专用发票使用规定》。

五、实训案例

2022年12月5日，北京新锐电器有限公司从北京京亿不锈钢有限公司采购201不锈钢板材400张，税率为13%，12月6日开具发票。

要求：正确填写增值税专用发票（如图3-12所示）。

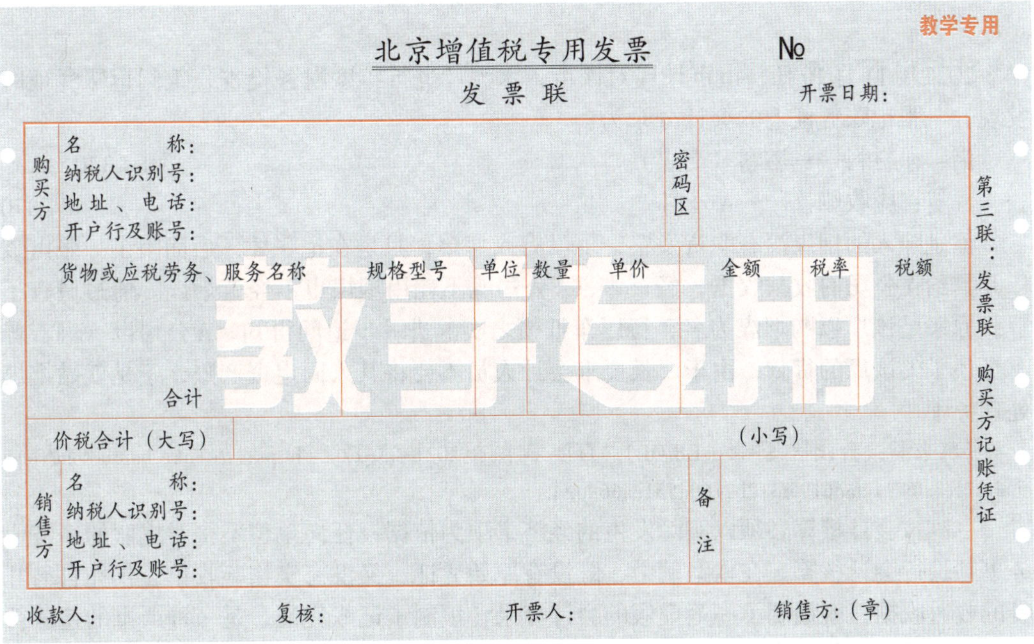
教学专用

北京增值税专用发票　№

发　票　联　　开票日期：

购买方	名　　称： 纳税人识别号： 地 址 、 电 话： 开户行及账号：					密码区		
货物或应税劳务、服务名称	规格型号	单位	数量	单价	金额	税率	税额	
合计								
价税合计（大写）					（小写）			
销售方	名　　称： 纳税人识别号： 地 址 、 电 话： 开户行及账号：					备注		

收款人：　复核：　开票人：　销售方：（章）

第三联：发票联　购买方记账凭证

教学专用

图3-12　增值税专用发票

答案：填写增值税专用发票如图3-13所示。

教学专用

北京增值税专用发票 №

发 票 联

开票日期：2022.12.06

购买方	名 称：北京新锐电器有限公司 纳税人识别号：110114745862890 地 址、电 话：北京市昌平区永定路2号，010-88488848 开户行及账号：0100229999888899988				密码区	/6>599+>><>72>+45+37> +58*>+57>>37*5/>767/< +3*34481<5/7889007734 +><>292/*5329264+>>*5	加密版本：01 1100081140 01027133	
货物或应税劳务、服务名称	规格型号	单位	数量	单价	金额	税率	税额	
*金属制品*201不锈钢板材	0.5mm*1 250mm*2 500mm	张	400	113.2743	45 309.73	13%	5 890.27	
合计			400		￥45 309.73		￥5 890.27	
价税合计（大写）	人民币⊗伍万壹仟贰佰元整				（小写）￥51 200.00			
销售方	名 称：北京京亿不锈钢有限公司 纳税人识别号：110115000102972 地 址、电 话：北京市昌平区永安路67号，010-88484488 开户行及账号：0100229999888890988				备注	北京京亿不锈钢有限公司 110115000102972 发票专用章		

收款人： 复核： 开票人：张旭 销售方：（章）

第三联：发票联 购买方记账凭证

图3-13 增值税专用发票

思政案例

记账凭证——查账入口

2022年11月10日，市审计局对该市一水泥厂进行年度财务检查，查阅记账凭证时发现，一张记账凭证上的会计分录为：

借：原材料——燃料（烟煤） 84 370

贷：应收账款——A公司 84 370

但是购入的烟煤没有购货发票，也没有入库单，只是在记账凭证后面附了一张由该厂开具给A公司的收款收据，经核查，A公司既不耗用烟煤也不经营烟煤。通过调查了解，原来是该厂以购烟煤为名，行以车抵债之实。进一步追问得知，A公司以一辆吉普车抵还了欠该厂的货款，由于厂长要求会计人员不要将其入固定资产账，于是就做烟煤处理掉了。

资料来源：会计学案例．[EB/OL]．百度学术．[2021-03-12]．https：//wenku.baidu.com/view/cbabd71ebaf67c1cfad6195f312b3169a551ea66.html.

启示：会计核算必须以实际发生的经济事项为依据，任何单位不得对虚假的经济业务事项进行会计核算。在本案例中，既没有原始凭证，又没有实物验收单，仅凭自己开具的收款收据，就编制了一笔虚假的会计分录，填制了记账凭证，是一种严重的违法行为。应对单位进行经济处罚，并追究会计人员的法律责任。

项目四

经济业务处理

任务一　资金筹集——银行借款

一、实训目标[①]

1. 能正确理解“短期借款”科目核算要点。
2. 能正确理解“长期借款”科目核算要点。
3. 能正确描述长短期借款业务的基本流程。
4. 能正确进行长短期借款业务的会计核算。

二、实训材料

1. 借款合同。
2. 银行对账单。
3. 记账凭证。
4. 会计账簿。

三、实训内容和步骤

第一步，签订借款合同。

1. 借款用途：长期借款用途限定较多，短期借款用途相对宽松。

2. 借款类型：信用贷款（无抵押）、抵押贷款、质押贷款、抵押+质押贷款、其他特殊政策贷款等。

3. 借款总额：短期借款金额相对不大，利率较低；长期借款金额较大，一般有特定用途，利率较高。

4. 借款期限：一年以内为短期借款；一年以上为中长期借款。

5. 到账时间：与银行约定的借款金额到达企业账户的时间。

6. 还款方式：一次还本付息、分期还本付息、分次付息一次还本、一次扣除利息到期还本等。

7. 利率及付息时间：合同中要明确备注。

第二步，收到银行进账单。

1. 银行进账单是持票人或收款人将票据款项存入其开户银行账户的凭证，也是开户银行将票据款项记入持票人或收款人账户的凭证。

2. 银行进账单分为三联式银行进账单和二联式银行进账单。不同的持票人应按照规定使用不同的银行进账单。二联式银行进账单的第一联为给持票人的回单（即收账通知），第二联为银行的贷方凭证。

3. 持票人填写银行进账单时，必须清楚地填写票据种类、票据张数、收款人名称、

---

① 此项目为北京沃达电器有限责任公司的案例实操环节，任务是写会计分录，公司详情参见本书项目一。

收款人开户银行及账号、付款人名称、付款人开户银行及账号、票据金额等栏目，连同相关票据一并交给银行经办人员。对于二联式银行进账单，银行受理后，银行应在第一联上加盖转讫章并退给持票人，持票人凭此记账。

第三步，编制记账凭证。

根据借款合同和银行进账单的第一联等相关原始凭证，总账会计编制借款记账凭证，出纳签字，财务主管审核。

第四步，记账凭证登记入账。

根据记账凭证相应的会计科目，把经济业务的具体发生额登入明细账（日记账）和总账。

四、实训注意事项

1. 短期借款还款压力大，应把借款时间错开，随时关注到款日期与当月现金流匹配情况。

2. 要区分短期借款类型（信用、抵押、质押等），实务中企业短期借款都不是信用借款，都需有抵押或质押等手续，程序会更复杂。

3. 实务中短期借款会按借款银行、种类、期限等分别设置二级科目，以方便区分。

4. 短期借款一般只用于企业经营周转，一般不能用于固定资产建设或长期投资之类，否则容易出现现金流危机。

5. 每笔借款的付息时间都不同，要根据合同备注好，且作为财务日常工作记载，以免影响企业信用。

五、实训案例

2022年12月1日，北京沃达电器有限责任公司从中国工商银行获得6个月的短期借款2 000 000元。

要求：跟踪借款流程，并及时进行账务处理。

第一步，签订借款合同。

借款合同

贷款种类：流动资金贷款　　合同编号：ZY201612012

借款人（以下简称甲方）：北京沃达电器有限责任公司

受托贷款人（以下简称乙方）：中国工商银行北京分行昌平支行

经甲方与乙方充分协商，由乙方向甲方发放流动资金贷款，签订本合同，共同遵守。

第一条　由乙方提供甲方贷款 2 000 000 元（人民币贰佰万元整），贷款期限自 2022 年 12 月 01 日至 2023 年 5 月 31 日。

第二条　贷款方应按期、按额向借款方提供贷款，否则，按违约数额和延期天数，付给借款方违约金，违约金数额的计算与逾期贷款罚息同，即 0.21%。

第三条　贷款年利率 5.4%，每月底计提并支付利息，到期支付本金。

第四条　借款方应按协议使用贷款，不得转变用途。否则，贷款方有权停止发放新贷款，直至收回已发放的贷款。

第五条　借款方保证按借款契约所订期限归还贷款本息。如需延期，借款方至迟在贷款到期前 3 天，提出延期申请，经贷款方同意，办理延期手续。但延期最长不得超过原订期限的一半。贷款方未同意延期或未办理延期手续的逾期贷款，加收罚息。

第六条　贷款到期后 1 个月，如借款方不归还贷款，贷款方有权依照法律程序处理借款方作为贷款抵押的财产，抵作借款利息。

第七条　本合同一式贰份，借贷款双方各执正本壹份。

第八条　本合同自双方签字起即生效。

贷款方：中国工商银行北京支行　　借款人：北京沃达电器有限责任公司

法定代表人：黄婧媛　　法定代表人：葛文学

第二步，银行发放贷款（如图 4-1 所示）。

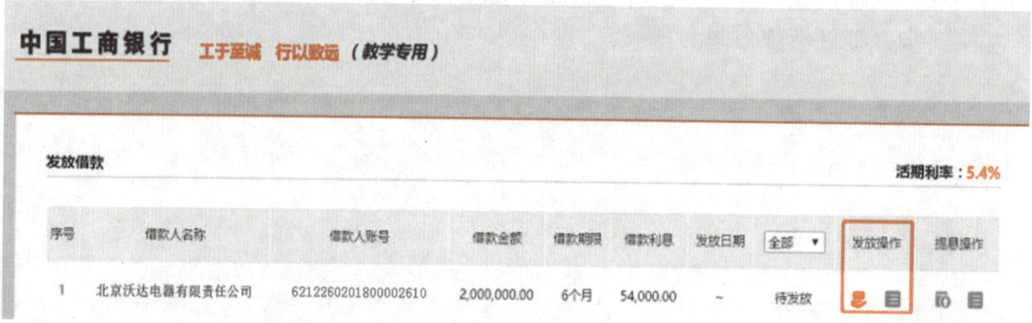

序号	借款人名称	借款人账号	借款金额	借款期限	借款利息	发放日期	全部	发放操作	提息操作
1	北京沃达电器有限责任公司	6212260201800002610	2,000,000.00	6个月	54,000.00	~	待发放		

图4-1　银行发放贷款

第三步，企业收到进账单（如图 4-2 所示）。

ICBC 中国工商银行　　进账单（收账通知）　　金融@家

2022 年 12 月 01 日

出票人	全　称	中国工商银行北京分行昌平支行	收款人	全　称	北京沃达电器有限责任公司
	账　号	6212260201800002613		账　号	6212260201800002610
	开户银行	中国工商银行		开户银行	中国工商银行
金额	人民币（大写）	贰佰万元整	亿千百十万千百十元角分		￥2 0 0 0 0 0 0 0 0
票据种类	转账支票	票据张数	1		
票据号码	17589214				
	复核　记账				收款人开户银行签章

中国工商银行北京分行 2022.12.01 转讫 (01)

此联是收款人开户银行交给收款人的收账通知

图4-2　进账单

第四步，编制与审核记账凭证（见表4-1）。

表4-1　记账凭证（记-01）　单位：元

摘要	会计分录			
	总账科目	明细科目	借方金额	贷方金额
从银行借入短期借款	银行存款		2 000 000.00	
	短期借款			2 000 000.00

第五步，登记账簿（见表4-2和表4-3）。

表4-2　“短期借款”明细账　单位：元

2022年		凭证号数	摘要	借方	贷方	方向	余额
月	日						
12	31	记-01	从银行借入短期借款		2 000 000.00	贷	2 000 000.00

表4-3　银行存款日记账　单位：元

2022年		凭证号数	摘要	借方	贷方	余额
月	日					
12	1		期初余额			19 600 000.00
12	31	记-01	从银行借入短期借款	2 000 000.00		21 600 000.00

任务二 资金筹集——实收资本

一、实训目标

1. 能正确理解“实收资本”科目核算要点。
2. 能正确描述实收资本业务的基本流程。
3. 能正确进行实收资本业务的会计核算。

二、实训材料

1. 资金入股协议。
2. 银行进账单。
3. 记账凭证。

三、实训内容和步骤

第一步，签订入股协议。

实收资本是企业按照章程规定或合同、协议约定，接受投资者投入企业的资本。股东之间协商好确定的投资额及持股比例，签订投资协议。

第二步，收到投资资产。

股东以货币出资的，应当将货币出资足额存入企业在银行开设的账户；以非货币资产出资的，企业应当对作为出资的非货币财产评估作价，核实财产，不得高估或者低估作价，并且应当依法办理其财产权的转移手续。

企业接受现金资产投资时，应以实际收到的金额或存入企业开户银行的金额，借记“银行存款”等科目，按投资合同或协议约定的投资者在企业注册资本中所占份额的部分，贷记“实收资本”科目。

第三步，编制记账凭证。

根据入股协议和银行进账单的第一联等相关原始凭证，总账会计编制记账凭证，出纳签字，财务主管审核。

第四步，记账凭证登记入账。

根据记账凭证相应的会计科目，把经济业务的具体发生额登入明细账（日记账）和总账。

四、实训注意事项

1. 无论是收到其他法人还是其他个人的投资款，企业都是增加了其所有者权益，因此在账务处理时，对于投资款项，都需要通过“实收资本”科目进行核算。

2. 实收资本是一个所有者权益类科目，用来核算企业实际收到的投资人投入的各项资本。因此，实收资本科目的余额表明各所有者在企业中的基本产权关系。实收资本的构成比例是企业向投资者分配利润或分配股利的主要依据。

3. 实收资本的确认需要以注册资本作为上限，也就是说，账面确认的实收资本不能超过注册资本，如果有超出的部分，需要通过另一个所有者权益类科目——“资本公积”科目进行核算。

4. 企业的注册资本应当与实收资本一致，当实收资本比原注册资本增加或减少超过20%时，应持资金使用证明或者验资证明，向原登记主管机关申请变更登记。

五、实训案例

2022年12月20日，北京沃达电器有限责任公司收到股东认缴的投资入股款1 000万元。

要求：跟踪投资流程，并及时进行账务处理。

第一步，签订资金入股协议。

资金入股协议

甲方：北京沃达电器有限责任公司

乙方：×股东

经甲、乙双方协商，就乙方入股甲方发展产业，甲、乙双方本着公平、平等、互利的原则订立入股协议如下：

第一条　乙方自愿入股甲方投入____产业。

第二条　公司注册资本为人民币10 000万元。本次将公司资本金增加至11 000万元人民币。公司现有股东实持资本10 000万元人民币，本次增资各股东出资额为1 000万元人民币，出资方式为：现金方式。投资各方的出资方式、出资额和占股比例：甲方以____作为出资，出资额____万元人民币，占公司注册资本的____%。乙方以____作为出资，出资额____万元人民币，占公司注册资本的____%。

第二步，收到银行进账单（如图4-3所示）。

ICBC 中国工商银行　　进账单（收账通知）　　金融@家

2022 年 12 月 20 日

出票人	全　称	中国工商银行北京分行昌平支行	收款人	全　称	北京沃达电器有限责任公司
	账　号	6212260201800002613		账　号	6212260201800002610
	开户银行	中国工商银行		开户银行	中国工商银行
金额	人民币（大写）	壹仟万元整		亿千百十万千百十元角分	¥1000000000
票据种类	转账支票	票据张数	1		
票据号码	17589215				
复核	记账			收款人开户银行签章	

中国工商银行北京分行　2022.12.20　转讫　(01)

此联是收款人开户银行交给收款人的收账通知

图4-3　银行进账单

第三步，编制、签字、审核记账凭证（见表4-4）。

表4-4　记账凭证（记-02）

单位：元

摘要	会计分录			
	总账科目	明细科目	借方金额	贷方金额
收到货币性投资款	银行存款		10 000 000.00	
	实收资本			10 000 000.00

第四步，登记账簿（见表4-5和表4-6）。

表4-5　“实收资本”明细账

单位：元

2022年		凭证号数	摘要	借方	贷方	方向	余额
月	日						
12	1		期初余额			贷	50 000 000.00
12	31	记-02	收到货币性投资款		10 000 000.00	贷	60 000 000.00

表4-6　银行存款日记账

单位：元

2022年		凭证号数	摘要	借方	贷方	余额
月	日					
12	1		期初余额			19 600 000.00
12	31	记-01	从银行借入短期借款	2 000 000.00		21 600 000.00
12	31	记-02	收到货币性投资款	10 000 000.00		31 600 000.00

任务三　资金筹集——资本公积

一、实训目标

1. 能正确理解“资本公积”科目核算要点。
2. 能正确描述资本公积业务的基本流程。
3. 能正确进行资本公积业务的会计核算。

二、实训材料

1. 投资入股协议。
2. 固定资产入库单。
3. 记账凭证。

三、实训内容和步骤

第一步，签订投资入股协议。

实收资本是企业按照章程规定或合同、协议约定，接受投资者投入企业的资本。股东之间协商好确定的投资额及持股比例，签订投资入股协议。

第二步，收到投资资产。

我国公司法规定，股东可以用货币出资，也可以用实物、知识产权、土地使用权等可以用货币估价并可以依法转让的非货币财产评估作价出资。股东以货币出资的，应当将货币出资足额存入企业在银行开设的账户；以非货币资产出资的，企业应当对作为出资的非货币财产评估作价，核实财产，不得高估或者低估作价，并且应当依法办理其财产权的转移手续。

第三步，编制记账凭证。

根据投资入股协议和银行进账单的第一联等相关原始凭证，总账会计编制记账凭证，出纳签字，财务主管审核。

第四步，记账凭证登记入账。

根据记账凭证相应的会计科目，把经济业务的具体发生额登入明细账（日记账）和总账。

四、实训注意事项

1. 实收资本的确认需要以注册资本作为上限，超出的部分，通过“资本公积”科目进行核算。

2. 企业收到投资者作价投入的房屋、建筑物、机器设备等固定资产，应按投资合同约定的价值（不公允的除外）作为固定资产的入账价值，按投资合同约定的投资者在企业注册资本或股本中所占份额的部分作为实收资本或股本入账，超过的部分计入资本公积。

五、实训案例

2022年12月25日，北京沃达电器有限责任公司收到股东认缴的投资入股余款100万元，以一台旧设备作价，设备评估价120万元。

要求：跟踪投资流程，并及时进行账务处理。

第一步，签订投资协议。

投资协议

投出单位（以下简称甲方）：北京万发投资有限公司

投入单位（以下简称乙方）：北京沃达电器有限责任公司

甲乙双方经过友好协商，就甲方向乙方投资固定资产、无形资产等相关事宜，达成如下协议，以资信守：

1. 甲方向乙方投资人民币壹佰万元整（￥1 000 000.00），出资方式为一台数控机床，作价人民币壹佰贰拾万元整（￥1 200 000. 00）。

2. 甲方投资后占乙方注册资本的比例为20%。

3. 甲方必须在2022年12月25日前将数控机床移交乙方。

⋮

6. 本协议一式贰份，甲乙双方各执壹份。

第二步，收到固定资产（见表4-7）。

表4-7

固定资产验收单

2022年12月25日 编号：003912

名称	规格型号		来源	数量	购（造）价	使用年限	预计残值
数控机床			投资投入	1	1 200 000.00	10	0
安装费	月折旧率		建造单位		交工日期	附件	
	0.83%				2022年12月5日		
验收部门	仓库	验收人员	王华	管理部门	管理部	管理人员	张强
备注	该固定资产为北京万发投资有限公司投入						

第三步，编制、签字、审核记账凭证（见表4-8）。

表4-8 记账凭证（记-03） 单位：元

摘要	会计分录			
	总账科目	明细科目	借方金额	贷方金额
收到固定资产投资	固定资产		1 200 000.00	
	实收资本			1 000 000.00
	资本公积			200 000.00

第四步，登记账簿（见表4-9至表4-11）。

表4-9 "实收资本"明细账 单位：元

2022年		凭证号数	摘要	借方	贷方	方向	余额
月	日						
12	1		期初余额			贷	50 000 000.00
12	31	记-02	收到货币性投资款		10 000 000.00	贷	60 000 000.00
12	31	记-03	收到固定资产投资		1 000 000.00	贷	61 000 000.00

表4-10 "资本公积"明细账 单位：元

2022年		凭证号数	摘要	借方	贷方	方向	余额
月	日						
12	31	记-03	收到固定资产投资		200 000.00	贷	200 000.00

表4-11 "固定资产——160102 机器设备"明细账 单位：元

2022年		凭证号数	摘要	借方	贷方	方向	余额
月	日						
12	1		期初余额			借	25 290 000.00
12	31	记-03	收到固定资产投资	1 200 000.00		借	26 490 000.00

任务四　供应业务——应付账款

一、实训目标

1. 能正确使用“应付账款”账户。
2. 能正确编制支付应付账款业务的记账凭证。

二、实训材料

1. 水费、电费发票。
2. 托收凭证（付款通知）。
3. 电汇凭证单（回单）。
4. 记账凭证。

三、实训内容和步骤

第一步，审核付款原始凭证。

审核水费、电费发票的内容、金额与托收凭证（付款通知）是否一致。

第二步，编制记账凭证。

1. 设置“应付账款”账户：该账户是负债类账户，用以核算企业因购买材料、商品或接受劳务供应等形成的应支付的款项。账户贷方登记发生的应付而未付的款项，借方登记偿还供应单位的款项。期末余额一般在贷方，表示企业尚未支付的应付账款数。该账户可按供应单位名称设置明细账户，进行明细分类核算。

2. 会计人员根据自来水公司、电力公司水电费发票、托收凭证（付款通知）等原始凭证，编制支付水电费的记账凭证，出纳签字、财务主管审核。

第三步，审核记账凭证，无误后登记入账。

根据审核无误的记账凭证相应的会计科目，把经济业务的具体发生额登入相应明细账（日记账）和总账。

四、实训注意事项

1. 自来水、电力公司通常根据企业实际用水量、用电量及水电费单价计算企业应承担的水电费，企业本月发生的水电费一般在下个月支付。因此本月发生的水电费一方面按受益对象记入有关成本、费用账户的借方，另一方面作为一项负债记入“应付账款”账户的贷方。

2. 本月支付上月应付未付的水电费时，记入“应付账款”账户的借方。

3. 按现行税法规定，自来水、电适用9%的增值税税率。

4. 支付前欠购货款也是常见的支付应付账款业务，但这项业务属于负债发生在前、支付在后业务，账务处理的分录一般为：借：应付账款，贷：银行存款。

5. 实务中采购不管款项是否支付，建议都先通过应付账款核算，方便对账。

五、实训案例

实训1：支付水费

2022年12月5日，北京沃达电器有限责任公司支付上个月水费共计52 320元。

要求：跟踪水费支付流程，并及时进行账务处理。

第一步，审核银行转来的水费发票及托收凭证（付款通知）（如图4-4和图4-5所示）。

1100153130　　北京增值税专用发票　　№44775807

发票联

机器编号：499910936509　　开票日期：2022年12月5日

购买方	名　　称：北京沃达电器有限责任公司 纳税人识别号：110114745862904015 地址、电话：北京市昌平区光明路16号010-26674938 开户行及账号：中国工商银行北京分行昌平支行6212260201800002610				密码区	035926>3>2<0230937-8>1*26906 374*91/- +588247>>/*6+>-89233 785926>3>2<0230937*57+89>097 4/ 737-++690195*6067//42+2-72	
货物或应税劳务、服务名称	规格型号	单位	数量	单价	金额	税率	税额
*水冰雪*自来水		吨	8 000	6.00	48 000.00	9%	4 320.00
合计					¥48 000.00		¥4 320.00
价税合计（大写）	⊗伍万贰仟叁佰贰拾元整				（小写）¥52 320.00		
销售方	名　　称：北京市昌平区第二自来水公司 纳税人识别号：110251245860023 地址、电话：北京市昌平区永丰路1624号010-62231209 开户行及账号：中国工商银行北京分行昌平支行6212260201800002620				备注		

第三联：发票联　购买方记账凭证

收款人：　　复核：　　开票人：张祎　　销售方：（章）

北京市昌平区第二自来水公司 110251245860023 发票专用章

图4-4　水费发票

ICBC 中国工商银行　　托收凭证（付款通知）

金融@家

委托日期：2022年12月04日　　付款日期：2022年12月05日

业务类型	委托收款（□邮划、☑电划）		托收承付（□邮划、□电划）			
付款人	全称	北京沃达电器有限责任公司	收款人	全称	北京市昌平区第二自来水公司	
	账号	6212260201800002610		账号	6212260201800002620	
	地址	省 北京 市/县　开户行　中国工商银行		地址	省 北京 市/县　开户行　中国工商银行	
金额	人民币（大写）	伍万贰仟叁佰贰拾元整	亿 千 百 十 万 千 百 十 元 角 分		¥ 5 2 3 2 0 0 0	
款项内容	水费		托收凭据名称		附寄单证张数	
商品发运情况			合同名称号码			
备注：			收款人开户银行签章：			
收款人开户银行收到日期：2022年12月05日			2022年12月05日		复核	记账

此联付款人开户银行给付款人按期付款通知

图4-5　托收凭证（付款通知）

第二步，编制与审核记账凭证（见表4-12）。

表4-12　　记账凭证（记-04）　　单位：元

摘要	会计分录			
	总账科目	明细科目	借方金额	贷方金额
支付上月水费	应付账款	北京市昌平区第二自来水公司	48 000.00	
	应交税费	应交增值税（进项税额）	4 320.00	
	银行存款			52 320.00

第三步，登记账簿（见表4-13和表4-14）。

表4-13　　“应付账款”明细账　　单位：元

2022年		凭证号数	摘要	借方	贷方	方向	余额
月	日						
12	1		期初余额			贷	6 637 600.41
12	31	记-04	支付上月水费	48 000.00		贷	6 589 600.41

表4-14　　“应交税费——应交增值税”明细账　　单位：元

2022年		凭证号数	摘要	借方	贷方	方向	余额
月	日						
12	31	记-04	支付上月水费	4 320.00		借	4 320.00

实训2：支付电费

2022年12月5日，北京沃达电器有限责任公司支付上个月电费共计130 800元。

要求：跟踪电费支付流程，并及时进行账务处理。

第一步，审核银行转来的电费发票及托收凭证（付款通知）（如图4-6和图4-7所示）。

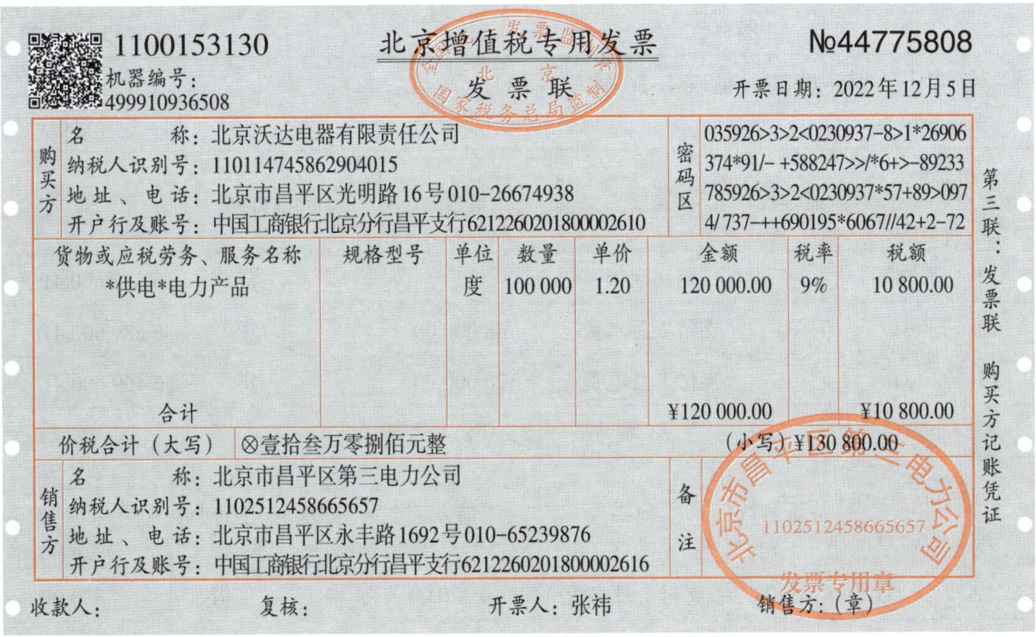
1100153130　　北京增值税专用发票　　№44775808

机器编号：499910936508　　发票联　　开票日期：2022年12月5日

购买方　名　　称：北京沃达电器有限责任公司
纳税人识别号：110114745862904015
地址、电话：北京市昌平区光明路16号010-26674938
开户行及账号：中国工商银行北京分行昌平支行6212260201800002610

密码区：
035926>3>2<0230937-8>1*26906
374*91/- +588247>>/*6+>-89233
785926>3>2<0230937*57+89>097
4/ 737-++690195*6067//42+2-72

货物或应税劳务、服务名称	规格型号	单位	数量	单价	金额	税率	税额
*供电*电力产品		度	100 000	1.20	120 000.00	9%	10 800.00
合计					¥120 000.00		¥10 800.00

价税合计（大写）　⊗壹拾叁万零捌佰元整　　（小写）¥130 800.00

销售方　名　　称：北京市昌平区第三电力公司
纳税人识别号：1102512458665657
地址、电话：北京市昌平区永丰路1692号010-65239876
开户行及账号：中国工商银行北京分行昌平支行6212260201800002616

备注

第三联：发票联　购买方记账凭证

收款人：　　复核：　　开票人：张祎　　销售方：（章）

图4-6　电费发票

ICBC 中国工商银行　　托收凭证（付款通知）　　金融@家

委托日期：2022年12月04日　　付款日期：2022年12月05日

业务类型	委托收款（□邮划、☑电划）　托收承付（□邮划、□电划）				
付款人 全称	北京沃达电器有限责任公司		收款人 全称	北京市昌平区第三电力公司	
付款人 账号	6212260201800002610		收款人 账号	6212260201800002616	
付款人 地址	省 北京 市/县	开户行 中国工商银行	收款人 地址	省 北京 市/县	开户行 中国工商银行
金额	人民币（大写）壹拾叁万零捌佰元整		亿 千 百 十 万 千 百 十 元 角 分	¥ 1 3 0 8 0 0 0 0	
款项内容	电费	托收凭据名称		附寄单证张数	
商品发运情况		合同名称号码			
备注：		收款人开户银行签章：			
收款人开户银行收到日期：2022年12月05日		2022年12月05日	复核	记账	

中国工商银行股份有限公司（印章）

此联付款人开户银行给付款人按期付款通知

图4-7　托收凭证（付款通知）

第二步，编制与审核记账凭证（见表4-15）。

表4-15　记账凭证（记-05）　　单位：元

摘要	会计分录			
	总账科目	明细科目	借方金额	贷方金额
支付上月电费	应付账款	北京市昌平区第三电力公司	120 000.00	
	应交税费	应交增值税（进项税额）	10 800.00	
	银行存款			130 800.00

第三步，登记账簿（见表4-16至表4-18）。

表4-16　“应付账款”明细账　　单位：元

2022年		凭证号数	摘要	借方	贷方	方向	余额
月	日						
12	1		期初余额			贷	6 637 600.41
12	31	记-04	支付上月水费	48 000.00		贷	6 589 600.41
12	31	记-05	支付上月电费	120 000.00		贷	6 469 600.41

表4-17　“应交税费——应交增值税”明细账　　单位：元

2022年		凭证号数	摘要	借方	贷方	方向	余额
月	日						
12	31	记-04	支付上月水费	4 320.00		借	4 320.00
12	31	记-05	支付上月电费	10 800.00		借	15 120.00

表4-18 银行存款日记账 单位：元

2022年		凭证号数	摘要	借方	贷方	余额
月	日					
12	1		期初余额			19 600 000.00
12	31	记–01	从银行借入短期借款	2 000 000.00		21 600 000.00
12	31	记–02	收到货币性投资款	10 000 000.00		31 600 000.00
12	31	记–04	支付上月水费		52 320.00	31 547 680.00
12	31	记–05	支付上月电费		130 800.00	31 416 880.00

实训3：支付前欠货款

2022年12月5日，北京沃达电器有限责任公司出纳人员到银行办理电汇转账付款业务，支付前欠无锡电器科技有限公司的货款6 469 600.41元。

要求：跟踪欠款处理流程，并及时进行账务处理。

第一步，出纳去银行办理电汇转账付款，取得业务回单（如图4-8所示）。

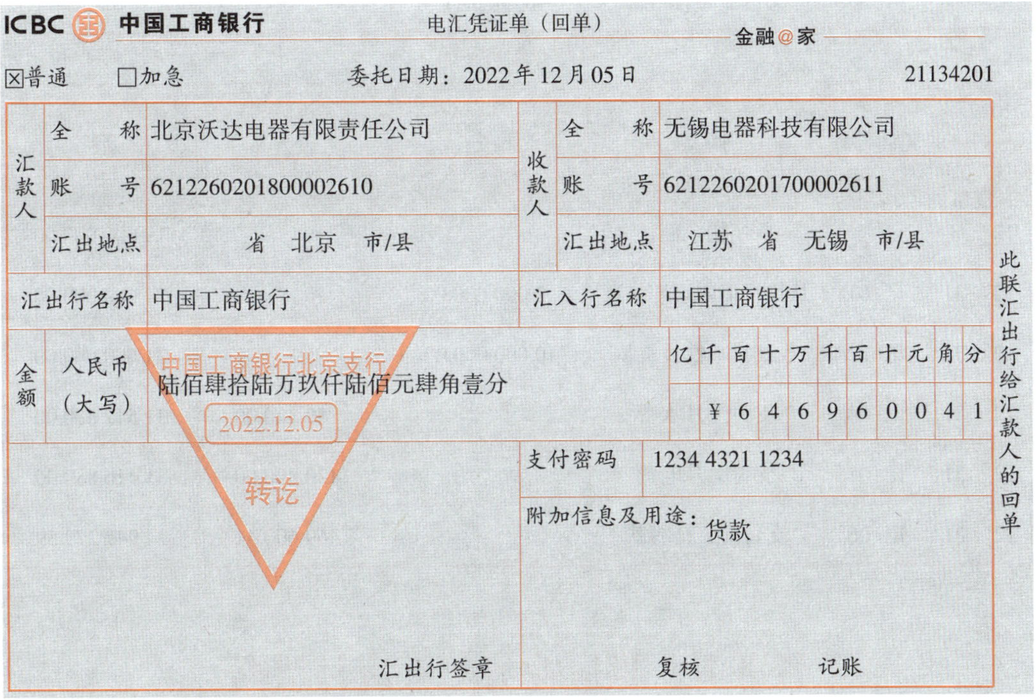

ICBC 中国工商银行 电汇凭证单（回单） 金融@家

☒普通 ☐加急 委托日期：2022年12月05日 21134201

汇款人	全称	北京沃达电器有限责任公司	收款人	全称	无锡电器科技有限公司
	账号	6212260201800002610		账号	6212260201700002611
	汇出地点	省 北京 市/县		汇出地点	江苏 省 无锡 市/县
汇出行名称		中国工商银行	汇入行名称		中国工商银行
金额	人民币（大写）	陆佰肆拾陆万玖仟陆佰元肆角壹分	亿千百十万千百十元角分		¥ 6 4 6 9 6 0 0 4 1
			支付密码		1234 4321 1234
			附加信息及用途：		货款
		汇出行签章		复核	记账

中国工商银行北京支行 2022.12.05 转讫

此联汇出行给汇款人的回单

图4-8 业务回单

第二步，填制与审核记账凭证（见表4-19）。

表4-19　　记账凭证（记-06）　　单位：元

摘要	会计分录			
	总账科目	明细科目	借方金额	贷方金额
支付前欠材料款	应付账款	无锡电器科技有限公司	6 469 600.41	
	银行存款			6 469 600.41

第三步，登记账簿（见表4-20和表4-21）。

表4-20　　“应付账款”明细账　　单位：元

2022年		凭证号数	摘要	借方	贷方	方向	余额
月	日						
12	1		期初余额			贷	6 637 600.41
12	31	记-04	支付上月水费	48 000.00		贷	6 589 600.41
12	31	记-05	支付上月电费	120 000.00		贷	6 469 600.41
12	31	记-06	支付前欠材料款	6 469 600.41		平	

表4-21　　银行存款日记账　　单位：元

2022年		凭证号数	摘要	借方	贷方	余额
月	日					
12	1		期初余额			19 600 000.00
12	31	记-01	从银行借入短期借款	2 000 000.00		21 600 000.00
12	31	记-02	收到货币性投资款	10 000 000.00		31 600 000.00
12	31	记-04	支付上月水费		52 320.00	31 547 680.00
12	31	记-05	支付上月电费		130 800.00	31 416 880.00
12	31	记-06	支付前欠材料款		6 469 600.41	24 947 279.59

任务五　供应业务——应付票据

一、实训目标

1. 能正确理解和使用“应付票据”账户。

2. 能正确编制应付票据业务的记账凭证。

二、实训材料

1. 购货发票。
2. 采购合同。
3. 银行承兑汇票。
4. 记账凭证。

三、实训内容和步骤

第一步，根据购货发票、采购合同，签发商业汇票。

1. 了解应付票据。应付票据是指企业购买材料、商品或接受劳务供应等开出、承兑的商业汇票，包括商业承兑汇票和银行承兑汇票两种。承兑人为付款方的商业汇票为商业承兑汇票；承兑人为付款方开户银行的商业汇票为银行承兑汇票。

2. 签发商业汇票。商业承兑汇票按购、销双方约定签发，但付款人须在商业承兑汇票下面签署“承兑”字样，并加盖预留银行印章，再将商业承兑汇票交给收款人。银行承兑汇票按双方约定签发。由收款人签发的银行承兑汇票，应交承兑申请人持汇票和购销合同向其开户银行申请承兑；由承兑申请人签发的银行承兑汇票，应由本人持汇票和购销合同向其开户银行申请承兑。

第二步，编制商业汇票结算方式采购货物业务的记账凭证。

1. 设置“应付票据”账户。该账户是负债类账户，用以核算企业因购买材料物资或接受劳务时，采用商业汇票结算方式，开出、承兑商业汇票的增减变动及其结余情况。其贷方登记开出并承兑的商业汇票面值，借方登记票据到期企业支付票款或无力支付而转出的应付票据票面金额，期末余额在贷方，反映尚未到期的商业汇票的票面金额。该账户按商业汇票的种类设置明细账户。

2. 会计人员根据购货发票、采购合同，已经承兑的商业汇票原始凭证，编制记账凭证，财务主管审核。

第三步，票据到期，兑付票款。

企业根据收到的从银行转来的委托收款凭证（付款通知）兑付到期的商业汇票。

第四步，编制兑付到期的商业汇票业务的记账凭证。

会计人员根据有关原始凭证编制兑付到期的商业汇票的记账凭证，财务主管审核。

第五步，记账凭证登记入账。

根据记账凭证相应的会计科目，把经济业务的具体发生额登入明细账（日记账）和总账。

四、实训注意事项

（一）商业承兑汇票结算规定

1. 商业承兑汇票的收款人或被背书人，对在同一城市的付款人承兑的汇票，应于汇票到期日将汇票送交开户银行办理收款；对在异地的付款人承兑的汇票，应于汇票到期日前5天内，将汇票交开户银行办理收款。对逾期的汇票，应于汇票到期日次日起10天内，将汇票送交开户银行办理收款，超过期限，银行不予受理。

2. 办理商业承兑汇票收款时，均需填制委托收款凭证，并在“委托收款货物”名称栏注明“商业承兑汇票”及汇票号码，将汇票随委托收款凭证一并送交开户银行。

3. 核对汇票上的签章（签发人处应加盖签发单位的法人印章，承兑人盖章处盖付款人预留银行印章并填写承兑的日期）是否齐全正确。

4. 核对汇票是否超过有效承兑期限（最长为6个月，但应注意：有效期是从承兑日开始计算的，而不是从汇票的签发日开始）。

（二）银行承兑汇票结算规定

1. 银行承兑汇票按双方约定签发。由收款人签发的银行承兑汇票，应交承兑申请人持汇票和购销合同向其开户银行申请承兑；由承兑申请人签发的银行承兑汇票，应由本人持汇票和购销合同向其开户银行申请承兑。

2. 每张银行承兑汇票的承兑金额最高不得超过1 000万元。承兑申请人持银行承兑汇票和购销合同向其开户银行申请承兑。

3. 银行按照有关规定审查，符合承兑条件的，与承兑申请人签订承兑协议，并在银行承兑汇票上盖章，用压数机压印汇票金额后，将银行承兑汇票和解讫通知交给承兑申请人。

4. 银行承兑汇票的承兑银行，应按票面金额向承兑申请人收取5‰的手续费，手续费每笔不足10元的，按10元计收。

5. 银行承兑汇票的收款人或被背书人应在银行承兑汇票到期时，将银行承兑汇票、解讫通知连同进账单送交开户银行办理转账，对逾期的汇票应于汇票到期日的次日起10日内，送交开户银行办理转账，超过期限的银行不予受理。

6. 银行承兑汇票的承兑申请人应于银行承兑汇票到期前将票款足额交存其开户银行。承兑银行依到期日凭票将款项付给收款人、被背书人或贴现银行。

7. 银行承兑汇票承兑申请人于银行承兑汇票到期日未能足额交存票款时，承兑银行除凭票向收款人、被背书人或贴现银行无条件支付外，应根据承兑协议规定，对承兑申请人执行扣款，并对尚未扣回的承兑金额每天按5‰计收罚息。

五、实训案例

实训1：采购货物，采用银行承兑汇票方式结算货款

2022年12月5日，北京沃达电器有限责任公司采购货物，按采购合同约定的银行承兑汇票结算货款。

要求：跟踪银行承兑汇票结算流程，并及时进行账务处理。

第一步，审核购货发票、采购合同，签发银行承兑汇票并交开户银行承兑（如图4-9所示）。

采购合同

合同编号：TA201612005

供方：北京京亿不锈钢有限公司
地址：北京市昌平区永安路67号
法定代表人：李雪
开户银行：中国工商银行北京分行昌平支行
账号：(从账户信息查询)

需方：北京沃达电器有限责任公司
地址：公司地址（从公司信息查询）
法定代表人：葛文学
开户银行：中国工商银行北京分行昌平支行
账号：6212260201800002610

北京京亿不锈钢有限公司（供方）与北京沃达电器有限责任公司（需方）就所需的原材料供货事宜进行了充分协商，达成一致意见，并签订供货合同，以资共同信守：

1. 货物名称、型号、数量、价格、合同金额

序号	货物名称	数量	单位	单价（不含税）	金额（不含税）	金额（含税）
1	豪华型壶体	4 500	件	60.00	270 000.00	305 100.00
2	豪华型壶盖	4 500	件	8.00	36 000.00	40 680.00
3	豪华型壶底	4 500	件	35.00	157 500.00	177 975.00
4	豪华型辅材套件	4 500	套	5.00	22 500.00	25 425.00
总金额（大写）：伍拾肆万玖仟壹佰捌拾元整						¥549 180.00

2. 质量要求：以双方商定的标准为准。
3. 付款方式和支付条款：以银行承兑汇票方式支付价税款。
4. 交货与发运：合同货物的交货时间为2022年12月15日。供方送货到需方指定地点，货物运输由供方负责落实，费用由需方承担。
5. 知识产权：供方应确保其供应的产品在知识产权方面没有瑕疵或没有侵犯他人知识产权。如因供方产品的知识产权问题被任何第三人（含国家机关）追索或处罚，供方应负责处理或协助处理，并承担由此而造成的需方的一切损失。
6. 合同纠纷及仲裁：为执行本合同而引起的各种纠纷，供需双方应本着合作的态度，友好协商。若协商不成，任何一方均可向北京市人民法院提起诉讼。
7. 任何一方均不得修改本合同，如有修改须另行达成书面协议，否则本合同自动失效。
8. 其他：本合同一式贰份，供需双方各执壹份。本合同自双方签字盖章后生效，自合同全部条款履行完毕自动失效。

银行承兑汇票

出票日期 贰零贰贰 年 壹拾贰 月 零伍 日　　NO 21134215

出票人全称	北京沃达电器有限责任公司	收款人	全　称	北京京亿不锈钢有限公司
出票人账号	6212260201800002610		账　号	(从账户信息查询)
付款行全称	中国工商银行北京分行昌平支行		开户银行	中国工商银行北京分行昌平支行
出票金额	人民币（大写）伍拾肆万玖仟壹佰捌拾元整		亿 千 百 十 万 千 百 十 元 角 分	¥ 5 4 9 1 8 0 0 0
汇票到期日	贰零贰贰年壹拾贰月零伍日	付款行	行号	
承兑协议号			地址	从公司信息查询
本汇票请你行承兑，到期无条件付息　出票人签章	本汇票已经承兑，到期日由本行付款　承兑行签章　承兑日期　年　月　日　备注：			复核　记账

图4-9　银行承兑汇票

第二步，编制与审核记账凭证（见表4-22）。

表4-22 记账凭证（记-07） 单位：元

摘要	会计分录			
	总账科目	明细科目	借方金额	贷方金额
采购原材料	在途物资		486 000.00	
	应交税费	应交增值税（进项税额）	63 180.00	
	应付票据	北京京亿不锈钢有限公司		549 180.00

第三步，登记账簿（见表4-23至表4-25）。

表4-23 “在途物资”明细账 单位：元

2022年		凭证号数	摘要	借方	贷方	方向	余额
月	日						
12	31	记-07	采购原材料	486 000.00		借	486 000.00

表4-24 “应交税费——应交增值税”明细账 单位：元

2022年		凭证号数	摘要	借方	贷方	方向	余额
月	日						
12	31	记-04	支付上月水费	4 320.00		借	4 320.00
12	31	记-05	支付上月电费	10 800.00		借	15 120.00
12	31	记-07	采购原材料	63 180.00		借	78 300.00

表4-25 “应付票据——220101北京京亿不锈钢有限公司”明细账 单位：元

2022年		凭证号数	摘要	借方	贷方	方向	余额
月	日						
12	1		期初余额			贷	5 786 786.07
12	31	记-07	采购原材料		549 180.00	贷	6 335 966.07

实训2：汇票到期

2022年12月15日，由北京沃达电器有限责任公司开户银行承兑的一张银行承兑汇票到期，收到银行转来的付款凭证。

要求：跟踪票据处理流程，并及时进行账务处理。

第一步，审核银行承兑汇票复印件和电子回单（付款）（如图4-10和图4-11所示），并与“应付票据”明细账期初余额核对。

银行承兑汇票

出票日期 贰零贰贰 年 零陆 月 壹拾伍 日　　NO 21134218

出票人全称	北京沃达电器有限责任公司	收款人	全　称	北京京亿不锈钢有限公司
出票人账号	6212260201800002610		账　号	（从账户信息查询）
付款行全称	中国工商银行北京分行昌平支行		开户银行	中国工商银行北京分行昌平支行
出票金额	人民币（大写）伍佰柒拾捌万陆仟柒佰捌拾陆元零柒分		亿 千 百 十 万 千 百 十 元 角 分	¥ 5 7 8 6 7 8 6 0 7
汇票到期日	贰零贰贰年壹拾贰月壹拾伍日	付款行	行号	
承兑协议号			地址	中国工商银行北京分行昌平支行
本汇票请你行承兑，到期无条件付息　出票人签章		本汇票已经承兑，到期日由本行付款　承兑行签章　承兑日期 801100000006 年 月 日　备注：		复核　记账

图4-10　银行承兑汇票

ICBC 中国工商银行　电子回单（付款）　金融@家

入账日期：2022-12-15　　电子回单号：20161215000012

付款单位	户　名	北京沃达电器有限责任公司	收款单位	户　名	北京京亿不锈钢有限公司
	账　号	6212260201800002610		账　号	0100229999888890988
	开户行	中国工商银行		开户行	中国工商银行
金额（大写）		伍佰柒拾捌万陆仟柒佰捌拾陆元零柒分	金额（小写）		5 786 786.07
转账用余		银行承兑付款			

制单人：费用核算　　流水号：000012　　银行签章：

图4-11　电子回单（付款）

第二步，编制与审核记账凭证（见表4-26）。

表4-26　记账凭证（记-08）　单位：元

摘要	会计分录			
	总账科目	明细科目	借方金额	贷方金额
支付到期的银行承兑汇票	应付票据	北京京亿不锈钢有限公司	5 786 786.07	
	银行存款			5 786 786.07

第三步，登记账簿（见表4-27和表4-28）。

表4-27 “应付票据——220101北京京亿不锈钢有限公司”明细账 单位：元

2022年		凭证号数	摘要	借方	贷方	方向	余额
月	日						
12	1		期初余额			贷	5 786 786.07
12	31	记-07	采购原材料		549 180.00	贷	6 335 966.07
12	31	记-08	支付到期的银行承兑汇票	5 786 786.07		贷	549 180.00

表4-28 银行存款日记账 单位：元

2022年		凭证号数	摘要	借方	贷方	余额
月	日					
12	1		期初余额			19 600 000.00
12	31	记-01	从银行借入短期借款	2 000 000.00		21 600 000.00
12	31	记-02	收到货币性投资款	10 000 000.00		31 600 000.00
12	31	记-04	支付上月水费		52 320.00	31 547 680.00
12	31	记-05	支付上月电费		130 800.00	31 416 880.00
12	31	记-06	支付前欠材料款		6 469 600.41	24 947 279.59
12	31	记-08	支付到期的银行承兑汇票		5 786 786.07	19 160 493.52

任务六 供应业务——原材料

一、实训目标

1. 能正确理解“原材料”账户的性质、核算内容。
2. 能正确编制采购原材料业务的记账凭证。

二、实训材料

1. 购货发票。
2. 采购合同。
3. 原材料入库单（收料单）。

4. 付款凭证。
5. 记账凭证。

三、实训内容和步骤

第一步，审核原始凭证。

审核购货发票、原材料入库单、付款凭证等原始凭证与采购合同内容、金额是否一致。

第二步，编制记账凭证。

会计人员根据审核无误的购货发票、原材料入库单、付款凭证等原始凭证，编制采购原材料业务的记账凭证。

1. 设置“原材料”账户。“原材料”账户用于核算库存各种材料的收发与结存情况。原材料按实际成本核算时，本账户的借方登记入库材料的实际成本，贷方登记发出材料的实际成本，期末余额在借方，反映企业库存材料的实际成本。“原材料”账户按材料的种类、品名等设置明细账户。

2. 账务处理。企业外购原材料，若在收到购货发票时，材料同时到达企业并已办理验收入库手续，应按材料实际采购成本借记“原材料”账户，按发票上的增值税税额借记“应交税费——应交增值税（进项税额）”账户，贷方根据款项支付情况记入“银行存款”“应付账款”“应付票据”等账户。

第三步，审核记账凭证，无误后登记入账。

编制完成的记账凭证经出纳签字、财务主管审核。根据审核无误的记账凭证相应的会计科目，把经济业务的具体发生额登入相应明细账（日记账）和总账。

四、实训注意事项

1. 原材料的概念。原材料是指企业在生产业务中经过加工改变其形态或性质并构成产品主要实体的各种原料、主要材料和外购半成品，以及不构成产品实体但有助于产品形成的辅助材料。

2. 企业在收到购货发票时，若材料尚未到达企业或虽已到达但尚未办理验收入库手续，应先通过“在途物资”账户核算材料的实际采购成本，待材料到达企业并办妥验收入库手续，再由“在途物资”账户贷方转入“原材料”账户借方。

五、实训案例

2022年12月15日，北京沃达电器有限责任公司采购原材料一批，价款4 375 800元及税款568 854元已开出支票支付，材料已验收入库。

要求：跟踪材料入库流程，并及时进行账务处理。

第一步，审核采购合同、发票（如图4-12所示）、转账支票存根（如图4-13所示）、原材料入库单（见表4-29）等原始凭证。

采购合同

合同编号：TA201612015

供方：九江塑电科技有限公司	需方：北京沃达电器有限责任公司
地址：江西省九江市开发区九瑞大道96号	地址：公司地址（从公司信息查询）
法定代表人：彭登峰	法定代表人：葛文学
开户银行：中国工商银行九江分行	开户银行：中国工商银行北京分行昌平支行
账号：（从账户信息查询）	账号：6212260201800002610

九江塑电科技有限公司（供方）与北京沃达电器有限责任公司（需方）就所需的商品供货事宜进行了充分协商，达成一致意见，并签订供货合同，以资共同信守：

1. 货物名称、型号、数量、价格、合同金额

序号	货物名称	数量	单位	单价（不含税）	金额（不含税）	金额（含税）
1	经典型壶体	27 000	件	45.00	1 215 000.00	1 372 950.00
2	轻巧型壶体	33 300	件	42.00	1 398 600.00	1 580 418.00
3	经典型辅材套件	27 000	套	4.50	121 500.00	137 295.00
4	轻巧型辅材套件	33 300	套	4.00	133 200.00	150 516.00
5	轻巧、经典型壶盖	60 300	件	5.00	301 500.00	340 695.00
6	轻巧、经典型壶底	60 300	件	20.00	1 206 000.00	1 362 780.00

总金额（大写）：肆佰玖拾肆万肆仟陆佰伍拾肆元整　　¥4 944 654.00

2. 质量要求：以双方商定的标准为准。

3. 付款方式和支付条款：合同签订当日支付部分货税款3 000 000.00元。

4. 交货与发运：合同货物的交货时间为当日。供方送货到需方指定地点，货物运输由供方负责落实，费用由需方承担。

5. 知识产权：供方应确保其供应的产品在知识产权方面没有瑕疵或没有侵犯他人知识产权。如因供方产品的知识产权问题被任何第三人（含国家机关）追索或处罚，供方应负责处理或协助处理，并承担由此而造成的需方的一切损失。

1100153130　　**北京增值税专用发票**　　№44775815

机器编号：199910936557　　发票联　　开票日期：2022年12月15日

（国家税务总局监制）

购买方	
名　　称	北京沃达电器有限责任公司
纳税人识别号	110114745862904015
地 址 、电 话	北京市昌平区光明路16号010-26674938
开户行及账号	中国工商银行北京分行昌平支行6212260201800002610

密码区：
035926>3>2<0230937-8>1*26906
374*91/- +588247>>/*6+>-89233
785926>3>2<0230937*57+89>097
4/ 737-++690195*6067//42+2-72

货物或应税劳务、服务名称	规格型号	单位	数量	单价	金额	税率	税额
*家用厨房电器具*经典型壶体	经典型：定制	件	27 000	45.00	1 215 000.00	13%	157 950.00
*家用厨房电器具*轻巧型壶盖	轻巧型：定制	件	33 300	42.00	1 398 600.00	13%	181 818.00
*家用厨房电器具*经典型辅助套件	经典型：定制	套	27 000	4.50	121 500.00	13%	15 795.00
*家用厨房电器具*轻巧型辅材套件	轻巧型：定制	套	33 300	4.00	133 200.00	13%	17 316.00
*家用厨房电器具*轻巧、经典型壶盖	通用：定制	件	60 300	5.00	301 500.00	13%	39 195.00
*家用厨房电器具*轻巧、经典型壶底	通用：定制	件	60 300	20.00	1 206 000.00	13%	156 780.00
合计					¥4 375 800.00		¥568 854.00

价税合计（大写）：⊗肆佰玖拾肆万肆仟陆佰伍拾肆元整　　（小写）¥4 944 654.00

销售方	
名　　称	九江塑电科技有限公司
纳税人识别号	110114745862892003
地 址 、电 话	江西省九江市开发区九瑞大道96号0792-38573212
开户行及账号	（从账户信息查询）

备注：（九江塑电科技有限公司 110114745862892003 发票专用章）

第三联：发票联　购买方记账凭证

收款人：　　复核：　　开票人：张祎　　销售方：（章）

图4-12　发票

中国工商银行
转账支票存根

$\frac{B\ 0}{0\ 2}$ 21134215

附加信息

出票日期 2022年12月15日

收款人：	九江塑电科技有限公司
金　额：	¥3 000 000.00
用　途：	货款

单位主管　　　　会计

北京仲裁印制有限公司 2020年印制

图4-13　转账支票存根

表4-29

原材料入库单

金额单位：元

2022年12月15日　　　　编号：000015

序号	名称	规格	单位	数量	单价	金额	供应商
1	轻巧型壶体	轻巧型：定制	件	33 300	42.00	1 398 600.00	九江塑电科技有限公司
2	轻巧、经典型壶盖	通用：定制	件	60 300	5.00	301 500.00	九江塑电科技有限公司
3	轻巧、经典型壶底	通用：定制	件	60 300	20.00	1 206 000.00	九江塑电科技有限公司
4	轻巧型辅材套件	轻巧型：定制	套	33 300	4.00	133 200.00	九江塑电科技有限公司
5	经典型壶体	经典型：定制	件	27 000	45.00	1 215 000.00	九江塑电科技有限公司
6	经典型辅材套件	经典型：定制	套	27 000	4.50	121 500.00	九江塑电科技有限公司

第三联：财务部

制单：王宝珠　　　　复核：何明海

第二步，编制与审核记账凭证（见表4-30）。

表4-30　记账凭证（记-09）　　单位：元

摘要	会计分录			
	总账科目	明细科目	借方金额	贷方金额
采购原材料	原材料	经典型壶体	1 215 000.00	
	原材料	轻巧型壶体	1 398 600.00	
	原材料	经典型辅材套件	121 500.00	
	原材料	轻巧型辅材套件	133 200.00	

续表

摘要	会计分录			
	总账科目	明细科目	借方金额	贷方金额
采购原材料	原材料	轻巧、经典型壶盖	301 500.00	
	原材料	轻巧、经典型壶底	1 206 000.00	
	应交税费	应交增值税（进项税额）	568 854.00	
	银行存款			3 000 000.00
	应付账款	九江塑电科技有限公司		1 944 654.00

第三步，登记账簿（见表4-31至表4-34）。

表4-31　“原材料”明细账　单位：元

2022年		凭证号数	摘要	借方	贷方	方向	余额
月	日						
12	1		期初余额			借	3 471 900.00
12	31	记-09	采购原材料	1 215 000.00		借	4 686 900.00
12	31	记-09	采购原材料	1 398 600.00		借	6 085 500.00
12	31	记-09	采购原材料	121 500.00		借	6 207 000.00
12	31	记-09	采购原材料	133 200.00		借	6 340 200.00
12	31	记-09	采购原材料	301 500.00		借	6 641 700.00
12	31	记-09	采购原材料	1 206 000.00		借	7 847 700.00

表4-32　“应付账款”明细账　单位：元

2022年		凭证号数	摘要	借方	贷方	方向	余额
月	日						
12	1		期初余额			贷	6 637 600.41
12	31	记-04	支付上月水费	48 000.00		贷	6 589 600.41
12	31	记-05	支付上月电费	120 000.00		贷	6 469 600.41
12	31	记-06	支付前欠材料款	6 469 600.41		平	
12	31	记-09	采购原材料		1 944 654.00	贷	1 944 654.00

表4-33　“应交税费——应交增值税”明细账　单位：元

2022年		凭证号数	摘要	借方	贷方	方向	余额
月	日						
12	31	记-04	支付上月水费	4 320.00		借	4 320.00
12	31	记-05	支付上月电费	10 800.00		借	15 120.00
12	31	记-07	采购原材料	63 180.00		借	78 300.00
12	31	记-09	采购原材料	568 854.00		借	647 154.00

表4-34　银行存款日记账　单位：元

2022年		凭证号数	摘要	借方	贷方	余额
月	日					
12	1		期初余额			19 600 000.00
12	31	记-01	从银行借入短期借款	2 000 000.00		21 600 000.00
12	31	记-02	收到货币性投资款	10 000 000.00		31 600 000.00
12	31	记-04	支付上月水费		52 320.00	31 547 680.00
12	31	记-05	支付上月电费		130 800.00	31 416 880.00
12	31	记-06	支付前欠材料款		6 469 600.41	24 947 279.59
12	31	记-08	支付到期的银行承兑汇票		5 786 786.07	19 160 493.52
12	31	记-09	采购原材料		3 000 000.00	16 160 493.52

任务七　供应业务——在途物资

一、实训目标

1. 能正确理解“在途物资”账户的性质、核算内容。
2. 能正确分摊材料采购费用。
3. 能正确编制采购原材料业务的记账凭证。

二、实训材料

1. 购货发票。
2. 采购合同。
3. 付款凭证。

4. 记账凭证。

三、实训内容和步骤

第一步，审核原始凭证。

审核购货发票、付款凭证等原始凭证与采购合同内容、金额是否一致。

第二步，编制并审核记账凭证。

1. 编制记账凭证

会计人员根据审核无误的购货发票、原材料入库单、付款凭证等原始凭证，编制采购原材料业务的记账凭证。

（1）“在途物资”账户的设置。“在途物资”账户是资产类账户，是专门用来核算企业外购材料的买价和采购费用，计算和确定材料实际成本的账户。借方用来登记本期因采购材料支付的材料买价和采购费用，贷方用来登记已验收入库转入“原材料”账户的实际采购成本。月末，本账户一般无余额，如有余额，则反映期末尚未到达的在途材料所占用的资金。本账户应按供应单位和物资品种进行明细核算。

（2）账务处理。企业外购原材料，若收到购货发票时材料尚未到达企业或虽已到达但尚未办理验收入库手续，应按材料实际采购成本借记“在途物资”账户，按发票上的增值税税额借记“应交税费——应交增值税（进项税额）”账户，贷方根据款项支付情况记入“银行存款”或“应付账款”、“应付票据”等账户。

当材料到达企业并办理验收入库手续后，应将采购成本从“在途物资”账户贷方转出至“原材料”账户借方，即借记“原材料”账户，贷记“在途物资”账户。

2. 审核记账凭证

编制完成的记账凭证经出纳签字、财务主管审核。

第三步，登记账簿。

根据记账凭证相应的会计科目，把经济业务的具体发生额登入明细账（日记账）和总账。

四、实训注意事项

（一）外购材料采购成本的构成

材料采购成本是指材料物资从采购到入库前所发生的全部支出，主要由材料的买价和采购费用两部分构成。买价指购买材料的结算价款；采购费用包括外购运杂费（运输费、装卸费、保险费、包装费、仓储费等）、运输途中的合理损耗、入库前的挑选整理费，以及应计入采购成本的税金和其他采购费用。

（二）采购费用的分摊

材料采购费用属于材料采购成本中的间接成本。凡能分清采购费用归属于何种材料的，则可以直接计入各种材料的采购成本；不能分清的，应按材料的重量或买价等比例分摊计入各种材料的采购成本，计算公式如下：

$$材料采购费用分摊率 = 采购费用总额 \div 各种材料的重量或买价之和$$

$$某种材料应分摊的采购费用 = 该种材料的重量或买价 \times 材料采购费用分摊率$$

五、实训案例

2022年12月15日，北京沃达电器有限责任公司收到5日从北京京亿不锈钢有限公司采购的原材料，并验收入库。存货按照实际成本法核算。

要求：跟踪材料入库流程，并及时进行账务处理。

第一步，审核入库单（见表4-35），并与“在途物资”明细账的期初余额核对。

表4-35

原材料入库单

2022年12月15日

金额单位：元

编号：00016

序号	名称	规格	单位	数量	单价	金额	供应商
1	豪华型壶体	豪华型：定制	件	4 500	60.00	270 000.00	北京京亿不锈钢有限公司
2	豪华型壶盖	豪华型：定制	件	4 500	8.00	36 000.00	北京京亿不锈钢有限公司
3	豪华型壶底	豪华型：定制	件	4 500	35.00	157 500.00	北京京亿不锈钢有限公司
4	豪华型辅材套件	豪华型：定制	套	4 500	5.00	22 500.00	北京京亿不锈钢有限公司

第三联：财务部

制单：王宝珠　　复核：何明海

第二步，编制记账凭证（见表4-36）。

表4-36　记账凭证（记-10）　单位：元

摘要	会计分录			
	总账科目	明细科目	借方金额	贷方金额
收到原材料并验收入库	原材料	豪华型壶体	270 000.00	
	原材料	豪华型壶盖	36 000.00	
	原材料	豪华型壶底	157 500.00	
	原材料	豪华型辅材套件	22 500.00	
	在途物资			486 000.00

第三步，登记账簿（见表4-37和表4-38）。

表4-37　“在途物资”明细账　单位：元

2022年		凭证号数	摘要	借方	贷方	方向	余额
月	日						
12	31	记-07	采购原材料	486 000.00		借	486 000.00
12	31	记-10	收到原材料并验收入库		486 000.00	平	

表4-38 “原材料”明细账 单位：元

2022年		凭证号数	摘要	借方	贷方	方向	余额
月	日						
12	1		期初余额			借	3 471 900.00
12	31	记-09	采购原材料	1 215 000.00		借	4 686 900.00
12	31	记-09	采购原材料	1 398 600.00		借	6 085 500.00
12	31	记-09	采购原材料	121 500.00		借	6 207 000.00
12	31	记-09	采购原材料	133 200.00		借	6 340 200.00
12	31	记-09	采购原材料	301 500.00		借	6 641 700.00
12	31	记-09	采购原材料	1 206 000.00		借	7 847 700.00
12	31	记-10	收到原材料并验收入库	270 000.00		借	8 117 700.00
12	31	记-10	收到原材料并验收入库	36 000.00		借	8 153 700.00
12	31	记-10	收到原材料并验收入库	157 500.00		借	8 311 200.00
12	31	记-10	收到原材料并验收入库	22 500.00		借	8 333 700.00

任务八 供应业务——周转材料

一、实训目标

能正确核算采购周转材料。

二、实训材料

1. 采购合同。
2. 转账支票。
3. 记账凭证。

三、实训内容和步骤

第一步，签订购货合同。

采购人员和销售方协商，根据企业需求签订购货合同。

第二步，收到货物的同时收到发票。

1. 采购员收到到货通知，通知仓储部验收入库。
2. 采购员收到采购发票，交给会计入账。

第三步，签发转账支票。

出纳签发转账支票，主管审核后，交给销售方进行付款。

第四步，编制记账凭证。

根据销售合同、入库单和银行转账单的第一联等相关原始凭证，总账会计编制记账凭证。

第五步，记账凭证登记入账。

根据记账凭证相应的会计科目，把经济业务的具体发生额登入明细账（日记账）和总账。

四、实训注意事项

1. 签合同时要注意：仔细阅读采购合同中的各项条款；仔细核对产品的品牌和型号，与展示样品是否一致；销售单要加盖销售单位或者市场的公章；对特定条款加以注明。

2. 注意转账支票填写的规范性。

3. 周转材料入库。

五、实训案例

2022年12月17日，北京沃达电器有限责任公司从北京飞达包装物有限公司购进包装箱100件，取得的增值税专用发票上注明的价款为1 000元，增值税税额130元。全部货款均开出支票支付，所购货物已验收入库。

要求：跟踪周转材料入库流程，并及时进行账务处理。

第一步，签订购货合同。

采购合同

合同编号：TA201612006

供方：北京飞达包装物有限公司　　需方：北京沃达电器有限责任公司

地址：北京市昌平区光明路33号　　地址：公司地址（从公司信息查询）

法定代表人：李雷　　法定代表人：葛文学

开户银行：中国工商银行北京分行昌平支行　　开户银行：中国工商银行北京分行昌平支行

北京飞达包装物有限公司（供方）与北京沃达电器有限责任公司（需方）就所需的包装物供货事宜进行了充分协商，达成一致意见，并签订供货合同，以资共同信守：

1. 货物名称、型号、数量、价格、合同金额

序号	货物名称	数量	单位	单价（不含税）	金额（不含税）	金额（含税）
1	包装箱	100	件	10.00	1 000.00	1 130.00
总金额（大写）：壹仟壹佰叁拾元整						¥1 130.00

2. 质量要求：以双方商定的标准为准。

3. 付款方式和支付条款：以银行转账汇票方式支付价税款。

4. 交货与发运：合同货物的交货时间为2022年12月17日。供方送货到需方指定地点，货物运输由供方负责落实，费用由需方承担。

5. 知识产权：供方应确保其供应的产品在知识产权方面没有瑕疵或没有侵犯他人知识产权。如因供方产品的知识产权问题被任何第三人（含国家机关）追索或处罚，供方应负责处理或协助处理，并承担由此而造成的需方的一切损失。

6. 合同纠纷及仲裁：为执行本合同而引起的各种纠纷，供需双方应本着合作的态度，友好协商。若协商不成，任何一方均可向北京市人民法院提起诉讼。

7. 任何一方均不得修改本合同，如有修改须另行达成书面协议，否则本合同自动失效。

8. 其他：本合同一式贰份，供需双方各执壹份。本合同自双方签字盖章后生效，至本合同全部条款执行后失效。

供方（盖章）北京飞达包装物有限公司　　需方（盖章）北京沃达电器有限责任公司

电话：010-26674955　　电话：公司电话（从公司信息查询）

经办人：李雷　　经办人：葛文学

签订时间：2022年12月03日　　签订日期：2022年12月03日

第二步，收到货物同时收到发票（如图4-14所示）。

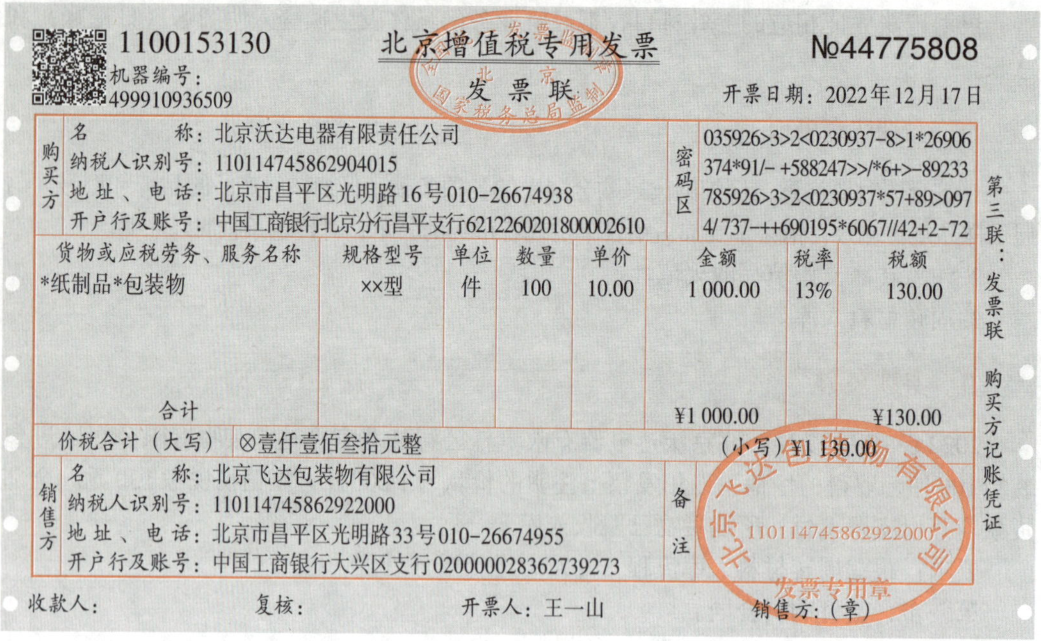
1100153130 北京增值税专用发票 №44775808
机器编号：499910936509
发票联
开票日期：2022年12月17日

购买方	名称：北京沃达电器有限责任公司 纳税人识别号：110114745862904015 地址、电话：北京市昌平区光明路16号010-26674938 开户行及账号：中国工商银行北京分行昌平支行6212260201800002610	密码区	035926>3>2<0230937-8>1*26906 374*91/- +588247>>/*6+>-89233 785926>3>2<0230937*57+89>097 4/737-++690195*6067//42+2-72

货物或应税劳务、服务名称	规格型号	单位	数量	单价	金额	税率	税额
*纸制品*包装物	××型	件	100	10.00	1 000.00	13%	130.00
合计					¥1 000.00		¥130.00
价税合计（大写）	⊗壹仟壹佰叁拾元整				（小写）¥1 130.00		

销售方	名称：北京飞达包装物有限公司 纳税人识别号：110114745862922000 地址、电话：北京市昌平区光明路33号010-26674955 开户行及账号：中国工商银行大兴区支行0200000283627392733	备注	北京飞达包装物有限公司 110114745862922000 发票专用章

收款人： 复核： 开票人：王一山 销售方：（章）

第三联：发票联 购买方记账凭证

图4-14 发票

第三步，签发转账支票（如图4-15所示）。

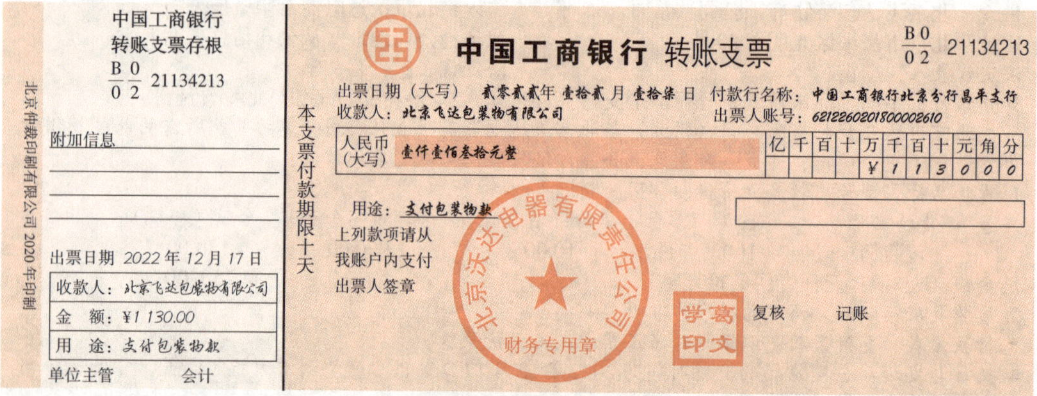
中国工商银行
转账支票存根
B 0 0 2 21134213
附加信息
出票日期 2022年12月17日
收款人：北京飞达包装物有限公司
金 额：¥1 130.00
用 途：支付包装物款
单位主管 会计
北京仲裁印刷有限公司2020年印制

中国工商银行 转账支票 B 0 0 2 21134213
出票日期（大写） 贰零贰贰年 壹拾贰 月 壹拾柒 日 付款行名称：中国工商银行北京分行昌平支行
收款人：北京飞达包装物有限公司 出票人账号：6212260201800002610
本支票付款期限十天
人民币（大写） 壹仟壹佰叁拾元整

亿	千	百	十	万	千	百	十	元	角	分
				¥	1	1	3	0	0	0

用途：支付包装物款
上列款项请从
我账户内支付
出票人签章 北京沃达电器有限责任公司 财务专用章 葛学文印
复核 记账

图4-15 转账支票

第四步，编制、签字和审核记账凭证（见表4-39）。

表4-39 记账凭证（记-11）

单位：元

摘要	会计分录			
	总账科目	明细科目	借方金额	贷方金额
购买包装物	周转材料	包装物	1 000.00	
	应交税费	应交增值税（进项税额）	130.00	
	银行存款			1 130.00

第五步，登记账簿（见表4-40至表4-42）。

表4-40　“周转材料”明细账　单位：元

2022年		凭证号数	摘要	借方	贷方	方向	余额
月	日						
12	31	记-11	购买包装物	1 000.00		借	1 000.00

表4-41　“应交税费——应交增值税”明细账　单位：元

2022年		凭证号数	摘要	借方	贷方	方向	余额
月	日						
12	31	记-04	支付上月水费	4 320.00		借	4 320.00
12	31	记-05	支付上月电费	10 800.00		借	15 120.00
12	31	记-07	采购原材料	63 180.00		借	78 300.00
12	31	记-09	采购原材料	568 854.00		借	647 154.00
12	31	记-11	购买包装物	130.00		借	647 284.00

表4-42　银行存款日记账　单位：元

2022年		凭证号数	摘要	借方	贷方	余额
月	日					
12	1		期初余额			19 600 000.00
12	31	记-01	从银行借入短期借款	2 000 000.00		21 600 000.00
12	31	记-02	收到货币性投资款	10 000 000.00		31 600 000.00
12	31	记-04	支付上月水费		52 320.00	31 547 680.00
12	31	记-05	支付上月电费		130 800.00	31 416 880.00
12	31	记-06	支付前欠材料款		6 469 600.41	24 947 279.59
12	31	记-08	支付到期的银行承兑汇票		5 786 786.07	19 160 493.52
12	31	记-09	采购原材料		3 000 000.00	16 160 493.52
12	31	记-11	购买包装物		1 130.00	16 159 363.52

任务九 供应业务——固定资产

一、实训目标

1. 能正确理解“固定资产”科目核算要点。
2. 能正确描述固定资产购买业务核算的基本流程。

二、实训材料

1. 固定资产购置申请表。
2. 增值税专用发票。
3. 固定资产验收单。
4. 支票存根。
5. 记账凭证。
6. 固定资产明细账及相关总账。

三、实训内容和步骤

第一步，审核固定资产购置申请表、增值税专用发票、固定资产验收单、支票存根等。

审核固定资产购置申请表、增值税专用发票、固定资产验收单、支票存根等原始凭证的金额计算是否正确、填写是否完整。

第二步，编制记账凭证。

根据固定资产购置申请表、增值税专用发票、固定资产验收单、支票存根等，总账会计编制购买固定资产记账凭证，出纳签字、财务主管审核。

第三步，记账凭证登记入账。

根据记账凭证相应的会计科目，把经济业务的具体发生额登入明细账和总账。

四、实训注意事项

1. 为避免出现固定资产利用效率低、重复购置现象，固定资产的购置需要进行审批，安排专人进行采购，资产到位后验收单中应详细填写固定资产名称、规格型号、金额、供货厂商，同时对固定资产进行编号。

2. 外购固定资产的成本，包括购买价款、相关税费、使固定资产达到预定可使用状态前所发生的可归属于该项资产的运输费、装卸费、安装费和专业人员服务费等。

3. 购买固定资产支付的增值税，计入应交税费。

五、实训案例

2022年12月17日，北京沃达电器有限责任公司机加工车间购入不需安装的设备一台，设备价款5 000元，增值税650元，价税款签发支票付讫，设备经过验收已投入车间使用。

要求：跟踪固定资产核算流程，并及时进行账务处理。

第一步，审核原始凭证（见表4-43和表4-44，如图4-16和图4-17所示）。

表4-43

固定资产购置申请表

申请部门：北京沃达电器有限责任公司机加工车间　申请日期：2022年12月17日

序号	固定资产名称	规格型号	申购数量	单位	预计单价（元）	预计总价（元）
1	电脑	××型	1	台	5 000.00	5 000.00
合计						5 000.00
申请原因：车间需要 申请人：北京沃尔电器有限责任公司机加工车间						
部门负责人审核	行政部负责人		财务部门负责人审核		公司领导审批	

1100153130　**北京增值税专用发票**　№44775809

发　票　联

机器编号：499910936509　开票日期：2022年12月17日

购买方	名　称：北京沃达电器有限责任公司 纳税人识别号：110114745862904015 地址、电话：北京市昌平区光明路16号010-26674938 开户行及账号：中国工商银行北京分行昌平支行6212260201800002610	密码区	035926>3>2<0230937-8>1*26906 374*91/- +588247>>/*6+>-89233 785926>3>2<0230937*57+89>097 4/737-++690195*6067//42+2-72

货物或应税劳务、服务名称	规格型号	单位	数量	单价	金额	税率	税额
*通信设备计算机*电脑	××型	台	1	5 000.00	5 000.00	13%	650.00
合计					¥5 000.00		¥650.00
价税合计（大写）	⊗伍仟陆佰伍拾元整				（小写）¥5 650.00		

销售方	名　称：北京通博贸易有限公司 纳税人识别号：110114745862921100 地址、电话：北京市昌平区光明路93号010-26674855 开户行及账号：中国工商银行大兴区支行020000028362739273	备注	

收款人：　复核：　开票人：王一山　销售方：（章）

第三联：发票联　购买方记账凭证

北京通博贸易有限公司　110114745862921100　发票专用章

全国统一发票监制章　北京　国家税务总局监制

图4-16　发票

中国工商银行
转账支票存根

$\frac{B}{0}\frac{0}{2}$ 21134214

附加信息

出票日期 2022 年 12 月 17 日

收款人：	北京通博贸易有限公司
金 额：	¥5 650.00
用 途：	支付设备款

单位主管 会计

北京仲裁印制有限公司 2020 年印制

图4-17 转账支票存根

表4-44

固定资产验收单

金额单位：元

签收日期：2022年12月17日

序号	固定资产名称	规格型号	签收数量	单位	单价	总价	使用部门
1	电脑	××型	1	台	5 000.00	5 000.00	车间
2							
3							
4							
5							
6							
合计						5 000.00	
签收人：北京沃达电器有限责任公司							

第二步，编制并审核记账凭证（见表4-45）。

表4-45

记账凭证（记-12）

单位：元

摘要	会计分录			
	总账科目	明细科目	借方金额	贷方金额
购买固定资产	固定资产		5 000.00	
	应交税费	应交增值税（进项税额）	650.00	
	银行存款			5 650.00

第三步，登记账簿（见表4-46至表4-48）。

表4-46　“固定资产”明细账

单位：元

2022年		凭证号数	摘要	借方	贷方	方向	余额
月	日						
12	1		期初余额			借	69 060 221.00
12	31	记-03	收到固定资产投资	1 200 000.00		借	70 260 221.00
12	31	记-12	购买固定资产	5 000.00		借	70 265 221.00

表4-47　“应交税费——应交增值税”明细账

单位：元

2022年		凭证号数	摘要	借方	贷方	方向	余额
月	日						
12	31	记-04	支付上月水费	4 320.00		借	4 320.00
12	31	记-05	支付上月电费	10 800.00		借	15 120.00
12	31	记-07	采购原材料	63 180.00		借	78 300.00
12	31	记-09	采购原材料	568 854.00		借	647 154.00
12	31	记-11	购买包装物	130.00		借	647 284.00
12	31	记-12	购买固定资产	650.00		借	647 934.00

表4-48　银行存款日记账

单位：元

2022年		凭证号数	摘要	借方	贷方	余额
月	日					
12	1		期初余额			19 600 000.00
12	31	记-01	从银行借入短期借款	2 000 000.00		21 600 000.00
12	31	记-02	收到货币性投资款	10 000 000.00		31 600 000.00
12	31	记-04	支付上月水费		52 320.00	31 547 680.00
12	31	记-05	支付上月电费		130 800.00	31 416 880.00
12	31	记-06	支付前欠材料款		6 469 600.41	24 947 279.59
12	31	记-08	支付到期的银行承兑汇票		5 786 786.07	19 160 493.52
12	31	记-09	采购原材料		3 000 000.00	16 160 493.52
12	31	记-11	购买包装物		1 130.00	16 159 363.52
12	31	记-12	购买固定资产		5 650.00	16 153 713.52

任务十　供应业务——无形资产

一、实训目标

1. 能正确理解“无形资产”科目核算要点。
2. 能正确描述外购无形资产业务的基本流程。
3. 能正确进行外购无形资产业务的会计核算。

二、实训材料

1. 无形资产采购申请表。
2. 无形资产验收单。
3. 付款申请单。
4. 发票。
5. 转账支票。
6. 记账凭证。
7. 明细账、总账。

三、实训内容和步骤

第一步，审核无形资产采购申请表。

无形资产采购前，无形资产使用部门应详细填写“无形资产采购申请表”，经相关部门审核签字。无形资产采购申请表应包括：申请部门、无形资产名称、预计金额等相关内容。

第二步，审核无形资产验收单。

无形资产验收分为外购无形资产验收和自制无形资产验收，财务人员审核无形资产验收单，验收单应包括资产名称、单价、金额、使用部门等相关信息。

1. 外购无形资产验收

（1）外购无形资产由管理部门组织，按照合同、技术交底文件规定的验收标准进行验收。

（2）在办理无形资产验收手续的同时，管理部门应完整地取得产品说明书及其他相关说明资料。

2. 自制无形资产验收

（1）自制无形资产制作完成后，由项目负责人向管理部门提出验收申请。

（2）自制无形资产由管理部门负责组织验收。

第三步，审核无形资产采购发票。

财务部门接收供应商移交的采购发票，并核实采购发票内容。

第四步，审核无形资产付款申请单。

无形资产采购付款前，由采购部门填写“付款申请单”，并后附发票、验收单据等相关资料，由财务部门进行审核。

第五步，审核无形资产付款转账支票。

签发无形资产采购转账支票，审核无误后完成转账。

第六步，编制记账凭证。

根据以上原始凭证，总账会计编制采购无形资产记账凭证，出纳签字、财务主管审核。

第七步，记账凭证登记入账。

根据记账凭证相应的会计科目，把经济业务的具体发生额登入明细账（日记账）和总账。

四、实训注意事项

1. 无形资产主要包括：专利权、非专利技术、商标权、著作权、特许权和土地使用权等。

2. 企业外购无形资产的流程为：采购员提出采购申请、付款申请、总经办决策审批、财务总监审批、总经理审批、无形资产验收、无形资产付款。

3. 企业内部研发的无形资产，其成本包括自满足资本化条件的时点至无形资产达到预定用途前发生的可直接归属于该无形资产的创造、生产并使该资产能够以管理层预定的方式运作的必要支出总和。

4. 无形资产应按取得成本进行初始计量：外购的无形资产，其成本包括采购价款、相关税费以及直接归属于使该项资产达到预定用途所发生的其他支出。

5. 外购无形资产增值税发票中的进项税额不可以计入无形资产成本。

五、实训案例

2022年12月20日，北京沃达电器有限责任公司采购ERP办公一体化软件，价款15 000元，增值税1 950元，价税款签发支票付讫，管理部门已安装使用。

要求：跟踪无形资产核算流程，并及时进行账务处理。

第一步，填写无形资产购置申请单（见表4-49）。

表4-49

无形资产购置申请表

金额单位：元

申请部门：管理部门　　申请日期：2022年12月20日

序号	无形资产名称	规格型号	申购数量	单位	预计单价	预计总价
1	ERP办公一体化软件		1	套	15 000	15 000
合计						
申请原因：企业办公一体化系统安装 申请人：张丽						
部门负责人审核		行政负责人审核		财务部负责人审核		公司领导人审核
张三		李四		××		××

第二步，填写无形资产验收单（见表4-50）。

表4-50

无形资产验收单

金额单位：元

签收日期：2022 年 12 月 20 日

序号	无形资产名称	规格型号	签收数量	单价	单价	总价	使用部门
1	ERP办公一体化软件		1	套	15 000	15 000	管理部门
2							
3							
4							
5							
6							
	合计						

签收人：王兵

第三步，取得采购发票（如图4-18所示）。

1100153130　　**北京增值税专用发票**　　№44775810

发票联

机器编号：499910936510　　开票日期：2022年12月20日

购买方		密码区
名　　称：北京沃达电器有限责任公司 纳税人识别号：110114745862904015 地 址 、电 话：北京市昌平区光明路16号010-26674938 开户行及账号：中国工商银行北京分行昌平支行6212260201800002610		035926>3>2<0230937-8>1*26906 374*91/- +588247>>/*6+>-89233 785926>3>2<0230937*57+89>097 4/ 737-++690195*6067//42+2-72

货物或应税劳务、服务名称	规格型号	单位	数量	单价	金额	税率	税额
*信息技术服务*ERP办公一体化软件	××型	套	1	15 000.00	15 000.00	13%	1 950.00
合计					¥15 000.00		¥1 950.00

价税合计（大写）　⊗壹万陆仟玖佰伍拾元整　　（小写）¥16 950.00

销售方	备注
名　　称：北京大通软件有限公司 纳税人识别号：110114745862921000 地 址 、电 话：北京市昌平区光明路59号010-26897638 开户行及账号：中国工商银行大兴区支行020000028362739873	

收款人：　　复核：　　开票人：张祎　　销售方：（章）

第三联：发票联　购买方记账凭证

图4-18 发票

第四步，填写付款申请单（见表4-51）。

表4-51

付款申请单

2022年12月20日　　单位：元

用途	ERP办公一体化软件				
收款单位	北京大通软件有限公司		开户行	中国工商银行北京分行昌平支行	
请款方式	转账支票		账号	6212260201800002610	
请款金额	大写：壹万陆仟玖佰伍拾元整			¥16 950	
请款人	王芳	部门负责人审查		分管领导审查	
财务总监审批			总经理审批		

第五步，支付款项（如图4-19所示）。

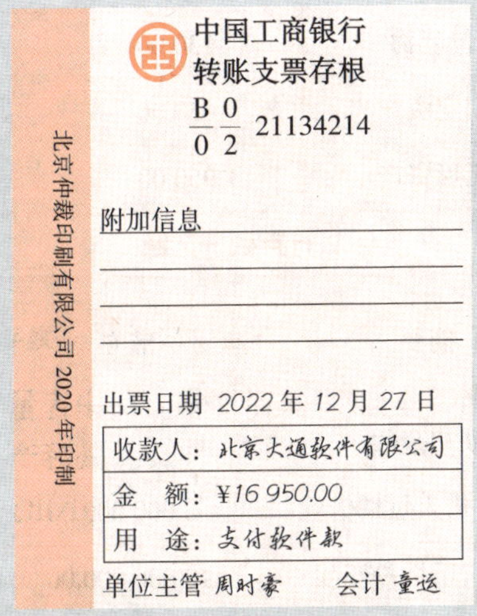
中国工商银行
转账支票存根
B 0 / 0 2　21134214
附加信息
出票日期　2022年12月27日
收款人：北京大通软件有限公司
金　额：¥16 950.00
用　途：支付软件款
单位主管　周时豪　　会计　童远
北京仲裁印刷有限公司 2020年印制

图4-19　转账支票存根

第六步，编制与审核记账凭证（见表4-52）。

表4-52　　记账凭证（记-13）　　单位：元

摘要	会计分录			
	总账科目	明细科目	借方金额	贷方金额
采购无形资产	无形资产	ERP办公软件	15 000.00	
	应交税费	应交增值税（进项税额）	1 950.00	
	银行存款			16 950.00

第七步，登记账簿（见表4-53至表4-55）。

表4-53 “无形资产”明细账

单位：元

2022年		凭证号数	摘要	借方	贷方	方向	余额
月	日						
12	31	记-13	采购无形资产	15 000.00		借	15 000.00

表4-54 “应交税费——应交增值税”明细账

单位：元

2022年		凭证号数	摘要	借方	贷方	方向	余额
月	日						
12	31	记-04	支付上月水费	4 320.00		借	4 320.00
12	31	记-05	支付上月电费	10 800.00		借	15 120.00
12	31	记-07	采购原材料	63 180.00		借	78 300.00
12	31	记-09	采购原材料	568 854.00		借	647 154.00
12	31	记-11	购买包装物	130.00		借	647 284.00
12	31	记-12	购买固定资产	650.00		借	647 934.00
12	31	记-13	采购无形资产	1 950.00		借	649 884.00

表4-55 银行存款日记账

单位：元

2022年		凭证号数	摘要	借方	贷方	余额
月	日					
12	1		期初余额			19 600 000.00
12	31	记-01	从银行借入短期借款	2 000 000.00		21 600 000.00
12	31	记-02	收到货币性投资款	10 000 000.00		31 600 000.00
12	31	记-04	支付上月水费		52 320.00	31 547 680.00
12	31	记-05	支付上月电费		130 800.00	31 416 880.00
12	31	记-06	支付前欠材料款		6 469 600.41	24 947 279.59
12	31	记-08	支付到期的银行承兑汇票		5 786 786.07	19 160 493.52
12	31	记-09	采购原材料		3 000 000.00	16 160 493.52
12	31	记-11	购买包装物		1 130.00	16 159 363.52
12	31	记-12	购买固定资产		5 650.00	16 153 713.52
12	31	记-13	采购无形资产		16 950.00	16 136 763.52

任务十一　供应业务——银行存款

一、实训目标

1. 能正确理解“库存现金”科目核算要点。
2. 能正确理解“银行存款”科目核算要点。
3. 能正确描述提现业务的基本流程。
4. 能正确进行提现业务的会计核算。

二、实训材料

1. 现金支票。
2. 记账凭证。
3. 会计账簿。

三、实训内容和步骤

第一步，出纳填写现金支票。

按照现金支票填写规范完整填写支票。

第二步，财务主管审核签章。

财务主管主要审核支票的用途及规范性，然后加盖公司财务专用章以及法定代表人个人名章，一般还要在存根联和正联之间加盖骑缝章。

第三步，出纳去银行提现。

出纳持现金支票正联去银行提取现金。

第四步，出纳把存根交给总账会计。

出纳把现金支票存根联交给总账会计。

第五步，编制、审核记账凭证。

总账会计编制记账凭证，出纳签字，财务主管审核凭证。

第六步，登记账簿。

总账会计根据记账凭证相应的会计科目，把经济业务发生额登入相应的明细账（日记账）和总账。

四、实训注意事项

1. 现金支票的用途一般为备用金与工资，其他用途容易被退票。

2. 超过5万元的大额现金取款，要电话提前预约，并且对超过5万元的部分加收0.1%的手续费。

3. 现金支票必须是开给自己单位的，如果是给别人开支票，开转账支票，不应该开现金支票。

4. 现金支票的收款人是本单位的，在支票的背面收款人那里还要加盖财务专用章。

5. 提取大额现金，必须有人陪同出纳，保证安全。

五、实训案例

2022年12月5日，北京沃达电器有限责任公司出纳开出现金支票一张，提现金10 000元备用。

要求：跟踪银行存款核算流程，并及时进行账务处理。

第一步，出纳开出现金支票（如图4-20和图4-21所示）。

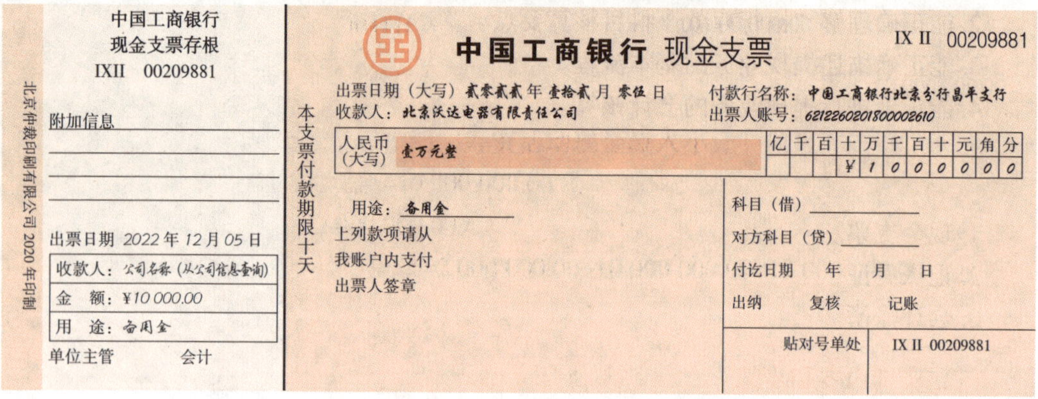
中国工商银行 现金支票存根
IXII 00209881
附加信息
出票日期 2022年12月05日
收款人：公司名称（从公司信息查询）
金　额：¥10 000.00
用　途：备用金
单位主管　　会计
北京仲裁印制有限公司 2020年印制

中国工商银行 现金支票　IX II 00209881
本支票付款期限十天
出票日期（大写）贰零贰贰 年 壹拾贰 月 零伍 日　付款行名称：中国工商银行北京分行昌平支行
收款人：北京沃达电器有限责任公司　出票人账号：6212260201800002610
人民币（大写）壹万元整

亿	千	百	十	万	千	百	十	元	角	分
			¥	1	0	0	0	0	0	0

用途：备用金
上列款项请从
我账户内支付
出票人签章
科目（借）
对方科目（贷）
付讫日期　年　月　日
出纳　复核　记账
贴对号单处　IX II 00209881

图4-20　现金支票（正面）

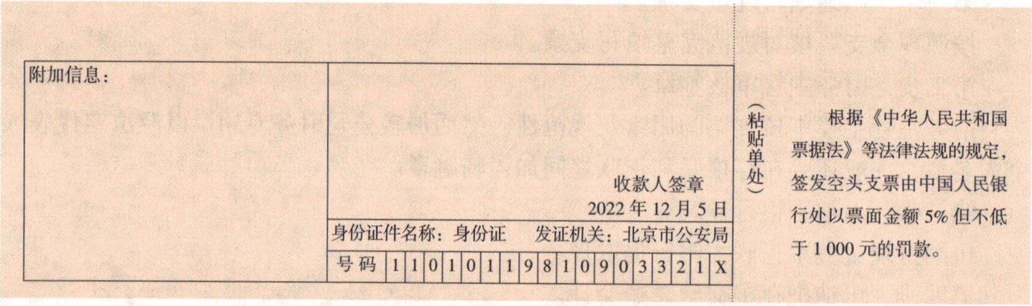
附加信息：
收款人签章
2022年12月5日
身份证件名称：身份证　发证机关：北京市公安局
号码 1 1 0 1 0 1 1 9 8 1 0 9 0 3 3 2 1 X
（粘贴单处）
根据《中华人民共和国票据法》等法律法规的规定，签发空头支票由中国人民银行处以票面金额5%但不低于1 000元的罚款。

图4-21　现金支票（背面）

第二步，财务主管审核现金支票（如图4-22和图4-23所示）。

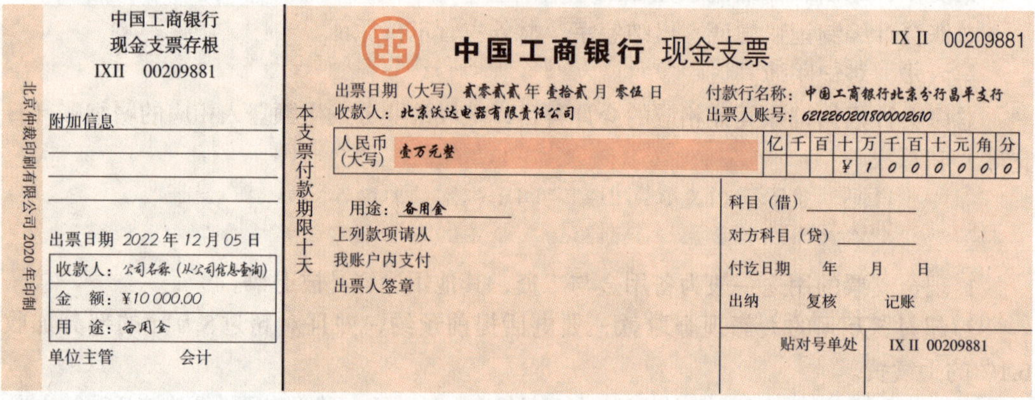
中国工商银行 现金支票存根
IXII 00209881
附加信息
出票日期 2022年12月05日
收款人：公司名称（从公司信息查询）
金　额：¥10 000.00
用　途：备用金
单位主管　　会计
北京仲裁印制有限公司 2020年印制

中国工商银行 现金支票　IX II 00209881
本支票付款期限十天
出票日期（大写）贰零贰贰 年 壹拾贰 月 零伍 日　付款行名称：中国工商银行北京分行昌平支行
收款人：北京沃达电器有限责任公司　出票人账号：6212260201800002610
人民币（大写）壹万元整

亿	千	百	十	万	千	百	十	元	角	分
			¥	1	0	0	0	0	0	0

用途：备用金
上列款项请从
我账户内支付
出票人签章
科目（借）
对方科目（贷）
付讫日期　年　月　日
出纳　复核　记账
贴对号单处　IX II 00209881

图4-22　现金支票（正面）

附加信息：

葛文学印

收款人签章
2022 年 12 月 5 日

身份证件名称：身份证　发证机关：北京市公安局

号码 1 1 0 1 0 1 1 9 8 1 0 9 0 3 3 2 1 X

（粘贴单处）

根据《中华人民共和国票据法》等法律法规的规定，签发空头支票由中国人民银行处以票面金额 5% 但不低于 1 000 元的罚款。

图4-23　现金支票（背面）

第三步，出纳到银行提现，取得现金（如图 4-24 所示）。

4-银行

提取现金

* 账号：6212260201800002610	企业名称：北京沃达电器有限责任公司
票据号：	结算方式：现金支取
* 日期：2022-12-05	当前金额：16 136 763.52
* 提取金额：10 000.00	操作后余额：16 126 763.52
* 用途：提取现金	

确定

图4-24　提取现金

第四步，出纳把存根联（如图 4-25 所示）交给总账会计。

中国工商银行
现金支票存根
IXII 00209881

北京仲裁印刷有限公司 2020 年印制

附加信息

出票日期 2022 年 12 月 5 日

收款人：	北京沃达电器有限责任公司
金　额：	¥10 000.00
用　途：	备用金

单位主管 周时豪　　会计 童远

图4-25　存根联

第五步，填制与审核记账凭证（见表4-56）。

表4-56 记账凭证（记-14）

单位：元

摘要	会计分录			
	总账科目	明细科目	借方金额	贷方金额
提取现金	库存现金		10 000.00	
	银行存款			10 000.00

第六步，登记账簿（见表4-57和表4-58）。

表4-57 库存现金日记账

单位：元

2022年		凭证号数	摘要	借方	贷方	余额
月	日					
12	1		期初余额			30 000.00
12	31	记-14	提取现金	10 000.00		40 000.00

表4-58 银行存款日记账

单位：元

2022年		凭证号数	摘要	借方	贷方	余额
月	日					
12	1		期初余额			19 600 000.00
12	31	记-01	从银行借入短期借款	2 000 000.00		21 600 000.00
12	31	记-02	收到货币性投资款	10 000 000.00		31 600 000.00
12	31	记-04	支付上月水费		52 320.00	31 547 680.00
12	31	记-05	支付上月电费		130 800.00	31 416 880.00
12	31	记-06	支付前欠材料款		6 469 600.41	24 947 279.59
12	31	记-08	支付到期的银行承兑汇票		5 786 786.07	19 160 493.52
12	31	记-09	采购原材料		3 000 000.00	16 160 493.52
12	31	记-11	购买包装物		1 130.00	16 159 363.52
12	31	记-12	购买固定资产		5 650.00	16 153 713.52
12	31	记-13	采购无形资产		16 950.00	16 136 763.52
12	31	记-14	提取现金		10 000.00	16 126 763.52

任务十二　生产业务——应付职工薪酬

一、实训目标

1. 能正确理解“应付职工薪酬”科目核算要点。
2. 能正确描述计提职工薪酬业务核算的基本流程。

二、实训材料

1. 银企代发工资合作协议。
2. 银行代付回单。
3. 直接人工分配表。
4. 职工薪酬分配表。
5. 记账凭证。
6. 生产成本、制造费用明细账及相关总账。

三、实训内容和步骤

第一步，审核收到的银行代付回单、直接人工分配表等原始凭证。

1. 审核银企代发工资合作协议、银行代付回单。
2. 审核直接人工分配表、职工薪酬分配表。

第二步，编制记账凭证。

根据银行代付回单、职工薪酬分配表等相关原始凭证，总账会计编制职工薪酬发放和职工薪酬计提的记账凭证，财务主管审核。

第三步，审核记账凭证、登记入账。

根据记账凭证相应的会计科目，把经济业务的具体发生额登入相应明细账和总账。

四、实训注意事项

1. 企业管理部、人力资源部、财务部、采购部、仓储部职工薪酬计入管理费用。
2. 销售部职工薪酬计入销售费用。
3. 车间管理员薪酬计入制造费用。
4. 生产工人薪酬计入生产成本。

五、实训案例

实训1：职工薪酬发放

2022年12月1日，北京沃达电器有限责任公司发放上月薪酬318 606.50元。

要求：跟踪职工薪酬发放核算流程，并及时进行账务处理。

第一步，根据银企代发工资合作协议，审核银行代付回单（见表4-59），付款界面如图4-26所示。

银企代发工资合作协议

甲方：北京沃达电器有限责任公司

乙方：中国工商银行北京分行昌平支行

甲乙双方本着相互支持、共同发展的原则，经过友好协商，就“代发工资”合作事项，达成如下协议：

第一条 乙方接受甲方委托代理甲方按月以转账方式向甲方职工发放工资（以下简称工资代发）。

第二条 甲方在委托乙方工资代发的基础上与乙方开展全面的业务合作，包括结算业务、公司业务、信用卡等业务。

第三条 甲方在乙方开立结算账户，作为工资款项划转的账户，账户利率为国家规定的一般企业活期存款利率。甲方的职工在乙方分别开立人民币个人结算账户，作为工资划入账户。甲方向乙方提交相应的证明文件，并承诺所提供的开户资料真实、有效，如有伪造、欺诈，承担法律责任。

第四条 甲方负责告知职工开立的工商银行个人结算账户，对账户的开立、使用和撤销须遵守《人民币银行结算账户管理办法》及相关法律法规的规定。乙方负责提供银行个人结算账户的代发（代扣）等服务。该账户一经开立不得擅自销户和改变，如果职工存折或银行卡丢失可由职工本人办理挂失换折换卡。如果职工更换了代发工资账户，需由甲方相应修改职工代发工资账户，否则引起的一切后果由甲方承担。

第五条 甲方严格执行央行《人民币银行结算账户管理办法》第四十条规定，并由其开户行提供相应的付款依据。同时，保证结算户有充足的资金支付工资代发的转账要求，并授权乙方根据委托代发工资金额自动划扣结算账户，往来账户为（从公司信息查询）。甲方结算户不足以支付工资金额的转账要求时，乙方不垫资转账，由此产生的经济纠纷由甲方负责处理。

第六条 手续费支付。每月5日（节假日顺延），甲方根据工资代发的笔数，按照每笔___元向乙方支付手续费，付款方式为甲方主动转账到乙方指定账户，如甲方未能按时支付乙方手续费，按照每日（3‰）向乙方支付滞纳金。

第七条 工资代发程序。乙方向甲方提供对数据文件进行加密的“企业模块”程序，甲方根据双方明确定义的数据格式生成加密数据磁盘，于每月2日，将本月代发工资加密磁盘、票据、明细交接清单一式两份交给乙方，乙方负责审核磁盘文件的有效性，负责核对磁盘代理分户金额的合计数及笔数与票据金额或明细交接清单合计金额及笔数是否相符。甲乙双方在明细交接清单上签字、盖章，并各自存留一份。乙方以此作为转账的依据。

第八条 为保证甲方代理款项的数据安全，乙方不得修改甲方数据。甲方对磁盘数据的真实性、有效性负责。

第九条 乙方根据甲方的申请，进行款项转账。如因乙方原因不能及时处理账务信息，乙方对由此产生的后果负责。

第十条 代理业务账务处理次日，乙方将不成功的明细流水传递给甲方，并协助甲方查询不成功的原因。

第十一条 本协议期限为一年，自2022年1月1日起至2022年12月31日止。如一方出现违约，另一方有权随时终止本协议，由此造成的损失由违约方承担。

表4-59

特色业务工行北京分行批量代付成功清单

单位：元

机构代码：3524　　机构名称：中国工商银行北京分行昌平支行　　入账日期：2022年12月5日

工号	账号	姓名	金额	身份证号
001	440226802130291224	……	……	（略）
002	440226802130291225	……	……	
……	……	……	……	
……	……	……	……	
……	……	……	……	
……公司职工共78人，后续明细略。				
合　计			318 606.50	

中国工商银行北京分行
2022.12.05
转讫

图4-26　付款界面

第二步，编制并审核记账凭证（见表4-60）。

表4-60

记账凭证（记-15）

单位：元

摘要	会计分录			
	总账科目	明细科目	借方金额	贷方金额
发放上月职工薪酬	应付职工薪酬	短期薪酬（工资）	318 606.50	
	银行存款			318 606.50

第三步，登记账簿（见表4–61和表4–62）。

表4–61 “应付职工薪酬”明细账

单位：元

2022年		凭证号数	摘要	借方	贷方	方向	余额
月	日						
12	1		期初余额			贷	318 606.50
12	31	记–15	发放上月职工薪酬	318 606.50		平	

表4–62 银行存款日记账

单位：元

2022年		凭证号数	摘要	借方	贷方	余额
月	日					
12	1		期初余额			19 600 000.00
12	31	记–01	从银行借入短期借款	2 000 000.00		21 600 000.00
12	31	记–02	收到货币性投资款	10 000 000.00		31 600 000.00
12	31	记–04	支付上月水费		52 320.00	31 547 680.00
12	31	记–05	支付上月电费		130 800.00	31 416 880.00
12	31	记–06	支付前欠材料款		6 469 600.41	24 947 279.59
12	31	记–08	支付到期的银行承兑汇票		5 786 786.07	19 160 493.52
12	31	记–09	采购原材料		3 000 000.00	16 160 493.52
12	31	记–11	购买包装物		1 130.00	16 159 363.52
12	31	记–12	购买固定资产		5 650.00	16 153 713.52
12	31	记–13	采购无形资产		16 950.00	16 136 763.52
12	31	记–14	提取现金		10 000.00	16 126 763.52
12	31	记–15	发放上月职工薪酬		318 606.50	15 808 157.02

实训2：职工薪酬计提

2022年12月31日，北京沃达电器有限责任公司根据直接人工费用表计提本月职工薪酬。

要求：跟踪职工薪酬计提核算流程，并及时进行账务处理。

第一步，审核直接人工分配表。2022年12月职工薪酬汇总表见表4–63。

表4-63　　2022年12月职工薪酬汇总表　　单位：元

部门名称	基础工资	绩效工资	各项补贴	应付工资	个人所得税	实发工资
企业管理部	21 500.00	15 500.00	6 000.00	43 000.00	1 864.00	41 136.00
人力资源部	3 000.00	3 000.00	700.00	6 700.00	215.00	6 485.00
财务部	11 500.00	9 000.00	2 800.00	23 300.00	510.00	22 790.00
采购部	6 000.00	5 000.00	1 400.00	12 400.00	351.00	12 049.00
仓储部	6 000.00	5 000.00	1 400.00	12 400.00	351.00	12 049.00
计入管理费用	48 000.00	37 500.00	12 300.00	97 800.00	3 291.00	94 509.00
销售部	21 000.00	32 000.00	4 800.00	57 800.00	4 095.00	53 705.00
计入销售费用	21 000.00	32 000.00	4 800.00	57 800.00	4 095.00	53 705.00
车间管理员	8 400.00	6 000.00	1 650.00	16 050.00	240.00	15 810.00
计入制造费用	8 400.00	6 000.00	1 650.00	16 050.00	240.00	15 810.00
轻巧型电热水壶	26 100.00	32 000.00	8 800.00	66 900.00	337.50	66 562.50
经典型电热水壶	26 100.00	32 000.00	8 800.00	66 900.00	337.50	66 562.50
豪华型电热水壶	26 100.00	32 000.00	8 800.00	66 900.00	337.50	66 562.50
计入生产成本	78 300.00	96 000.00	26 400.00	200 700.00	1 012.50	199 687.50
合计	155 700.00	171 500.00	45 150.00	372 350.00	8 638.50	363 711.50

注：计入生产成本的应付工资200 700元数据来自表4-63完工产品成本计算单。

表4-64　　2022年12月组装车间完工产品成本计算单　　金额单位：元

产品名称	产量（件）	直接材料		直接人工		制造费用		合计	
		单位成本	总成本	单位成本	总成本	单位成本	总成本	单位成本	总成本
轻巧型电热水壶	48 200	71.00	3 422 200.00	1.82	87 746.17	4.00	192 707.70	76.81854502	3 702 653.87
经典型电热水壶	36 200	74.50	2 696 900.00	2.55	92 260.91	5.60	202 622.95	82.64596298	2 991 783.86
豪华型电热水壶	5 500	108.00	594 000.00	3.75	20 692.92	8.26	45 445.18	120.02510909	660 138.10
合计			6 713 100.00		200 700.00		440 775.83		7 354 575.83

第二步，根据职工薪酬汇总表和完工产品成本计算单，编制并审核记账凭证（见表4-65）。

表4-65 记账凭证（记-16） 单位：元

摘要	会计分录			
	总账科目	明细科目	借方金额	贷方金额
本月工资费用归集和分配	管理费用	工资	97 800.00	
	制造费用	工资	16 050.00	
	销售费用	工资	57 800.00	
	生产成本	轻巧型电热水壶	87 746.17	
	生产成本	经典型电热水壶	92 260.91	
	生产成本	豪华型电热水壶	20 692.92	
	应付职工薪酬	工资		363 711.50
	应交税费	代扣代缴个人所得税		8 638.50

第三步，登记账簿（见表4-66至表4-70）。

表4-66 “应付职工薪酬”明细账 单位：元

2022年		凭证号数	摘要	借方	贷方	方向	余额
月	日						
12	1		期初余额			贷	318 606.50
12	31	记-15	发放上月职工薪酬	318 606.50		平	
12	31	记-16	本月工资费用归集和分配		363 711.50	贷	363 711.50

表4-67 “生产成本”明细账 单位：元

2022年		凭证号数	摘要	借方	贷方	方向	余额
月	日						
12	31	记-16	本月工资费用归集和分配	87 746.17		借	87 746.17
12	31	记-16	本月工资费用归集和分配	92 260.91		借	180 007.08
12	31	记-16	本月工资费用归集和分配	20 692.92		借	200 700.00

表4-68 “制造费用”明细账 单位：元

2022年		凭证号数	摘要	借方	贷方	方向	余额
月	日						
12	31	记-16	本月工资费用归集和分配	16 050.00		借	16 050.00

表4-69　　“管理费用”明细账　　单位：元

2022年		凭证号数	摘要	借方	贷方	方向	余额
月	日						
12	31	记-16	本月工资费用归集和分配	97 800.00		借	97 800.00

表4-70　　“销售费用”明细账　　单位：元

2022年		凭证号数	摘要	借方	贷方	方向	余额
月	日						
12	31	记-16	本月工资费用归集和分配	57 800.00		借	57 800.00

任务十三　生产业务——制造费用

一、实训目标

1. 能正确理解“制造费用”科目核算要点。
2. 能正确描述制造费用发生、归集与期末结转业务核算的基本流程。

二、实训材料

1. 水电费分配表。
2. 制造费用分配表。
3. 记账凭证。
4. 制造费用明细账及相关总账。

三、实训内容和步骤

第一步，审核收到的水电费分配表、制造费用分配表等原始凭证。

1. 审核水电费分配表。
2. 审核制造费用分配表。

第二步，编制记账凭证。

根据水电费分配表、制造费用分配表等相关原始凭证，总账会计编制制造费用归集和制造费用结转的记账凭证，财务主管审核。

第三步，审核记账凭证登记入账。

根据记账凭证相应的会计科目，把经济业务的具体发生额登入相应明细账和总账。

四、实训注意事项

1. 生产部门发生的水电费、机物料消耗、生产车间管理人员薪酬、生产车间折旧等生产间接费用，在发生时计入制造费用。

2. 期末，将制造费用按一定分配标准，结转计入有关的成本核算对象。

3. 常见的制造费用分配标准有生产工人工时、机器工时、生产工人工资、产品产量等。

五、实训案例

实训1：归集制造费用

2022年12月31日，北京沃达电器有限责任公司发生水费51 240元，电费155 280元。

要求：跟踪制造费用归集核算流程，并及时进行账务处理。

第一步，审核水电费分配表（见表4-71）。

表4-71 2022年12月水电费分配表 金额单位：元

部门	水费			电费		
	用量（吨）	单价（元/吨）	金额	用量（度）	单价（元/度）	金额
企业管理部	150	6.00	900.00	3 300	1.20	3 960.00
仓储部	100	6.00	600.00	6 000	1.20	7 200.00
采购部	280	6.00	1 680.00	3 000	1.20	3 600.00
人力资源部	130	6.00	780.00	2 000	1.20	2 400.00
财务部	300	6.00	1 800.00	6 000	1.20	7 200.00
销售部	300	6.00	1 800.00	4 100	1.20	4 920.00
组装车间	7 280	6.00	43 680.00	105 000	1.20	126 000.00
合计	8 540		51 240.00	129 400		155 280.00

第二步，编制并审核记账凭证（见表4-72）。

表4-72 记账凭证（记-17） 单位：元

摘要	会计分录			
	总账科目	明细科目	借方金额	贷方金额
分配本月水电费	管理费用	水电费	30 120.00	
	销售费用	水电费	6 720.00	
	制造费用	水电费	169 680.00	
	应付账款	北京市昌平区第二自来水公司		51 240.00
	应付账款	北京市昌平区第三电力公司		155 280.00

第三步，登记账簿（见表4-73至表4-76）。

表4-73　“制造费用”明细账　单位：元

2022年		凭证号数	摘要	借方	贷方	方向	余额
月	日						
12	31	记-16	本月工资费用归集和分配	16 050.00		借	16 050.00
12	31	记-17	分配本月水电费	169 680.00		借	185 730.00

表4-74　“管理费用”明细账　单位：元

2022年		凭证号数	摘要	借方	贷方	方向	余额
月	日						
12	31	记-16	本月工资费用归集和分配	97 800.00		借	97 800.00
12	31	记-17	分配本月水电费	30 120.00		借	127 920.00

表4-75　“销售费用”明细账　单位：元

2022年		凭证号数	摘要	借方	贷方	方向	余额
月	日						
12	31	记-16	本月工资费用归集和分配	57 800.00		借	57 800.00
12	31	记-17	分配本月水电费	6 720.00		借	64 520.00

表4-76　“应付账款”明细账　单位：元

2022年		凭证号数	摘要	借方	贷方	方向	余额
月	日						
12	1		期初余额			贷	6 637 600.41
12	31	记-04	支付上月水费	48 000.00		贷	6 589 600.41
12	31	记-05	支付上月电费	120 000.00		贷	6 469 600.41
12	31	记-06	支付前欠材料款	6 469 600.41		平	
12	31	记-09	采购原材料		1 944 654.00	贷	1 944 654.00
12	31	记-17	分配本月水电费		51 240.00		1 995 894.00
12	31	记-17	分配本月水电费		155 280.00		2 151 174.00

实训2：结转制造费用

2022年12月31日，北京沃达电器有限责任公司根据制造费用汇总表，结转制造费用。

【请注意】此前，累计折旧金额还未涉及，故结转后制造费用会暂时出现负数。累计折旧具体数据来源可参考后面分录第32笔。

要求：跟踪制造费用结转核算流程，并及时进行账务处理。

第一步，审核制造费用分配表（见表4-77）。

表4-77 2022年12月制造费用分配表 金额单位：元

产品名称	标准工时	产量（件）	总工时	人工费用分配		固定资产折旧分配		水电费分配		分配额合计
				分配率	分配额	分配率	分配额	分配率	分配额	
轻巧型电热水壶	0.15	48 200	7 230.00		7 017.44		111 506.12		74 184.14	192 707.70
经典型电热水壶	0.21	36 200	7 602.00		7 378.50		117 243.37		78 001.08	202 622.95
豪华型电热水壶	0.31	5 500	1 705.00		1 654.06		26 296.34		17 494.78	45 445.18
总计			16 537.00	0.9706	16 050.00	15.4227	255 045.83	10.2606	169 680.00	440 775.83

第二步，编制并审核记账凭证（见表4-78）。

表4-78 记账凭证（记-18） 单位：元

摘要	会计分录			
	总账科目	明细科目	借方金额	贷方金额
结转制造费用	生产成本	轻巧型电热水壶	192 707.70	
	生产成本	经典型电热水壶	202 622.95	
	生产成本	豪华型电热水壶	45 445.18	
	制造费用	水电费		169 680.00
	制造费用	折旧		255 045.83
	制造费用	工资		16 050.00

第三步，登记账簿（见表4-79和表4-80）。

表4-79 “生产成本”明细账 单位：元

2022年		凭证号数	摘要	借方	贷方	方向	余额
月	日						
12	31	记-16	本月工资费用归集和分配	87 746.17		借	87 746.17
12	31	记-16	本月工资费用归集和分配	92 260.91		借	180 007.08
12	31	记-16	本月工资费用归集和分配	20 692.92		借	200 700.00
12	31	记-18	结转制造费用	192 707.70		借	393 407.70
12	31	记-18	结转制造费用	202 622.95		借	596 030.65
12	31	记-18	结转制造费用	45 445.18		借	641 475.83

表4-80　“制造费用”明细账　单位：元

2022年		凭证号数	摘要	借方	贷方	方向	余额
月	日						
12	31	记-16	本月工资费用归集和分配	16 050.00		借	16 050.00
12	31	记-17	分配本月水电费	169 680.00		借	185 730.00
12	31	记-18	结转制造费用		169 680.00	借	16 050.00
12	31	记-18	结转制造费用		255 045.83	借	-238 995.83
12	31	记-18	结转制造费用		16 050.00	平	-255 045.83

任务十四　生产业务——生产成本

一、实训目标

1. 能正确理解“生产成本”科目核算要点。
2. 能正确描述生产领料业务核算的基本流程。

二、实训材料

1. 材料出库单。
2. 记账凭证。
3. 生产成本明细账及相关总账。

三、实训内容和步骤

第一步，填写材料出库单。

1. 材料出库单用途：出库单是材料领用和发出的原始凭证，目的是明确材料领用的责任。

2. 出库单内容：出库日期、材料名称、单位、数量、金额等。为明确材料领用的责任，出库单除了要有领用人的签名外，还需要有主管人员的签名，保管人的签名等。

第二步，编制记账凭证。

根据出库单等相关原始凭证，总账会计编制生产领料记账凭证，财务主管审核。

第三步，记账凭证登记入账。

根据记账凭证相应的会计科目，把经济业务的具体发生额登入明细账和总账。

四、实训注意事项

1. 填写材料出库单时，检查所领材料的名称、规格/型号、数量、领用部门、领用日期是否填写正确。

2. 经办人、审核人、复核人等相关责任人均需在出库单中签章，无签章或签章不全的出库单无效，不得作为记账依据。

五、实训案例

2022年12月5日，北京沃达电器有限责任公司生产车间生产轻巧型、经典型、豪华型电热水壶，分2次领用原材料，原材料出库单编号000011、000012和000013用于第一次领用，写第一笔分录。其中出库单000011全部用于生产轻巧型电热水壶；000012全部用于生产经典型电热水壶；000013全部用于生产豪华型电热水壶。

原材料出库单编号000014、000015和000016用于第二次领用，写第二笔分录。其中出库单000014全部用于生产轻巧型电热水壶；000015全部用于生产经典型电热水壶。000016全部用于生产豪华型电热水壶。

要求：根据原材料出库单核算生产领料业务，跟踪生产成本核算流程，并及时进行账务处理。

第一步，填写出库单（见表4-81至表4-86）。

表4-81　原材料出库单

2022年12月5日

金额单位：元

编号：000011

序号	名称	规格	单位	应发数量	实发数量	单价	备注
1	轻巧型壶体	轻巧型	件	26 000	26 000	42.00	组装车间使用
2	轻巧、经典型壶盖	通用	件	26 000	26 000	5.00	组装车间使用
3	轻巧、经典型壶底	通用	件	26 000	26 000	20.00	组装车间使用
4	轻巧型辅材套件	轻巧型	套	26 000	26 000	4.00	组装车间使用

制单：王强　　复核：何明海　　经办人：王宝珠

表4-82　原材料出库单

2022年12月5日

金额单位：元

编号：000012

序号	名称	规格	单位	应发数量	实发数量	单价	备注
1	轻巧、经典型壶盖	通用	件	18 200	18 200	5.00	组装车间使用
2	轻巧、经典型壶底	通用	件	18 200	18 200	20.00	组装车间使用
3	经典型壶体	经典型	件	18 200	18 200	45.00	组装车间使用
4	经典型辅材套件	经典型	套	18 200	18 200	4.50	组装车间使用

制单：王强　　复核：何明海　　经办人：王宝珠

表4-83

原材料出库单

金额单位：元

2022年12月5日

编号：000013

序号	名称	规格	单位	应发数量	实发数量	单价	备注
1	豪华型壶体	豪华型	件	2 500	2 500	60.00	组装车间使用
2	豪华型壶盖	豪华型	件	2 500	2 500	8.00	组装车间使用
3	豪华型壶底	豪华型	件	2 500	2 500	35.00	组装车间使用
4	豪华型辅材套件	豪华型	套	2 500	2 500	5.00	组装车间使用

制单：王强　　复核：何明海　　经办人：王宝珠

表4-84

原材料出库单

金额单位：元

2022年12月5日

编号：000014

序号	名称	规格	单位	应发数量	实发数量	单价	备注
1	轻巧型壶体	轻巧型	件	22 200	22 200	42.00	组装车间使用
2	轻巧、经典型壶盖	通用	件	22 200	22 200	5.00	组装车间使用
3	轻巧、经典型壶底	通用	件	22 200	22 200	20.00	组装车间使用
4	轻巧型辅材套件	轻巧型	套	22 200	22 200	4.00	组装车间使用

制单：王强　　复核：何明海　　经办人：王宝珠

表4-85

原材料出库单

金额单位：元

2022年12月5日

编号：000015

序号	名称	规格	单位	应发数量	实发数量	单价	备注
1	轻巧、经典型壶盖	通用	件	18 000	18 000	5.00	组装车间使用
2	轻巧、经典型壶底	通用	件	18 000	18 000	20.00	组装车间使用
3	经典型壶体	经典型	件	18 000	18 000	45.00	组装车间使用
4	经典型辅材套件	经典型	套	18 000	18 000	4.50	组装车间使用

制单：王强　　复核：何明海　　经办人：王宝珠

表4-86 原材料出库单

金额单位：元

2022年12月5日

编号：000016

序号	名称	规格	单位	应发数量	实发数量	单价	备注
1	豪华型壶体	豪华型	件	3 000	3 000	60.00	组装车间使用
2	豪华型壶盖	豪华型	件	3 000	3 000	8.00	组装车间使用
3	豪华型壶底	豪华型	件	3 000	3 000	35.00	组装车间使用
4	豪华型辅材套件	豪华型	套	3 000	3 000	5.00	组装车间使用

制单：王强　　复核：何明海　　经办人：王宝珠

第二步，编制并审核记账凭证（见表4-87和表4-88）。

表4-87 记账凭证（记-19）

单位：元

摘要	会计分录			
	总账科目	明细科目	借方金额	贷方金额
生产领用材料	生产成本	轻巧型电热水壶	1 846 000.00	
	生产成本	经典型电热水壶	1 355 900.00	
	生产成本	豪华型电热水壶	270 000.00	
	原材料	经典型壶体		819 000.00
	原材料	轻巧型壶体		1 092 000.00
	原材料	经典型辅材套件		81 900.00
	原材料	轻巧型辅材套件		104 000.00
	原材料	轻巧、经典型壶盖		221 000.00
	原材料	轻巧、经典型壶底		884 000.00
	原材料	豪华型壶体		150 000.00
	原材料	豪华型壶盖		20 000.00
	原材料	豪华型壶底		87 500.00
	原材料	豪华型辅材套件		12 500.00

表4-88　　记账凭证（记-20）　　单位：元

摘要	会计分录			
	总账科目	明细科目	借方金额	贷方金额
生产领用材料	生产成本	轻巧型电热水壶	1 576 200.00	
	生产成本	经典型电热水壶	1 341 000.00	
	生产成本	豪华型电热水壶	324 000.00	
	原材料	经典型壶体		810 000.00
	原材料	轻巧型壶体		932 400.00
	原材料	经典型辅材套件		81 000.00
	原材料	轻巧型辅材套件		88 800.00
	原材料	轻巧、经典型壶盖		201 000.00
	原材料	轻巧、经典型壶底		804 000.00
	原材料	豪华型壶体		180 000.00
	原材料	豪华型壶盖		24 000.00
	原材料	豪华型壶底		105 000.00
	原材料	豪华型辅材套件		15 000.00

第三步，登记账簿（见表4-89和表4-90）。

表4-89　　“生产成本”明细账　　单位：元

2022年		凭证号数	摘要	借方	贷方	方向	余额
月	日						
12	31	记-16	本月工资费用归集和分配	87 746.17		借	87 746.17
12	31	记-16	本月工资费用归集和分配	92 260.91		借	180 007.08
12	31	记-16	本月工资费用归集和分配	20 692.92		借	200 700.00
12	31	记-18	结转制造费用	192 707.70		借	393 407.70
12	31	记-18	结转制造费用	202 622.95		借	596 030.65
12	31	记-18	结转制造费用	45 445.18		借	641 475.83
12	31	记-19	生产领用材料	1 846 000.00		借	2 487 475.83
12	31	记-19	生产领用材料	1 355 900.00		借	3 843 375.83
12	31	记-19	生产领用材料	270 000.00		借	4 113 375.83
12	31	记-20	生产领用材料	1 576 200.00		借	5 689 575.83
12	31	记-20	生产领用材料	1 341 000.00		借	7 030 575.83
12	31	记-20	生产领用材料	324 000.00		借	7 354 575.83

表4-90　　“原材料”明细账　　单位：元

2022年		凭证号数	摘要	借方	贷方	方向	余额
月	日						
12	1		期初余额			借	3 471 900.00
12	31	记-09	采购原材料	1 215 000.00		借	4 686 900.00
12	31	记-09	采购原材料	1 398 600.00		借	6 085 500.00
12	31	记-09	采购原材料	121 500.00		借	6 207 000.00
12	31	记-09	采购原材料	133 200.00		借	6 340 200.00
12	31	记-09	采购原材料	301 500.00		借	6 641 700.00
12	31	记-09	采购原材料	1 206 000.00		借	7 847 700.00
12	31	记-10	收到原材料并验收入库	270 000.00		借	8 117 700.00
12	31	记-10	收到原材料并验收入库	36 000.00		借	8 153 700.00
12	31	记-10	收到原材料并验收入库	157 500.00		借	8 311 200.00
12	31	记-10	收到原材料并验收入库	22 500.00		借	8 333 700.00
12	31	记-19	生产领用材料		819 000.00	借	7 514 700.00
12	31	记-19	生产领用材料		1 092 000.00	借	6 422 700.00
12	31	记-19	生产领用材料		81 900.00	借	6 340 800.00
12	31	记-19	生产领用材料		104 000.00	借	6 236 800.00
12	31	记-19	生产领用材料		221 000.00	借	6 015 800.00
12	31	记-19	生产领用材料		884 000.00	借	5 131 800.00
12	31	记-19	生产领用材料		150 000.00	借	4 981 800.00
12	31	记-19	生产领用材料		20 000.00	借	4 961 800.00
12	31	记-19	生产领用材料		87 500.00	借	4 874 300.00
12	31	记-19	生产领用材料		12 500.00	借	4 861 800.00
12	31	记-20	生产领用材料		810 000.00	借	4 051 800.00
12	31	记-20	生产领用材料		932 400.00	借	3 119 400.00
12	31	记-20	生产领用材料		81 000.00	借	3 038 400.00
12	31	记-20	生产领用材料		88 800.00	借	2 949 600.00
12	31	记-20	生产领用材料		201 000.00	借	2 748 600.00
12	31	记-20	生产领用材料		804 000.00	借	1 944 600.00
12	31	记-20	生产领用材料		180 000.00	借	1 764 600.00
12	31	记-20	生产领用材料		24 000.00	借	1 740 600.00
12	31	记-20	生产领用材料		105 000.00	借	1 635 600.00
12	31	记-20	生产领用材料		15 000.00	借	1 620 600.00

任务十五 生产业务——库存商品

一、实训目标

1. 能正确理解“库存商品”科目核算要点。
2. 能正确描述结转完工产品成本业务的基本流程。
3. 能正确进行结转完工产品成本业务的会计核算。
4. 能正确进行购入库存商品业务的会计核算。

二、实训材料

1. 生产成本明细账。
2. 完工产品成本计算单。
3. 记账凭证。
4. 明细账、总账。

三、实训内容和步骤

第一步，完工产品入库。

完工产品是指在一家企业内已完成全部生产业务、按规定标准检验合格、可供销售的产品，也称“产成品”或“成品”。产品在生产业务中，不同阶段称谓不同，可分为待产品、在产品、半成品、产成品（完工产品）。为了反映完工产品入库情况，需要设置“库存商品”账户进行核算。

完工产品入库时由产成品仓库人员填制企业自制原始凭证完工产品入库单，入库单包括入库产品名称、单位、数量等内容。

第二步，根据生产成本明细账编制完工产品成本计算单。

1. 按成本计算对象归集成本费用：本月发生的直接费用和分配的制造费用全部计入完工产品成本。

2. 根据生产成本明细账编制成本计算单：生产成本期初无余额，即期初无在产品，本期产品全部完工。

3. 计算单位成本：根据总成本及验收入库单中的验收数量，计算完工产品单位成本。

第三步，编制记账凭证。

根据完工产品成本计算单、完工产品入库单等原始凭证，总账会计编制结转完工产品成本记账凭证，财务主管审核。

第四步，记账凭证登记入账。

根据记账凭证相应的会计科目，把经济业务的具体发生额登入明细账和总账。

四、实训注意事项

1. “库存商品”账户属于资产类账户，用以核算企业库存的各种商品的实际成本（或进价）或计划成本（或售价），包括库存产成品、外购商品、存放在门市部准备出售的商品、发出展览的商品以及寄存在外的商品等，可以按库存商品的种类、品种和规格等设置明细账。其借方表示生产完工验收入库的库存商品，贷方表示销售发出结转成本的库存商品，余额在借方表示库存可供出售的商品。

2. 如果本月投入生产的某产品月末全部完工，则该产品归集的生产费用全部归完工产品所有。

3. 如果本月投入生产的某产品月末完工一部分，还有一部分未完工，则该产品归集的生产费用就需要在完工产品和在产品之间进行分配，具体的分配方法一般有定额成本法和约当产量法。

五、实训案例

实训1：完工产品成本结转

2022年12月31日，北京沃达电器有限责任公司本月生产产品轻巧型电热水壶48 200件、经典型电热水壶36 200件、豪华型电热水壶5 500件已全部完工入库，期初无在产品。

要求：跟踪完工产品成本结转核算流程，并及时进行账务处理。

第一步，填写完工产品入库单（见表4-91至表4-93）。

表4-91　完工产品入库单（第三联）

2022年12月31日　　编号：00001

序号	名称	规格	单位	数量
1	轻巧型电热水壶		件	48 200
2	经典型电热水壶		件	36 200
3	豪华型电热水壶		件	5 500

第三联：财务部

制单：（填写自己的名字）　　复核：

表4-92　完工产品入库单（第二联）

2022年12月31日　　编号：00001

序号	名称	规格	单位	数量
1	轻巧型电热水壶		件	48 200
2	经典型电热水壶		件	36 200
3	豪华型电热水壶		件	5 500

第二联：采购部

制单：（填写自己的名字）　　复核：

表4-93 完工产品入库单（第一联）

2022年12月31日 编号：00001

序号	名称	规格	单位	数量
1	轻巧型电热水壶		件	48 200
2	经典型电热水壶		件	36 200
3	豪华型电热水壶		件	5 500

第一联：仓储部

制单：（填写自己的名字） 复核：

第二步，编制完工产品成本计算单（见表4-94）。

表4-94 2022年12月组装车间完工产品成本计算单 金额单位：元

产品名称	产量（件）	直接材料		直接人工		制造费用		合计	
		单位成本	总成本	单位成本	总成本	单位成本	总成本	单位成本	总成本
轻巧型电热水壶	48 200	71.00	3 422 200.00	1.82	87 746.17	4.00	192 707.70	76.81854502	3 702 653.87
经典型电热水壶	36 200	74.50	2 696 900.00	2.55	92 260.91	5.60	202 622.95	82.64596298	2 991 783.86
豪华型电热水壶	5 500	108.00	594 000.00	3.76	20 692.92	8.26	45 445.18	120.02510909	660.138.10
合计			6 713 100.00		200 700.00		440 775.83		7 354 575.83

第三步，编制并审核记账凭证（见表4-95）。

表4-95 记账凭证（记-21） 单位：元

摘要	会计分录			
	总账科目	明细科目	借方金额	贷方金额
计算结转完工产品成本	库存商品	轻巧型电热水壶	3 702 653.87	
	库存商品	经典型电热水壶	2 991 783.86	
	库存商品	豪华型电热水壶	660 138.10	
	生产成本	轻巧型电热水壶		3 702 653.87
	生产成本	经典型电热水壶		2 991 783.86
	生产成本	豪华型电热水壶		660 138.10

第四步，登记账簿（见表4-96和表4-97）。

表4-96 “生产成本”明细账

单位：元

2022年		凭证号数	摘要	借方	贷方	方向	余额
月	日						
12	31	记-16	本月工资费用归集和分配	87 746.17		借	87 746.17
12	31	记-16	本月工资费用归集和分配	92 260.91		借	180 007.08
12	31	记-16	本月工资费用归集和分配	20 692.92		借	200 700.00
12	31	记-18	结转制造费用	192 707.70		借	393 407.70
12	31	记-18	结转制造费用	202 622.95		借	596 030.65
12	31	记-18	结转制造费用	45 445.18		借	641 475.83
12	31	记-19	生产领用材料	1 846 000.00		借	2 487 475.83
12	31	记-19	生产领用材料	1 355 900.00		借	3 843 375.83
12	31	记-19	生产领用材料	270 000.00		借	4 113 375.83
12	31	记-20	生产领用材料	1 576 200.00		借	5 689 575.83
12	31	记-20	生产领用材料	1 341 000.00		借	7 030 575.83
12	31	记-20	生产领用材料	324 000.00		借	7 354 575.83
12	31	记-21	计算结转完工产品成本		3 702 653.87	借	3 651 921.96
12	31	记-21	计算结转完工产品成本		2 991 783.86	借	660 138.10
12	31	记-21	计算结转完工产品成本		660 138.10	平	
12			当前合计	7 354 575.83	7 354 575.83	平	
12			当前累计	7 354 575.83	7 354 575.83	平	
			结转下年			平	

表4-97 “库存商品”明细账

单位：元

2022年		凭证号数	摘要	借方	贷方	方向	余额
月	日						
12	1		期初余额			借	3 827 962.00
12	31	记-21	计算结转完工产品成本	3 702 653.87		借	7 530 615.87
12	31	记-21	计算结转完工产品成本	2 991 783.86		借	10 522 399.73
12	31	记-21	计算结转完工产品成本	660 138.10		借	11 182 537.83

实训2：采购库存商品

2022年12月15日，北京沃达电器有限责任公司从无锡电器科技有限公司采购商品豆浆机和电饭煲，其中精磨型豆浆机2 280 000元，时尚型豆浆机1 900 000元，经典型电饭煲6 570 000元，智能型电饭煲4 758 000元（不含税），增值税税率13%，商品已验收入库，款项未支付。

要求：跟踪采购商品核算流程，并及时进行账务处理。

第一步，签订采购合同。

采购合同

合同编号：TA201612017

供方：无锡电器科技有限公司　　需方：北京沃达电器有限责任公司

地址：无锡市锡山区友谊中路15号　　地址：公司地址（从公司信息查询）

法定代表人：张明　　法定代表人：葛文学

开户银行：中国工商银行无锡分行　　开户银行：中国工商银行北京分行昌平支行

账号：（从账户信息查询）　　账号：6212260201800002610

无锡电器科技有限公司（供方）与北京沃达电器有限责任公司（需方）就所需的商品供货事宜进行了充分协商，达成一致意见，并签订供货合同，以资共同信守：

（一）货物名称、型号、数量、价格、合同金额

序号	货物名称	数量	单位	单价（不含税）	金额（不含税）	金额（含税）
1	精磨型豆浆机	19 000	件	120.00	2 280 000.00	2 576 400.00
2	时尚型豆浆机	9 500	件	200.00	1 900 000.00	2 147 000.00
3	经典型电饭煲	36 500	件	180.00	6 570 000.00	7 424 100.00
4	智能型电饭煲	18 300	件	260.00	4 758 000.00	5 376 540.00

总金额（大写）：壹仟柒佰伍拾贰万肆仟零肆拾元整　　¥17 524 040.00

（二）质量要求：以双方商定的标准为准。

（三）付款方式和支付条款：签订合同的下月以银行存款支付全部货款。

（四）交货与发运：合同货物的交货时间为当日。供方送货到需方指定地点，货物运输由供方负责落实，费用由需方承担。

第二步，取得购货发票（如图4-27所示）。

1100153130　　**江苏增值税专用发票**　　№44775817

机器编号：499910936567　　发票联　　开票日期：2022年12月15日

购买方	名　称：北京沃达电器有限责任公司 纳税人识别号：110114745862904015 地址、电话：北京市昌平区光明路16号010-26674938 开户行及账号：中国工商银行北京分行昌平支行6212260201800002610	密码区	035926>3>2<0230937-8>1*26906 374*91/-+588247>>/*6+>-89233 785926>3>2<0230937*57+89>097 4/737-++690195*6067//42+2-72

货物或应税劳务、服务名称	规格型号	单位	数量	单价	金额	税率	税额
*家用厨房电器具*精磨型豆浆机	精磨型	件	19 000	120.00	2 280 000.00	13%	296 400.00
*家用厨房电器具*时尚型豆浆机	时尚型	件	9 500	200.00	1 900 000.00	13%	247 000.00
*家用厨房电器具*经典型电饭煲	经典型	件	35 600	180.00	6 570 000.00	13%	854 100.00
*家用厨房电器具*智能型电饭煲	智能型	件	18 300	260.00	4 758 000.00	13%	618 540.00
合计					¥15 508 000.00		¥2 016 040.00
价税合计（大写）	⊗壹仟柒佰伍拾贰万肆仟零肆拾元整				（小写）¥17 524 040.00		

销售方	名　称：无锡电器科技有限公司 纳税人识别号：110114745862891002 地址、电话：无锡市锡山区友谊中路15号0510-83881868 开户行及账号：（从账户信息查询）	备注	无锡电器科技有限公司 110114745862891002 发票专用章

收款人：　　复核：　　开票人：　　销售方：（章）

第三联：发票联　购买方记账凭证

图4-27　发票

第三步，商品验收入库（见表4-98）。

表4-98

商品入库验收单

验收时间：2022年12月15日　　　　数量、金额单位：件、元

发货单位	无锡电器科技有限公司		起送地点	无锡		到达地点		北京	
发货日期	2022年12月15日								
品类	规格	单价	原发数		实发数		长、短数		
			数量	金额	数量	金额	数量	金额	
精磨型豆浆机	精磨型	120.00	19 000	2 280 000.00	19 000	2 280 000.00			
时尚型豆浆机	时尚型	200.00	9 500	1 900 000.00	9 500	1 900 000.00			
经典型电饭煲	经典型	180.00	36 500	6 570 000.00	36 500	6 570 000.00			
智能型电饭煲	智能型	260.00	18 300	4 758 000.00	18 300	4 758 000.00			
备注						货运车号			

部门负责人：　　　　经营复核：何明海　　　　制单：王宝珠

第四步，编制与审核记账凭证（见表4-99）。

表4-99　　记账凭证（记-22）　　单位：元

摘要	会计分录			
	总账科目	明细科目	借方金额	贷方金额
采购豆浆机和电饭煲	库存商品	精磨型豆浆机	2 280 000.00	
	库存商品	时尚型豆浆机	1 900 000.00	
	库存商品	经典型电饭煲	6 570 000.00	
	库存商品	智能型电饭煲	4 758 000.00	
	应交税费	应交增值税（进项税额）	2 016 040.00	
	应付账款	无锡电器科技有限公司		17 524 040.00

第五步，登记账簿（见表4-100至表4-102）。

表4-100　　"库存商品"明细账　　单位：元

2022年		凭证号数	摘要	借方	贷方	方向	余额
月	日						
12	1		期初余额			借	3 827 962.00
12	31	记-21	计算结转完工产品成本	3 702 653.87		借	7 530 615.87
12	31	记-21	计算结转完工产品成本	2 991 783.86		借	10 522 399.73
12	31	记-21	计算结转完工产品成本	660 138.10		借	11 182 537.83

续表

2022年		凭证号数	摘要	借方	贷方	方向	余额
月	日						
12	31	记-22	采购豆浆机和电饭煲	2 280 000.00		借	13 462 537.83
12	31	记-22	采购豆浆机和电饭煲	1 900 000.00		借	15 362 537.83
12	31	记-22	采购豆浆机和电饭煲	6 570 000.00		借	21 932 537.83
12	31	记-22	采购豆浆机和电饭煲	4 758 000.00		借	26 690 537.83

表4-101　“应交税费——应交增值税”明细账　单位：元

2022年		凭证号数	摘要	借方	贷方	方向	余额
月	日						
12	31	记-04	支付上月水费	4 320.00		借	4 320.00
12	31	记-05	支付上月电费	10 800.00		借	15 120.00
12	31	记-07	采购原材料	63 180.00		借	78 300.00
12	31	记-09	采购原材料	568 854.00		借	647 154.00
12	31	记-11	购买包装物	130.00		借	647 284.00
12	31	记-12	购买固定资产	650.00		借	647 934.00
12	31	记-13	采购无形资产	1 950.00		借	649 884.00
12	31	记-22	采购豆浆机和电饭煲	2 016 040.00		借	2 665 924.00

表4-102　“应付账款”明细账　单位：元

2022年		凭证号数	摘要	借方	贷方	方向	余额
月	日						
12	1		期初余额			贷	6 637 600.41
12	31	记-04	支付上月水费	48 000.00		贷	6 589 600.41
12	31	记-05	支付上月电费	120 000.00		贷	6 469 600.41
12	31	记-06	支付前欠材料款	6 469 600.41		平	—
12	31	记-09	采购原材料		1 944 654.00	贷	1 944 654.00
12	31	记-17	分配本月水电费		51 240.00	贷	1 995 894.00
12	31	记-17	分配本月水电费		155 280.00	贷	2 151 174.00
12	31	记-22	采购豆浆机和电饭煲		17 524 040.00	贷	19 675 214.00

任务十六　销售业务——主营业务收入

一、实训目标

1. 能正确理解“主营业务收入”科目核算要点。
2. 能正确描述销售业务的基本流程。
3. 能正确进行销售业务的会计核算。

二、实训材料

1. 销售合同。
2. 增值税专用发票。
3. 出库单。
4. 银行电子回单。
5. 记账凭证。
6. 会计账簿。

三、实训内容和步骤

第一步，签订销售合同。

签订销售合同是经营活动中常见的一项法律活动。一份销售合同签订的质量牵连到企业的经济效益。所以，合同的签订一定要慎之又慎。

1. 销售合同中，作为销售方，应注意对供货的基本信息进行准确、详细约定。

2. 作为销售方，企业应根据自身情况及货物特性将质量标准与需方约定明确。

3. 销售合同对货款及支付方式必须进行明确规定，货款是部分预付、一次结清还是全部预付。

4. 注意对违约责任进行明确规定，包括销售方没有按时完成货物生产、质量有问题和购买方没有按时结清货款等的赔偿责任。任何一方要求提前或延期交（提）货，都应事先达成协议，并按协议执行。

第二步，开具出库单。

出库单一般为销售商家根据销售情况自己开出的单据，也是商家之间互相调货的凭证，是为了方便对账和结算，减少现金支付的一种手段。

作为库存商品，必须要开具原材料/库存商品入库单和领料单，这是仓库进行入库和出库的唯一重要的原始凭证，它是仓库保管员登记存货明细账的依据，而填写的入库单和出库单一般都是一式三联，其中一联必须送到财务部门，财务部门通过对出、入库单的汇总，进行各种存货（主要是原材料和产成品）的总分类核算和明细分类核算。

第三步，开具增值税专用发票。

增值税专用发票不仅是购销双方收付款的凭证，而且可以用作购买方扣除增值税的凭证。一般建议，只要公司有业务收入，就要尽早申请开票资格，自行开票。增值税专用发票的基本联次为三联：

1. 第一联是记账联，是销售方的记账凭证，即销售方作为销售货物等的原始凭证，票面上的“税额”指的是“销项税额”，“金额”指的是销售货物等的“不含税金额”。发票三联具有复写功能，一次开具，三联的内容一致。

2. 第二联是抵扣联（购买方用来扣税）。

3. 第三联是发票联（购买方用来记账）。

开具增值税专用发票时的注意事项：

（1）开票时，发票的抬头要与企业名称的全称一致，2017年7月1日以后，增值税发票必须要有税号，不符合规定的发票，不得作为税收凭证。

（2）项目填写齐全，全部联次一次填开，上、下联的内容和金额一致。

（3）购销双方单位名称必须详细填写，不得简写。如果单位名称较长，可在“名称”栏分上下两行填写，必要时可出该栏的上下横线。

第四步，编制记账凭证。

根据销售合同、增值税专用发票、出库单和银行进账单的第一联等相关原始凭证，总账会计编制主营业务收入记账凭证，出纳签字，财务主管审核。

第五步，记账凭证登记入账。

根据记账凭证相应的会计科目，把经济业务的具体发生额登入明细账（日记账）和总账。

四、实训注意事项

1. 理解“主营业务收入”账户的核算要点：主营业务收入是指企业经常性的、主要业务所产生的收入，如制造业企业的销售产品、半成品和提供工业性劳务作业的收入；商品流通企业的销售商品收入；旅游服务业的门票收入、餐饮收入等。

2. “主营业务收入”账户的性质：在“主营业务收入”账户下，应按主营业务的种类设置明细账，进行明细核算，本账户期末应无余额。

3. 分清现销和赊销的记账区别，现销记入“银行存款”账户，赊销记入“应收账款”或“应收票据”账户，按明细登账。

五、实训案例

实训1：现销业务，当天收款

2022年12月5日，北京沃达电器有限责任公司向山东万益经贸有限公司销售轻巧型电热水壶23 000件，每件不含税价85元；经典型电热水壶20 000件，每件不含税价120元；豪华型电热水壶3 400件，每件不含税价255元。合同约定当天发货并开具增值税专用发票，当日收到货物，并收到销售货款。

要求：跟踪主营业务收入核算流程，并及时进行账务处理。

第一步，签订销售合同。

销售合同

合同编号：TA201622023

供方：北京沃达电器有限责任公司　　需方：山东万益经贸有限公司
地址：公司地址（从公司信息查询）　　地址：山东省淄博市张店区柳泉路19号
法定代表人：葛文学　　法定代表人：韩东
开户银行：中国工商银行北京分行昌平支行　　开户银行：（从账户信息查询）
账号：6212260201800002610　　账号：（从账户信息查询）

北京沃达电器有限责任公司（供方）与山东万益经贸有限公司（需方）就所需的商品供货事宜进行了充分协商，达成一致意见，并签订供货合同，以资共同信守：

（一）货物名称、型号、数量、价格、合同金额。

序号	货物名称	数量	单位	单价（不含税）	金额（不含税）	金额（含税）
1	轻巧型电热水壶	23 000	件	85.00	1 955 000.00	2 209 150. 00
2	经典型电热水壶	20 000	件	120.00	2 400 000.00	2 712 000.00
3	豪华型电热水壶	3 400	件	255.00	867 000.00	979 710. 00
总金额（大写）：伍佰玖拾万零捌佰陆拾元整						￥5 900 860.00

（二）质量要求：以双方商定的标准为准。

（三）付款方式和支付条款：合同签订当日支付全部货税款。

（四）交货与发运：合同货物的交货时间为2022年12月5日。供方送货到需方指定地点，货物运输由供方负责落实，费用由需方承担。

（五）知识产权：供方应确保其供应的产品在知识产权方面没有瑕疵或没有侵犯他人知识产权。如因供方产品的知识产权问题被任何第三人（含国家机关）追索或处罚，供方应负责处理或协助处理，并承担由此而造成的需方的一切损失。

（六）合同纠纷及仲裁：为执行本合同而引起的各种纠纷，供需双方应本着合作的态度，友好协商。若协商不成，任何一方均可向北京市人民法院提起诉讼。

（七）任何一方均不得修改本合同，如有修改须另行达成书面协议，否则本合同失效。

（八）其他：本合同一式贰份，供需双方各执壹份。本合同自双方签字盖章后生效，至本合同全部条款执行完毕后失效。

供方（盖章）：北京沃达电器有限责任公司　　需方（盖章）：山东万益经贸有限公司
电话： 010-26674938　　电话：0533-82828679
经办人：葛文学　　经办人：×××
签订日期：2022年12月05日　　签订日期：2022年12月05日

第二步，开具出库单（见表4-103）。

表4-103　　　　库存商品发出库单

2022年12月5日

序号	名称	规格	单位	应发数量	实发数量	备注
1	轻巧型电热水壶	轻巧型	件	23 000	23 000	销售给山东万益经贸有限公司
2	经典型电热水壶	经典型	件	20 000	20 000	销售给山东万益经贸有限公司
3	豪华型带热水壶	豪华型	件	3 400	3 400	销售给山东万益经贸有限公司

制单：王宝珠　　　　复核：何明海　　　　经办人：王宝珠

第三步，开具增值税专用发票（如图4-28所示）。

1100153130　　　　江苏增值税专用发票　　　　№44775807

机器编号：499910936509　　　　此联不作报销、扣税凭证使用　　　　开票日期：2022年12月5日

购买方	名　　称：山东万益经贸有限公司 纳税人识别号：110114745862897011 地 址 、电 话：山东省淄博市张店区柳泉路19号0533-82828679 开户行及账号：（从账户信息查询）	密码区	035926>3>2<0230937-8>1*26906 374*91/- +588247>>/*6+>-89233 785926>3>2<0230937*57+89>097 4/737-++690195*6067//42+2-72

货物或应税劳务、服务名称	规格型号	单位	数量	单价	金额	税率	税额
*家用厨房电器具*轻巧型电热水壶	轻巧型	件	23 000	85.00	1 955 000.00	13%	254 150.00
*家用厨房电器具*经典型电热水壶	经典型	件	20 000	120.00	2 400 000.00	13%	312 000.00
*家用厨房电器具*豪华型电热水壶	豪华型	件	3 400	255.00	867 000.00	13%	112 710.00
合　计					¥5 222 000.00		¥678 860.00
价税合计（大写）	⊗伍佰玖拾万零捌佰陆拾元整				（小写）¥5 900 860.00		

销售方	名　　称：北京沃达电器有限责任公司 纳税人识别号：110114745862904015 地 址 、电 话：北京市昌平区光明路16号010-26674938 开户行及账号：中国工商银行北京分行昌平支行6212260201800002610	备注	

收款人：　　　　复核：　　　　开票人：王一山　　　　销售方：（章）

第一联：记账联　销售方记账凭证

图4-28　发票

第四步，收到电子回单（如图4-29所示）。

ICBC 中国工商银行　　　　电子回单（收款）　　　　金融@家

入账日期：2022-12-05　　　　电子回单号：20221205000009

付款单位		收款单位	
户　名	山东万益经贸有限公司	户　名	北京沃达电器有限责任公司
账　号	6212260201800002615	账　号	6212260201800002610
开户行	中国工商银行	开户行	中国工商银行
金额（大写）	伍佰玖拾万零捌佰陆拾元整	金额（小写）	5 900 860.00
转账用余	销售收款		
制单人：银行	流水号：000009	银行签章：	

图4-29　电子回单（收款）

第五步，编制与审核记账凭证（见表4-104）。

表4-104　记账凭证（记-23）　单位：元

摘要	会计分录			
	总账科目	明细科目	借方金额	贷方金额
销售商品	银行存款		5 900 860.00	
	主营业务收入	轻巧型电热水壶		1 955 000.00
	主营业务收入	经典型电热水壶		2 400 000.00
	主营业务收入	豪华型电热水壶		867 000.00
	应交税费	应交增值税（销项税额）		678 860.00

实训2：赊销业务，约定时间段收款

2022年12月15日，北京沃达电器有限责任公司向福建银海贸易有限责任公司销售精磨型豆浆机18 600件，每件不含税价150元；时尚型豆浆机9 000件，每件不含税价260元；经典型电饭煲36 000件，每件不含税价250元；智能型电饭煲18 000件，每件不含税价360元。合同约定当天发货并开具增值税专用发票，当日交货，两个月后支付货款。

要求：跟踪主营业务收入核算流程，并及时进行账务处理。

第一步，签订销售合同。

销售合同

合同编号：TA201612020

供方：北京沃达电器有限责任公司
地址：公司地址（从公司信息查询）
法定代表人：葛文学
开户银行：中国工商银行北京分行昌平支行
账号：6212260201800002610

需方：福建银海贸易有限责任公司
地址：福州市鼓楼区五四路109号东煌大厦13层
法定代表人：陆建平
开户银行：（从账户信息查询）
账号：（从账户信息查询）

北京沃达电器有限责任公司（供方）与福建银海贸易有限责任公司（需方）就所需的商品供货事宜进行了充分协商，达成一致意见，并签订供货合同，以资共同信守：

（一）货物名称、型号、数量、价格、合同金额

序号	货物名称	数量	单位	单价（不含税）	金额（不含税）	金额（含税）
1	精磨型豆浆机	18 600	件	150.00	2 790 000.00	3 152 700.00
2	时尚型豆浆机	9 000	件	260.00	2 340 000.00	2 644 200.00
3	经典型电饭煲	36 000	件	250.00	9 000 000.00	10 170 000.00
4	智能型电饭煲	18 000	件	360.00	6 480 000.00	7 322 400.00

总金额（大写）：贰仟叁佰贰拾捌万玖仟叁佰元整　¥23 289 300.00

（二）质量要求：以双方商定的标准为准。

（三）付款方式和支付条款：可在合同签订后两个月内支付货款。

（四）交货与发运：合同货物的交货时间为本合同签订当日。供方送货到需方指定地点，货物运输由供方负责落实，费用由需方承担。

第二步，开具出库单（见表4-105）。

表4-105 商品出库单

2022年12月15日 编号：00020

序号	名称	规格	单位	应发数量	实发数量	备注
1	精磨型豆浆机	精磨型	件	18 600	18 600	销售给福建银海贸易有限责任公司
2	时尚型豆浆机	时尚型	件	9 000	9 000	销售给福建银海贸易有限责任公司
3	经典型电饭煲	经典型	件	36 000	36 000	销售给福建银海贸易有限责任公司
4	智能型电饭煲	智能型	件	18 000	18 000	销售给福建银海贸易有限责任公司
5						

制单：王宝珠 复核：何明海 经办人：王宝珠

第三步，开具增值税专用发票（如图4-30所示）。

1100153130 **北京增值税专用发票** №44775820

机器编号：499910936567 此联不作报销、扣税凭证使用 开票日期：2022年12月15日

购买方 名 称：福建银海贸易有限责任公司
纳税人识别号：110011474586288900
地 址 、电 话：福州市鼓楼区五四路109号东煌大厦13层0519-28378943
开户行及账号：（从账户信息查询）

密码区 035926>3>2<0230937-8>1*26906
374*91/- +588247>>/*6+>-89233
785926>3>2<0230937*57+89>097
4/ 737-++690195*6067//42+2-72

货物或应税劳务、服务名称	规格型号	单位	数量	单价	金额	税率	税额
*家用厨房电器具*精磨型豆浆机	精磨型	件	18 600.00	150.00	2 790 000.00	13%	362 700.00
*家用厨房电器具*时尚型豆浆机	时尚型	件	9 000.00	260.00	2 340 000.00	13%	304 200.00
*家用厨房电器具*经典型电饭煲	经典型	件	36 000.00	250.00	9 000 000.00	13%	1 170 000.00
*家用厨房电器具*智能型电饭煲	智能型	件	18 000.00	360.00	6 480 000.00	13%	842 400.00
合 计					¥20 610 000.00		¥2 679 300.00

价税合计（大写） ⊗贰仟叁佰贰拾捌万玖仟叁佰元整 （小写）¥23 289 300.00

销售方 名 称：北京沃达电器有限责任公司
纳税人识别号：110114745862904015
地 址 、电 话：北京市昌平区光明路16号010-26674938
开户行及账号：中国工商银行北京分行昌平支行6212260201800002610

备注 北京沃达电器有限责任公司 110114745862904015 发票专用章

收款人： 复核： 开票人：王一山 销售方：（章）

第一联：记账联 销售方记账凭证

图4-30 发票

第四步，编制与审核记账凭证（见表4-106）。

表4-106 记账凭证（记-24） 单位：元

摘要	会计分录			
	总账科目	明细科目	借方金额	贷方金额
销售商品	应收账款	福建银海贸易有限责任公司	23 289 300.00	
	主营业务收入	精磨型豆浆机		2 790 000.00
	主营业务收入	时尚型豆浆机		2 340 000.00
	主营业务收入	经典型电饭煲		9 000 000.00
	主营业务收入	智能型电饭煲		6 480 000.00
	应交税费	应交增值税（销项税额）		2 679 300.00

实训3：赊销业务，约定时间点收款

2022年12月25日，北京沃达电器有限责任公司向天津万润贸易公司销售轻巧型电热水壶25 000件，每件不含税价85元；经典型电热水壶16 000件，每件不含税价120元；豪华型电热水壶2 000件，每件不含税价255元。合同约定发货并开具增值税专用发票，当日收到货物，下个月25日收到全部销售货税款。

要求：跟踪主营业务收入核算流程，并及时进行账务处理。

第一步，签订销售合同。

销售合同

合同编号：TA201612023

供方：北京沃达电器有限责任公司　　需方：天津万润贸易公司

地址：公司地址（从公司信息查询）　　地址：天津市北辰区柳滩邯郸道2号

法定代表人：葛文学　　法定代表人：瞿铭

开户银行：中国工商银行北京分行昌平支行　　开户银行：（从账户信息查询）

账号：6212260201800002610　　账号：（从账户信息查询）

北京沃达电器有限责任公司（供方）与天津万润贸易公司（需方）就所需的商品供货事宜进行了充分协商，达成一致意见，并签订供货合同，以资共同信守：

（一）货物名称、型号、数量、价格、合同金额。

序号	货物名称	数量	单位	单价（不含税）	金额（不含税）	金额（含税）
1	轻巧型电热水壶	25 000	件	85.00	2 125 000.00	2 401 250.00
2	经典型电热水壶	16 000	件	120.00	1 920 000.00	2 169 600.00
3	豪华型电热水壶	2 000	件	255.00	510 000.00	576 300.00
总金额（大写）：伍佰壹拾肆万柒仟壹佰伍拾元整						¥5 147 150.00

（二）质量要求：以双方商定的标准为准。

（三）付款方式和支付条款：下月25日支付全部货税款。

（四）交货与发运：合同货物的交货时间为本合同签订当日。供方送货到需方指定地点，货物运输由供方负责落实，费用由需方承担。

第二步，开具出库单（见表4-107）。

表4-107　商品出库单

2022年12月25日　　编号：00023

序号	名称	规格	单位	应发数量	实发数量	备注
1	轻巧型电热水壶	轻巧型	件	25 000	25 000	销售给天津万润贸易公司
2	经典型电热水壶	经典型	件	16 000	16 000	销售给天津万润贸易公司
3	豪华型电热水壶	豪华型	件	2 000	2 000	销售给天津万润贸易公司

制单：王宝珠　　复核：何明海　　经办人：王宝珠

第三步，开具增值税专用发票（如图4-31所示）。

1100153130　　北京增值税专用发票　　№44775823

机器编号：499910936567　　此联不作报销、扣税凭证使用　　开票日期：2022年12月25日

购买方	名　　称：天津万润贸易公司 纳税人识别号：110114745862900014 地 址 、电 话：天津市北辰区柳滩邯郸道2号022-38717663 开户行及账号：（从账户信息查询）	密码区	035926>3>2<0230937-8>1*26906 374*91/- +588247>>/*6+>-89233 785926>3>2<0230937*57+89>097 4/737-++690195*6067//42+2-72

货物或应税劳务、服务名称	规格型号	单位	数量	单价	金额	税率	税额
*家用厨房电器具*轻巧型电热水壶	轻巧型	件	25 000.00	85.00	2 125 000.00	13%	276 250.00
*家用厨房电器具*经典型电热水壶	经典型	件	16 000.00	120.00	1 920 000.00	13%	249 600.00
*家用厨房电器具*豪华型电热水壶	豪华型	件	2 000.00	255.00	510 000.00	13%	66 300.00
合　计					¥4 555 000.00		¥592 150.00
价税合计（大写）	⊗伍佰壹拾肆万柒仟壹佰伍拾元整				（小写）¥5 147 150.00		

销售方	名　　称：北京沃达电器有限责任公司 纳税人识别号：110114745862904015 地 址 、电 话：北京市昌平区光明路16号010-26674938 开户行及账号：中国工商银行北京分行昌平支行6212260201800002610	备注	北京沃达电器有限责任公司 110114745862904015 发票专用章

收款人：　　复核：　　开票人：　　销售方：（章）

第一联：记账联　销售方记账凭证

图4-31　发票

第四步，编制并审核记账凭证（见表4-108）。

表4-108　记账凭证（记-25）　单位：元

摘要	会计分录			
	总账科目	明细科目	借方金额	贷方金额
销售产品	应收账款	天津万润贸易公司	5 147 150.00	
	主营业务收入	轻巧型电热水壶		2 125 000.00
	主营业务收入	经典型电热水壶		1 920 000.00
	主营业务收入	豪华型电热水壶		510 000.00
	应交税费	应交增值税（销项税额）		592 150.00

第五步，登记账簿（见表4-109至表4-112）。

表4-109　“主营业务收入”明细账　单位：元

2022年		凭证号数	摘要	借方	贷方	方向	余额
月	日						
12	31	记-23	销售商品		1 955 000.00	贷	1 955 000.00
12	31	记-23	销售商品		2 400 000.00	贷	4 355 000.00
12	31	记-23	销售商品		867 000.00	贷	5 222 000.00

续表

2022年		凭证号数	摘要	借方	贷方	方向	余额
月	日						
12	31	记-24	销售商品		2 790 000.00	贷	8 012 000.00
12	31	记-24	销售商品		2 340 000.00	贷	10 352 000.00
12	31	记-24	销售商品		9 000 000.00	贷	19 352 000.00
12	31	记-24	销售商品		6 480 000.00	贷	25 832 000.00
12	31	记-25	销售商品		2 125 000.00	贷	27 957 000.00
12	31	记-25	销售商品		1 920 000.00	贷	29 877 000.00
12	31	记-25	销售商品		510 000.00	贷	30 387 000.00

表4-110 “应交税费——应交增值税”明细账 单位：元

2022年		凭证号数	摘要	借方	贷方	方向	余额
月	日						
12	31	记-04	支付上月水费	4 320.00		借	4 320.00
12	31	记-05	支付上月电费	10 800.00		借	15 120.00
12	31	记-07	采购原材料	63 180.00		借	78 300.00
12	31	记-09	采购原材料	568 854.00		借	647 154.00
12	31	记-11	购买包装物	130.00		借	647 284.00
12	31	记-12	购买固定资产	650.00		借	647 934.00
12	31	记-13	采购无形资产	1 950.00		借	649 884.00
12	31	记-22	采购豆浆机和电饭煲	2 016 040.00		借	2 665 924.00
12	31	记-23	销售商品		678 860.00	借	1 987 064.00
12	31	记-24	销售商品		2 679 300.00	借	−692 236.00
12	31	记-25	销售商品		592 150.00	借	−1 284 386.00

表4-111 “应收账款”明细账 单位：元

2022年		凭证号数	摘要	借方	贷方	方向	余额
月	日						
12	1		期初余额			借	27 944 300.00
12	31	记-24	销售商品	23 289 300.00		借	51 233 600.00
12	31	记-25	销售产品	5 147 150.00		借	56 380 750.00

表4-112　银行存款日记账　单位：元

2022年		凭证号数	摘　要	借方	贷方	方向	余额
月	日						
12	1		期初余额			借	19 600 000.00
12	31	记-01	从银行借入短期借款	2 000 000.00		借	21 600 000.00
12	31	记-02	收到货币性投资款	10 000 000.00		借	31 600 000.00
12	31	记-04	支付上月水费		52 320.00	借	31 547 680.00
12	31	记-05	支付上月电费		130 800.00	借	31 416 880.00
12	31	记-06	支付前欠材料款		6 469 600.41	借	24 947 279.59
12	31	记-08	支付到期的银行承兑汇票		5 786 786.07	借	19 160 493.52
12	31	记-09	采购原材料		3 000 000.00	借	16 160 493.52
12	31	记-11	购买包装物		1 130.00	借	16 159 363.52
12	31	记-12	购买固定资产		5 650.00	借	16 153 713.52
12	31	记-13	采购无形资产		16 950.00	借	16 136 763.52
12	31	记-14	提取现金		10 000.00	借	16 126 763.52
12	31	记-15	发放上月职工薪酬		318 606.50	借	15 808 157.02
12	31	记-23	销售商品	5 900 860.00		借	21 709 017.02

任务十七　销售业务——应收账款

一、实训目标

1. 能正确理解“应收账款”科目核算要点。
2. 能正确描述收款业务的基本流程。
3. 能正确进行应收账款业务的会计核算。

二、实训材料

1. 银行回单。
2. 记账凭证。
3. 明细账、总账。

三、实训内容和步骤

第一步，付款单位通知公司出纳注意查收。

出纳人员接到付款单位的付款通知后，出纳人员及时查收、确认并核对付款业务。

第二步，银行办理收款业务，打印收款回单。

银行办理收款业务，出纳人员通过网上银行或者自助回单一体机等途径打印收款回单。如果收付款回单较多，整理回单的操作步骤如下：（1）把收付款回单按日期排好；（2）看收付款回单总笔数是否与明细单总笔数相同；（3）一笔一笔看收付款回单上面的对方单位、金额、款项性质是否与明细单相符。

第三步，出纳移交银行回单给总账会计。

第四步，总账会计编制记账凭证。

根据银行回单，总账会计编制收到前欠货款的记账凭证。

第五步，出纳审核、财务主管审核。

出纳对总账会计编制的记账凭证签字，并移交给财务主管进行审核。

第六步，记账凭证登记入账。

根据记账凭证相应的会计科目，把经济业务的具体发生额登入明细账（日记账）和总账。

四、实训注意事项

1. 应收账款科目按不同的购货或接受劳务单位设置明细科目进行核算。不单独设置“预收账款”账户的企业，预收账款也在“应收账款”账户核算。

2. 该账户借方登记应收账款的增加额，贷方登记应收账款的收回及确认的坏账损失（即减少额）；期末余额在借方，表示企业尚未收回的应收账款；如果余额在贷方，表示企业预收的款项。

3. 账龄指公司尚未收回的应收账款的时间长度，通常按照1年以内，1—2年，2—3年和3年以上4个级别来划分。账龄越长，发生坏账的风险越大。企业应当加强应收账款管理，减少坏账产生。

4. 实务中销售不管款项是否收到，建议都通过应收账款核算，方便企业间对账。

五、实训案例

2022年12月23日，北京沃达电器有限责任公司收到北京城乡贸易城剩余货款6 428 000.00元的付款通知，出纳人员通知银行收款，银行办理收款业务并开具银行回单。

要求：跟踪应收账款核算流程，并及时进行账务处理。

第一步，银行收款回单（如图4-32所示）。

ICBC 中国工商银行　　电子回单（收款）　　金融@家

入账日期：2022-12-23　　电子回单号：20221205000010

付款单位	户　名	北京城乡贸易城	收款单位	户　名	北京沃达电器有限责任公司
	账　号	6212260201800002612		账　号	6212260201800002610
	开户行	中国工商银行		开户行	中国工商银行
金额（大写）		陆佰肆拾贰万捌仟元整	金额（小写）		6 428 000.00
转账用余		销售收款			

制单人：银行　　流水号：000010　　银行签章：中国工商银行 电子回单专用章

图4-32　电子回单（收款）

第二步，编制并审核记账凭证（见表4-113）。

表4-113　记账凭证（记-26）　单位：元

摘要	会计分录			
	总账科目	明细科目	借方金额	贷方金额
收到前欠货款	银行存款		6 428 000.00	
	应收账款	北京城乡贸易城		6 428 000.00

第三步，登记账簿（见表4-114和表4-115）。

表4-114　"应收账款"明细账　单位：元

2022年		凭证号数	摘要	借方	贷方	方向	余额
月	日						
12	1		期初余额			借	27 944 300.00
12	31	记-24	销售商品	23 289 300.00		借	51 233 600.00
12	31	记-25	销售产品	5 147 150.00		借	56 380 750.00
12	31	记-26	收到前欠货款		6 428 000.00	贷	49 952 750.00

表4-115　银行存款日记账　单位：元

2022年		凭证号数	摘　要	借方	贷方	方向	余额
月	日						
12	1		期初余额			借	19 600 000.00
12	31	记-01	从银行借入短期借款	2 000 000.00		借	21 600 000.00
12	31	记-02	收到货币性投资款	10 000 000.00		借	31 600 000.00
12	31	记-04	支付上月水费		52 320.00	借	31 547 680.00
12	31	记-05	支付上月电费		130 800.00	借	31 416 880.00
12	31	记-06	支付前欠材料款		6 469 600.41	借	24 947 279.59
12	31	记-08	支付到期的银行承兑汇票		5 786 786.07	借	19 160 493.52
12	31	记-09	采购原材料		3 000 000.00	借	16 160 493.52
12	31	记-11	购买包装物		1 130.00	借	16 159 363.52
12	31	记-12	购买固定资产		5 650.00	借	16 153 713.52
12	31	记-13	采购无形资产		16 950.00	借	16 136 763.52
12	31	记-14	提取现金		10 000.00	借	16 126 763.52
12	31	记-15	发放上月职工薪酬		318 606.50	借	15 808 157.02
12	31	记-23	销售商品	5 900 860.00		借	21 709 017.02
12	31	记-26	收到前欠货款	6 428 000.00		借	28 137 017.02

任务十八 销售业务——主营业务成本

一、实训目标

1. 能正确理解“主营业务成本”科目核算要点。
2. 能正确描述结转产品销售成本的基本流程。
3. 能正确进行主营业务成本的会计核算。

二、实训材料

1. 销售成本计算表。
2. 记账凭证。
3. 会计账簿。

三、实训内容和步骤

第一步，理解“主营业务成本”科目核算要点。

1. 主营业务成本的范围：主营业务成本是企业销售商品、提供劳务等经常性活动所发生的成本。企业一般在确认销售商品、提供劳务等主营业务收入时，或在月末，将已销售商品、已提供劳务的成本转入主营业务成本。

2. 主营业务成本的科目性质：主营业务成本按主营业务的种类进行明细核算，期末，将主营业务成本的余额转入“本年利润”科目，结转后本科目无余额。

第二步，填制销售成本计算表。

1. 根据当月月末完工产品成本计算单准确填制销售成本计算表上“单位成本”一栏。

2. 根据销售数量和单位成本正确计算和填制销售总成本。

第三步，编制记账凭证。

根据销售成本计算表等相关原始凭证，总账会计编制结转主营业务成本的记账凭证，财务主管审核。

第四步，记账凭证登记入账。

根据记账凭证相应的会计科目，把经济业务的具体发生额登入明细账（日记账）和总账。

四、实训注意事项

1. 一般企业处理结转主营业务成本业务都选择在月末，根据收入与成本匹配原则，确认收入的同时需结转相应的成本，这样才能准确地反映出企业的经营情况、利润情况等。如果不结转对应的成本，则有收入没有成本，虚增了利润。

2. 在确认“相应”的主营业务收入时，要应用配比原则，进行成本的结转，也就说确认一项营业收入，就必须要有营业成本与之配比。

期（月）末，企业应根据本期（月）销售各种商品、提供各种劳务等实际成本，计算应结转的主营业务成本，借记本科目，贷记“库存商品”“劳务成本”等科目。

3.采用计划成本或售价核算库存商品的，平时的营业成本按计划成本或售价结转，月末，还应结转本月销售商品应分摊的产品成本差异或商品进销差价。

五、实训案例

2022年12月，北京沃达电器有限责任公司根据销售记录，查询相关记账凭证，结转产品销售成本。

要求：跟踪主营业务成本核算流程，并及时进行账务处理。

第一步，编制销售成本计算表（见表4-116）。

表4-116　2022年12月销售成本计算表　金额单位：元

商品名称	计量单位	销售数量	销售成本	
			单位成本	总成本
轻巧型电热水壶	件	48 000	76.82	3 687 360.00
经典型电热水壶	件	36 000	82.65	2 975 400.00
豪华型电热水壶	件	5 400	120.03	648 162.00
精磨型豆浆机	件	18 600	120.00	2 232 000.00
时尚型豆浆机	件	9 000	200.00	1 800 000.00
经典型电饭煲	件	36 000	180.00	6 480 000.00
智能型电饭煲	件	18 000	260.00	4 680 000.00
合计				22 502 922.00

第二步，编制并审核记账凭证（见表4-117）。

表4-117　记账凭证（记-27）　单位：元

摘要	会计分录			
	总账科目	明细科目	借方金额	贷方金额
计算结转产品销售成本	主营业务成本	轻巧型电热水壶	3 687 360.00	
	主营业务成本	经典型电热水壶	2 975 400.00	
	主营业务成本	豪华型电热水壶	648 162.00	
	主营业务成本	精磨型豆浆机	2 232 000.00	
	主营业务成本	时尚型豆浆机	1 800 000.00	

续表

摘要	会计分录			
	总账科目	明细科目	借方金额	贷方金额
计算结转产品销售成本	主营业务成本	经典型电饭煲	6 480 000.00	
	主营业务成本	智能型电饭煲	4 680 000.00	
	库存商品	轻巧型电热水壶		3 687 360.00
	库存商品	经典型电热水壶		2 975 400.00
	库存商品	豪华型电热水壶		648 162.00
	库存商品	精磨型豆浆机		2 232 000.00
	库存商品	时尚型豆浆机		1 800 000.00
	库存商品	经典型电饭煲		6 480 000.00
	库存商品	智能型电饭煲		4 680 000.00

第三步，登记账簿（见表4-118和表4-119）。

表4-118 “主营业务成本”明细账

单位：元

2022年		凭证号数	摘要	借方	贷方	方向	余额
月	日						
12	31	记-27	计算结转产品销售成本	3 687 360.00		借	3 687 360.00
12	31	记-27	计算结转产品销售成本	2 975 400.00		借	6 662 760.00
12	31	记-27	计算结转产品销售成本	648 162.00		借	7 310 922.00
12	31	记-27	计算结转产品销售成本	2 232 000.00		借	9 542 922.00
12	31	记-27	计算结转产品销售成本	1 800 000.00		借	11 342 922.00
12	31	记-27	计算结转产品销售成本	6 480 000.00		借	17 822 922.00
12	31	记-27	计算结转产品销售成本	4 680 000.00		借	22 502 922.00

表4-119 “库存商品”明细账

单位：元

2022年		凭证号数	摘要	借方	贷方	方向	余额
月	日						
12	1		期初余额			借	3 827 962.00
12	31	记-21	计算结转完工产品成本	3 702 653.87		借	7 530 615.87
12	31	记-21	计算结转完工产品成本	2 991 783.86		借	10 522 399.73

续表

2022年		凭证号数	摘要	借方	贷方	方向	余额
月	日						
12	31	记-21	计算结转完工产品成本	660 138.10		借	11 182 537.83
12	31	记-22	采购豆浆机和电饭煲	2 280 000.00		借	13 462 537.83
12	31	记-22	采购豆浆机和电饭煲	1 900 000.00		借	15 362 537.83
12	31	记-22	采购豆浆机和电饭煲	6 570 000.00		借	21 932 537.83
12	31	记-22	采购豆浆机和电饭煲	4 758 000.00		借	26 690 537.83
12	31	记-27	计算结转产品销售成本		3 687 360.00	借	23 003 177.83
12	31	记-27	计算结转产品销售成本		2 975 400.00	借	20 027 777.83
12	31	记-27	计算结转产品销售成本		648 162.00	借	19 379 615.83
12	31	记-27	计算结转产品销售成本		2 232 000.00	借	17 147 615.83
12	31	记-27	计算结转产品销售成本		1 800 000.00	借	15 347 615.83
12	31	记-27	计算结转产品销售成本		6 480 000.00	借	8 867 615.83
12	31	记-27	计算结转产品销售成本		4 680 000.00	借	4 187 615.83

任务十九　销售业务——销售费用

一、实训目标

1. 能正确理解“销售费用”科目核算要点。
2. 能正确描述销售费用报销业务的基本流程。
3. 能正确进行销售费用报销业务的会计核算。

二、实训材料

1. 费用报销单。
2. 飞机票。
3. 住宿费发票。
4. 记账凭证。
5. 明细账、总账。

三、实训内容和步骤

第一步，经办人填写费用报销单。

1. 费用报销单：是用于费用报销的一种单据。报销时将其附在费用单据的上面，然后交付各级部门领导审批，由领导审核签字后，出纳给予报销。

2. 费用报销单内容：报销部门名称、日期、报销摘要、附件张数、报销金额、备注，及部门领导签字、公司领导签字、财务审核签字、报销人签字等。

3. 费用报销单用途：各部门费用及专项费用报销。作为差旅费报销时，需附经审批的出差申请表；作为专项费用报销时，需有项目负责人签名及经审批的专项费用申请表。

第二步，会计复核、相关领导签字审批。

1. 真实性原则：审核人员应审核票据的真实性、业务发生的真实性。

2. 合法性原则：报销单据必须是合法的单据，涂改、伪造、变造的单据不能作为报销凭证。

3. 合理性原则：发生的费用必须合理，与开展业务有必然的联系。超计划、超常规的支出应该重点审核。

4. 时效性原则：费用报销必须在规定的时限范围内完成，超过时限财务人员有权拒绝办理。

5. 一致性原则：报销原始单据（底单）金额必须与报销单（面单）金额一致，报销单附件金额不得小于报销面单填写金额，对于大于面单金额的附件金额，应该在原始单据注明实报金额并由报销人签字。

第三步，出纳支付现金。

第四步，编制记账凭证。

根据飞机票、住宿费发票和费用报销单等相关原始凭证，总账会计编制费用报销记账凭证。

第五步，出纳签字，财务主管审核。

第六步，记账凭证登记入账。

根据记账凭证相应的会计科目，把经济业务的具体发生额登入明细账（日记账）和总账。

四、实训注意事项

1. 销售费用是指企业销售商品和材料、提供劳务的过程中发生的各种费用。

2. 销售费用包括企业在销售商品过程中发生的保险费、包装费、展览费和广告费、商品维修费、预计产品质量保证损失、运输费、装卸费等以及为销售本企业商品而专设的销售机构（含销售网点、售后服务网点等）的职工薪酬、业务费、折旧费等经营费用。企业发生的与专设销售机构相关的固定资产修理费用等后续支出也属于销售费用。

3. 销售费用是与企业销售商品活动有关的费用，但不包括销售商品本身的成本和劳务成本，这两类成本属于主营业务成本。

4. 企业应通过“销售费用”科目，核算销售费用的发生和结转情况。该科目借方登记企业所发生的各项销售费用，贷方登记期末转入“本年利润”科目的销售费用，结转后，“销售费用”科目应无余额。“销售费用”科目应按销售费用的费用项目进行明细核算。

5. 纳税人购进国内旅客运输服务，其进项税额允许从销项税额中抵扣。纳税人取得增值税专用发票的，以发票上注明的税额为进项税额。纳税人未取得增值税专用发票的，暂按以下规定确定进项税额：

（1）取得增值税电子普通发票的，为发票上注明的税额；

（2）取得注明旅客身份信息的航空运输电子客票行程单的，航空旅客运输进项税额=（票价+燃油附加费）÷（1+9%）×9%；

（3）取得注明旅客身份信息的铁路车票，铁路旅客运输进项税额=票面金额÷（1+9%）×9%；

（4）取得注明旅客身份信息的公路、水路等其他客票，公路、水路等其他旅客运输进项税额=票面金额÷（1+3%）×3%。

五、实训案例

2022年12月23日，北京沃达电器有限责任公司销售人员马婷报销机票及住宿费共计4 700元，出差前没有预借款。

要求：跟踪销售费用核算流程，并及时进行账务处理。

第一步，取得原始凭证（如图4-33至图4-35）。

航空运输电子客票行程单

印刷序号：

旅客姓名 马婷	有效身份证件号码 620600197909133017					备注 不得签转			
自 北京	承运人	承运号	乘坐等级	日期	时间	客票等级/客票类别	客票生效日期	有效终止日期	免费行李
至 上海	KT	2134	20221211	10:22		经济舱	20221211		
至 至 CNY 至	票价 1 100.00	民航发展基金 70.00		燃油附加费	其他税费	合计 1 170.00			
电子客票号码	验证码			提示信息			保险费		
销售单位代号	填开单位： 坤泰航空公司			填开日期： 20211211					

验证网址：　　服务热线：　　短信验真：发送JP至106690

图4-33　北京-上海行程单

航空运输电子客票行程单

印刷序号：

旅客姓名	有效身份证件号码					备注			
马婷	620600197909133017					不得签转			
自 上海	承运人	承运号	乘坐等级	日期	时间	客票等级/客票类别	客票生效日期	有效终止日期	免费行李
至 北京	KT	2134	20221214	10:46		经济舱	20221214		
至									
至 CNY	票价		民航发展基金		燃油附加费	其他税费	合计		
至	1 100.00		70.00				1 170.00		
电子客票号码		验证码			提示信息		保险费		
销售单位代号		填开单位：坤泰航空公司			填开日期：20221210				

验证网址：　服务热线：　短信验真：发送JP至10669018

图4-34　上海-北京行程单

1100153114　上海增值税普通发票　№44775821

发票联

校验码：72466 45668 21808 23314　开票日期：2022年12月25日

购买方	名　　称：北京沃达电器有限责任公司 纳税人识别号：110114745862904015 地 址 、 电 话：北京市昌平区光明路16号 010-26674938 开户行及账号：中国工商银行北京分行昌平支行6212260201800002610					密码区	035926>3>2<0230937-8>1*26906 374*91/- +588247>>/*6+>-89233 785926>3>2<0230937*57+89>097 4/ 737-++690195*6067//42+2-72
货物或应税劳务、服务名称	规格型号	单位	数量	单价	金额	税率	税额
住宿费					2 226.42	6%	133.58
合　　计					¥2 226.42		¥133.58
价税合计（大写）	⊗贰仟叁佰陆拾元整				（小写）¥2 360.00		
销售方	名　　称：上海华住酒店集团 纳税人识别号：110114745862902035 地 址 、 电 话：上海市徐汇区育慧南路1号 020-26687755 开户行及账号：中国工商银行上海分行徐汇支行200000283627392000					备注	上海华住酒店集团 110114745862902035 发票专用章

收款人：　复核：　开票人：　销售方：（章）

第二联：发票联　购买方记账凭证

图4-35　发票

第二步，填写差旅费报销单（见表4-120）。

表4-120

预算项目：

大项目：

差旅报销单

部门：销售部　　　　2022年12月25日

出差人	马婷								出差事由	出差			
出发				到达				交通工具	交通费		出差补贴		其他项目		
月	日	时	地点	月	日	时	地点		单据张数	金额	天数	金额	项住	单据张数	金额
12	11	10:22	北京南苑	12	11		上海虹桥	飞机	1	1 170.00			住宿费	1	2 360.00
12	14	10:46	上海虹桥	12	14		北京南苑	飞机	1	1 170.00			市内车费		
													邮电费		
													办公用品费		
													不买卧铺补贴		
													其他		
报销总额人民币（大写）肆仟柒佰元整													小写合计：¥4 700.00		
预借差旅费　¥				补贴金额　¥							退还金额　¥				

现金付讫

主管：周时豪　　审核：　　出纳：赵景鹏　　领款人：马婷

第三步，编制记账凭证并审核记账凭证（表4-121）。

表4-121　　记账凭证（记-28）　　单位：元

摘要	会计分录			
	总账科目	明细科目	借方金额	贷方金额
差旅费报销	销售费用	差旅费	4 518.35	
	应交税费	应交增值税（进项税额）	181.65	
	库存现金			4 700.00

第四步，登记账簿（见表4-122至表4-124）。

表4-122　　“销售费用”明细账　　单位：元

2022年		凭证号数	摘要	借方	贷方	方向	余额
月	日						
12	31	记-16	本月工资费用归集和分配	57 800.00		借	57 800.00
12	31	记-17	分配本月水电费	6 720.00		借	64 520.00
12	31	记-28	差旅费报销	4 518.35		借	69 038.35

表4-123 库存现金日记账 单位：元

2022年		凭证号数	摘要	借方	贷方	方向	余额
月	日						
12	1		期初余额			借	30 000.00
12	31	记-14	提取现金	10 000.00		借	40 000.00
12	31	记-28	差旅费报销		4 700.00	借	35 300.00

表4-124 “应交税费——应交增值税”明细账 单位：元

2022年		凭证号数	摘要	借方	贷方	方向	余额
月	日						
12	31	记-04	支付上月水费	4 320.00		借	4 320.00
12	31	记-05	支付上月电费	10 800.00		借	15 120.00
12	31	记-07	采购原材料	63 180.00		借	78 300.00
12	31	记-09	采购原材料	568 854.00		借	647 154.00
12	31	记-11	购买包装物	130.00		借	647 284.00
12	31	记-12	购买固定资产	650.00		借	647 934.00
12	31	记-13	采购无形资产	1 950.00		借	649 884.00
12	31	记-22	采购豆浆机和电饭煲	2 016 040.00		借	2 665 924.00
12	31	记-23	销售商品		678 860.00	借	1 987 064.00
12	31	记-24	销售商品		2 679 300.00	借	−692 236.00
12	31	记-25	销售商品		592 150.00	借	−1 284 386.00
12	31	记-28	差旅费报销	181.65		借	−1 284 204.35

任务二十 期末业务——管理费用

一、实训目标

1. 能正确理解“管理费用”科目核算要点。
2. 能正确描述办公用品报销业务的基本流程。

3. 能正确进行办公用品报销业务的会计核算。

二、实训材料

1. 费用报销单。
2. 增值税专用发票。
3. 记账凭证。
4. 会计账簿。

三、实训内容和步骤

第一步，理解“管理费用”科目核算要点。

1. 管理费用的范围：管理费用是指企业行政管理部门为组织和管理生产经营活动而发生的各种费用。其包括的具体项目有：企业董事会和行政管理部门在企业经营管理中发生的，或者应当由企业统一负担的公司经费、工会经费、待业保险费、劳动保险费、董事会费、聘请中介机构费、咨询费、诉讼费、业务招待费、办公费、差旅费、邮电费、绿化费、管理人员工资及福利费等。

2. 管理费用的科目性质：属于损益类科目，该科目借方登记企业发生的各项管理费用，贷方登记期末转入“本年利润”科目的管理费用，结转后该科目应无余额。该科目按管理费用的费用项目进行明细核算。

第二步，填写费用报销单。

1. 正确填写报销部门、报销日期、报销单据及附件数量。
2. 合计金额大写填写，核算清楚，确保其准确性。
3. 字迹工整。

第三步，编制记账凭证。

根据费用报销单、增值税专用发票等相关原始凭证，总账会计编制管理费用记账凭证，出纳签字，财务主管审核。

第四步，记账凭证登记入账。

根据记账凭证相应的会计科目，把经济业务的具体发生额登入明细账（日记账）和总账。

四、实训注意事项

1. 报销项目及摘要填写：摘要不要写太多，以免统计会有麻烦。办公用品可以写几件代表性的东西。买东西时，需附上清单、名称、单价、数量、总额。

2. 粘贴单据填写要与报销单一致，日期、报销人、日期一定填写完整。

3. 发票的粘贴：发票按日期从小到大粘贴，发票及收据避免连号。正规发票不能与收据粘贴在一起。

4. 收据必须为正规收据，需要有盖章，收款人签字。

五、实训案例

2022年12月15日，北京沃达电器有限责任公司用现金购买办公用品。

要求：跟踪管理费用核算流程，并及时进行账务处理。

第一步，用现金支付报销费用（见表4-125）。

表4-125

费用报销单

单位：元

报销部门：行政管理　　日期：2022年12月15日　　附件：　张（略）

费用项目	类别	金额	单位负责人	葛文学
办公用品		1 170.00		
现金付讫			部门负责人	同意报销 梁天
			报　销　人	曹欣丹
报销金额合计		¥1 170.00		
核实金额（大写）：人民币　壹仟壹佰柒拾元整				
借款数	应退数		应补金额：____元	

财务部门负责人：周时豪　　出纳：赵景鹏

第二步，取得增值税专用发票（如图4-36所示）。

1100153114　　**河北增值税普通发票**　　№44775814

发票联

校验码 724466 45668 21808 23314　　开票日期：2022年12月15日

购买方	名称：北京沃达电器有限责任公司 纳税人识别号：110114745862904015 地址、电话：北京市昌平区光明路16号010-26674938 开户行及账号：中国工商银行北京分行昌平支行6212260201800002610	密码区	035926>3>2<0230937-8>1*26906 374*91/- +588247>>/*6+>-89233 785926>3>2<0230937*57+89>097 4/ 737-++690195*6067//42+2-72

货物或应税劳务、服务名称	规格型号	单位	数量	单价	金额	税率	税额
*纸制品*A4纸		包	50	20.70	1 035.00	13%	135.00
合　计					¥1 035.00		¥135.00
价税合计（大写）	⊗壹仟壹佰柒拾元整				（小写）¥1 170.00		

销售方	名称：河北尚嘉纸制品有限公司 纳税人识别号：110114745862894005 地址、电话：河北省石家庄市槐安路60号0310-2376884 开户行及账号：中国工商银行河北分行0402000283627392714	备注	河北尚嘉纸制品有限公司 110114745862894005 发票专用章

收款人：　　复核：　　开票人：　　销售方：（章）

第二联：发票联　购买方记账凭证

图4-36　发票

第三步，编制并审核记账凭证（见表4-126）。

表4-126　记账凭证（记-29）　单位：元

摘要	会计分录			
	总账科目	明细科目	借方金额	贷方金额
购买办公用品	管理费用	办公费	1 170.00	
	库存现金			1 170.00

第四步，登记账簿（见表4-127和表4-128）。

表4-127　“管理费用”明细账　单位：元

2022年		凭证号数	摘要	借方	贷方	方向	余额
月	日						
12	31	记-16	本月工资费用归集和分配	97 800.00		借	97 800.00
12	31	记-17	分配本月水电费	30 120.00		借	127 920.00
12	31	记-29	购买办公用品	1 170.00		借	129 090.00

表4-128　库存现金日记账　单位：元

2022年		凭证号数	摘要	借方	贷方	方向	余额
月	日						
12	1		期初余额			借	30 000.00
12	31	记-14	提取现金	10 000.00		借	40 000.00
12	31	记-28	差旅费报销		4 700.00	借	35 300.00
12	31	记-29	购买办公用品		1 170.00	借	34 130.00

任务二十一　期末业务——营业外收入

一、实训目标

1. 能正确理解“营业外收入”科目核算要点。
2. 能正确描述收到罚款收入、现金盘盈等业务的基本流程。
3. 能正确进行营业外收入业务的会计核算。

二、实训材料

1. 收款收据。
2. 记账凭证。
3. 会计账簿。

三、实训内容和步骤

第一步，理解“营业外收入”科目核算要点。

营业外收入科目属于损益类科目，发生额一般在贷方登记（冲减用红字或负数），借方登记月末结转到“本年利润”科目的营业外收入，期末应无余额。在企业的“利润表”中，营业外收入需单独列示。企业营业外收入的核算在“营业外收入”账户下进行，也可在该账户下按各种不同的收入设置明细账户进行明细核算。

第二步，判断该业务是否属于“营业外收入”。

营业外收入指与生产经营过程无直接关系，应列入当期利润的收入。它是企业财务成果的组成部分。营业外收入主要包括：债务重组利得、企业合并损益、盘盈利得、因债权人原因确实无法支付的应付款项、政府补助、教育费附加返还款、罚款收入、捐赠利得等。

第三步，根据收款凭证，编制记账凭证。

根据收款单等相关原始凭证，总账会计编制营业外收入记账凭证，出纳签字，财务主管审核。

第四步，记账凭证登记入账。

根据记账凭证相应的会计科目，把经济业务的具体发生额登入明细账（日记账）和总账。

四、实训注意事项

注意区分归集的相关业务是计入其他业务收入还是营业外收入。

1. 其他业务收入是于企业日常活动中发生的，只是收入比重不大而已。营业外收入不是日常发生的，或者不是会计假设中的“持续经营”过程中发生的业务，比如盘盈、盘亏、非正常损失。

2. 凡归入其他业务收入的，除开具正规发票外（一般纳税人必须开具增值税发票），还要有对应的成本结转，遵循配比原则。

3. 营业外收入是在营业利润之后核算的，最终得出利润总额。这种计算顺序的意义可从所得税纳税调整中看出。

五、实训案例

2022年12月28日，北京沃达电器有限责任公司收到员工交来的罚款800元。

要求：跟踪营业外收入核算流程，并及时进行账务处理。

第一步，取得收款收据（如图4-37所示）。

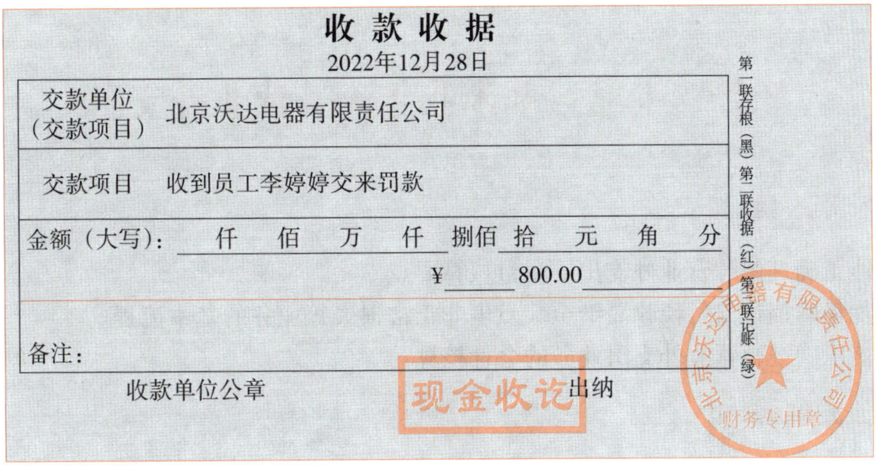

收 款 收 据

2022年12月28日

交款单位（交款项目）	北京沃达电器有限责任公司
交款项目	收到员工李婷婷交来罚款
金额（大写）：	仟 佰 万 仟 捌佰 拾 元 角 分　¥ 800.00
备注：	

收款单位公章　　现金收讫　出纳

第一联存根（黑）第二联收据（红）第三联记账（绿）

图4-37　收款收据

第二步，编制与审核记账凭证（见表4-129）。

表4-129　　记账凭证（记-30）　　单位：元

摘要	会计分录			
	总账科目	明细科目	借方金额	贷方金额
收到员工罚款	库存现金		800.00	
	营业外收入	罚没收入		800.00

第三步，登记账簿（见表4-130和表4-131）。

表4-130　　“营业外收入”明细账　　单位：元

2022年		凭证号数	摘要	借方	贷方	方向	余额
月	日						
12	31	记-30	收到员工罚款		800.00	贷	800.00

表4-131　　库存现金日记账　　单位：元

2022年		凭证号数	摘要	借方	贷方	方向	余额
月	日						
12	1		期初余额			借	30 000.00
12	31	记-14	提取现金	10 000.00		借	40 000.00
12	31	记-28	差旅费报销		4 700.00	借	35 300.00
12	31	记-29	购买办公用品		1 170.00	借	34 130.00
12	31	记-30	收到员工罚款	800.00		借	34 930.00

任务二十二 期末业务——营业外支出

一、实训目标

1. 能正确理解“营业外支出”科目核算要点。
2. 能正确描述支付税收滞纳金、发生非正常损失等业务的基本流程。
3. 能正确进行营业外支出业务的会计核算。

二、实训材料

1. 银行付款电子回单。
2. 记账凭证。
3. 会计账簿。

三、实训内容和步骤

第一步，理解“营业外支出”科目核算要点。

营业外支出属于损益类科目。企业发生各项营业外支出时，记入这个账户的借方；期末结转损益时，从贷方转入“本年利润”账户的借方，结转后该账户无余额。

第二步，判断是否属于“营业外支出”。

营业外支出是指不属于企业生产经营费用，与企业生产经营活动没有直接关系，但应从企业实现的利润总额中扣除的支出，包括固定资产盘亏、报废、毁损和出售的净损失，非季节性和非修理期间的停工损失，职工子弟学校经费和技工学校经费，非常损失，公益救济性捐赠，赔偿金，违约金等。

第三步，编制记账凭证。

根据银行付款电子回单等相关原始凭证，总账会计编制营业外收入记账凭证，出纳签字，财务主管审核。

第四步，记账凭证登记入账。

根据记账凭证相应的会计科目，把经济业务的具体发生额登入明细账（日记账）和总账。

四、实训注意事项

1.“其他业务成本”科目核算企业除主营业务成本以外的其他销售或其他业务所发生的支出，包括销售材料、提供劳务等而发生的相关成本费用，以及相关税金及附加等。

2. 营业外支出是与企业正常生产经营无关的支出，如固定资产盘亏、处置固定资产净损失、出售无形资产净损失、罚款支出、非常损失等。

五、实训案例

2022年12月20日，北京沃达电器有限责任公司支付税收滞纳金50元。

要求：跟踪营业外支出核算流程，并及时进行账务处理。

第一步，收到电子缴税付款凭证（如图4-38所示）。

ICBC 中国工商银行北京分行昌平支行　电子缴税付款凭证　金融@家

转账日期：2022年12月20日　　凭证字号：02567035

纳税人全称	北京沃达电器有限责任公司	征收机关名称	北京市昌平区税务局
纳税人识别号	110114745862904015	收缴国库(银行)名称	国家金库北京市昌平区中心支库
付款人全称	北京沃达电器有限责任公司	缴款书交易流水号	31136512
付款人账号	6212260201800002610	税票号码	127159191070126811
付款人开户银行	中国工商银行北京分行昌平支行		
小写(合计)金额	¥50.00		
大写(合计)金额	伍拾元整		
税(种)费名称	所属时期	实缴金额	
税收滞纳金	20221201-20221231	50.00	

中国工商银行北京分行 2022.12.20 办讫 (01)

第1次打印　　打印时间：2022-12-20

第二联：作付款回单（无银行收讫章无效）

图4-38　电子缴税付款凭证

第二步，编制与审核记账凭证（见表4-132）。

表4-132　记账凭证（记-31）　单位：元

摘要	会计分录			
	总账科目	明细科目	借方金额	贷方金额
支付税收滞纳金	营业外支出		50.00	
	银行存款			50.00

第三步，登记账簿（见表4-133和表4-134）。

表4-133　"营业外支出"明细账　单位：元

2022年		凭证号数	摘要	借方	贷方	方向	余额
月	日						
12	31	记-31	支付税收滞纳金	50.00		借	50.00

表4-134 银行存款日记账 单位：元

2022年		凭证号数	摘　要	借方	贷方	方向	余额
月	日						
12	1		期初余额			借	19 600 000.00
12	31	记-01	从银行借入短期借款	2 000 000.00		借	21 600 000.00
12	31	记-02	收到货币性投资款	10 000 000.00		借	31 600 000.00
12	31	记-04	支付上月水费		52 320.00	借	31 547 680.00
12	31	记-05	支付上月电费		130 800.00	借	31 416 880.00
12	31	记-06	支付前欠材料款		6 469 600.41	借	24 947 279.59
12	31	记-08	支付到期的银行承兑汇票		5 786 786.07	借	19 160 493.52
12	31	记-09	采购原材料		3 000 000.00	借	16 160 493.52
12	31	记-11	购买包装物		1 130.00	借	16 159 363.52
12	31	记-12	购买固定资产		5 650.00	借	16 153 713.52
12	31	记-13	采购无形资产		16 950.00	借	16 136 763.52
12	31	记-14	提取现金		10 000.00	借	16 126 763.52
12	31	记-15	发放上月职工薪酬		318 606.50	借	15 808 157.02
12	31	记-23	销售商品	5 900 860.00		借	21 709 017.02
12	31	记-26	收到前欠货款	6 428 000.00		借	28 137 017.02
12	31	记-31	支付税收滞纳金		50.00	借	28 136 967.02

任务二十三　期末业务——累计折旧

一、实训目标

1. 能正确理解“累计折旧”科目核算要点。
2. 能正确描述计提固定资产折旧业务核算的基本流程。

二、实训材料

1. 固定资产累计折旧汇总表。
2. 记账凭证。
3. 制造费用明细账及相关总账。

三、实训内容和步骤

第一步，审核固定资产累计折旧汇总表。

审核固定资产累计折旧汇总表的金额计算是否正确、填写是否完整。

第二步，编制记账凭证。

根据固定资产累计折旧汇总表，总账会计编制计提折旧记账凭证，财务主管审核。

第三步，记账凭证登记入账。

根据记账凭证相应的会计科目，把经济业务的具体发生额登入明细账和总账。

四、实训注意事项

1. 生产车间计提的累计折旧计入制造费用。
2. 管理部门计提的累计折旧计入管理费用。
3. 专设销售机构计提的累计折旧计入销售费用。

五、实训案例

2022 年 12 月 31 日，北京沃达电器有限责任公司计提当月固定资产累计折旧 376 680.71 元。

要求：跟踪固定资产折旧计提核算流程，并及时进行账务处理。

第一步，审核固定资产累计折旧汇总表（见表4-135 和表4-136）。

表4-136　　2022年12月固定资产累计折旧汇总表　　单位：元

借方会计科目	部门	月折旧额
制造费用	组装车间	255 045.83
管理费用	企业管理部门	87 468.20
	仓储部门	13 055.56
销售费用	销售部门	21 111.12
合计		376 680.71

表4-136　　2022年12月固定资产折旧类别　　单位：元

固定资产种类	折旧金额
房屋及建筑物	79 000.00
机器设备	200 212.50
运输设备	74 548.62
办公设备	22 919.59

第二步，编制并审核记账凭证（见表4–137）。

表4–137 记账凭证（记–32）

单位：元

摘要	会计分录			
	总账科目	明细科目	借方金额	贷方金额
计提固定资产折旧	制造费用	折旧	255 045.83	
	管理费用	折旧	100 523.76	
	销售费用	折旧	21 111.12	
	累计折旧	房屋及建筑物		79 000.00
	累计折旧	机器设备		200 212.50
	累计折旧	运输设备		74 548.62
	累计折旧	办公设备		22 919.59

第三步，登记账簿（见表4–138至表4–141）。

表4–138 “制造费用”明细账

单位：元

2022年		凭证号数	摘要	借方	贷方	方向	余额
月	日						
12	31	记–16	本月工资费用归集和分配	16 050.00		借	16 050.00
12	31	记–17	分配本月水电费	169 680.00		借	185 730.00
12	31	记–18	结转制造费用		169 680.00	借	16 050.00
12	31	记–18	结转制造费用		255 045.83	借	–238 995.83
12	31	记–18	结转制造费用		16 050.00	借	–255 045.83
12	31	记–32	计提固定资产折旧	255 045.83		平	
12			当前合计	440 775.83	440 775.83	平	
12			当前累计	440 775.83	440 775.83	平	
12			结转下年			平	

表4–139 “管理费用”明细账

单位：元

2022年		凭证号数	摘要	借方	贷方	方向	余额
月	日						
12	31	记–16	本月工资费用归集和分配	97 800.00		借	97 800.00
12	31	记–17	分配本月水电费	30 120.00		借	127 920.00
12	31	记–29	购买办公用品	1 170.00		借	129 090.00
12	31	记–32	计提固定资产折旧	100 523.76		借	229 613.76

表4-140　　　　“销售费用”明细账　　　　单位：元

2022年		凭证号数	摘要	借方	贷方	方向	余额
月	日						
12	31	记-16	本月工资费用归集和分配	57 800.00		借	57 800.00
12	31	记-17	分配本月水电费	6 720.00		借	64 520.00
12	31	记-28	差旅费报销	4 518.35		借	69 038.35
12	31	记-32	计提固定资产折旧	21 111.12		借	90 149.47

表4-141　　　　“累计折旧”明细账　　　　单位：元

2022年		凭证号数	摘要	借方	贷方	方向	余额
月	日						
12	1		期初余额			贷	22 224 161.89
12	31	记-32	计提固定资产折旧		376 680.71	贷	22 600 842.60

任务二十四　期末业务——累计摊销

一、实训目标

1. 能正确理解“累计摊销”科目核算要点。
2. 能正确描述无形资产摊销业务的基本流程。
3. 能正确进行无形资产摊销业务的会计核算。

二、实训材料

1. 无形资产摊销表。
2. 记账凭证。
3. 明细账、总账。

三、实训内容和步骤

第一步，编制无形资产摊销表，财务人员审核。

无形资产摊销是对无形资产原价在其有效期限内摊销的方法。无形资产摊销一般采用直线法，根据企业无形资产明细账余额计算累计摊销额，摊销时直接记入“累计摊销”账户的贷方。直线法下的计算公式如下：

无形资产年摊销额=无形资产取得总额÷使用年限

第二步，根据无形资产摊销表编制记账凭证。

根据无形资产摊销表，总账会计编制无形资产摊销记账凭证，财务主管审核。

第三步，记账凭证登记入账。

根据记账凭证相应的会计科目，把经济业务的具体发生额登入明细账（日记账）和总账。

四、实训注意事项

1. 使用寿命有限的无形资产，其应摊销金额应当在使用寿命内系统合理摊销，通常将其残值视为零。

2. 使用寿命不确定的无形资产不应摊销，要计提减值准备。

3. 企业应当在每个会计期间对使用寿命不确定的无形资产的使用寿命进行复核。如果有证据表明无形资产的使用寿命是有限的，应当估计其使用寿命，进行摊销。

4. 摊销期间企业应当按月对无形资产进行摊销。对于使用寿命有限的无形资产应当自可供使用（即达到预定用途）当月起开始摊销，处置当月不再摊销。

5. 某项无形资产包含的经济利益通过所生产的产品或其他资产实现的，其摊销金额应当计入相关成本费用。

6. 出租的无形资产，其摊销金额计入其他业务成本。

7. 企业可以参照固定资产的折旧方法，对无形资产的摊销采用直线法、产量法和加速摊销法。

五、实训案例

2022年12月31日，北京沃达电器有限责任公司摊销本月企业新购进的ERP软件，该软件采购成本15 000元，预计使用寿命10年，无残值，采用直线法摊销，该软件使用部门为管理部门。

要求：跟踪无形资产摊销核算流程，并及时进行账务处理。

第一步，无形资产摊销计算表（见表4-142）。

表4-142　　无形资产摊销计算表　　金额单位：元

2022 年 12 月 31 日

项目	原值	使用年限	使用部门	月摊销额
ERP软件	15 000	10	管理部门	125

第三联：财务部

制单：　　复核：

第二步，编制与审核记账凭证（见表4-143）。

表4-143　　记账凭证（记-33）　　单位：元

摘要	会计分录			
	总账科目	明细科目	借方金额	贷方金额
无形资产摊销	管理费用	无形资产摊销	125.00	
	累计摊销			125.00

第三步，登记账簿（见表4-144和表4-145）。

表4-144　“累计摊销”明细账　单位：元

2022年		凭证号数	摘要	借方	贷方	方向	余额
月	日						
12	31	记-33	无形资产摊销		125.00	贷	125.00
12			当前合计		125.00	贷	125.00
12			当前累计		125.00	贷	125.00
			结转下年			贷	125.00

表4-145　“管理费用”明细账　单位：元

2022年		凭证号数	摘要	借方	贷方	方向	余额
月	日						
12	31	记-16	本月工资费用归集和分配	97 800.00		借	97 800.00
12	31	记-17	分配本月水电费	30 120.00		借	127 920.00
12	31	记-29	购买办公用品	1 170.00		借	129 090.00
12	31	记-32	计提固定资产折旧	100 523.76		借	229 613.76
12	31	记-33	无形资产摊销	125.00		借	229 738.76

任务二十五　期末业务——财务费用

一、实训目标

1. 能正确理解“财务费用”科目核算要点。
2. 能正确描述财务费用业务的基本流程。
3. 能正确进行财务费用业务的会计核算。

二、实训材料

1. 短期借款利息计算表。
2. 记账凭证。
3. 会计账簿。

三、实训内容和步骤

第一步，理解“应付利息”“财务费用”科目核算要点。

1. “应付利息”属于负债类科目，本科目可按债权人进行明细核算。本科目贷方登记按照合同约定计算的应付利息计提数（增加数），借方登记实际支付的利息（减少数）。余额一般在贷方，期末贷方余额，反映企业应付未付的利息。

2. “财务费用”属于损益类科目。财务费用是指企业为筹集生产经营所需资金等而发生的费用。具体项目有：利息净支出（利息支出减利息收入后的差额）、汇兑净损失（汇兑损失减汇兑收益后的差额）、金融机构手续费以及筹集生产经营资金发生的其他费用等。

第二步，填写短期借款利息计算表。

1. 短期借款利息的核算办法，分为短期贷款、中长期贷款、贴现三种不同类型的短期借款利息结算方式。

2. 短期借款利息计算表，要注意借款起始日期、本金的变化及年利率、月利率的灵活计算。

第三步，编制记账凭证。

根据短期借款利息计算表等相关原始凭证，总账会计编制计提短期借款利息记账凭证，财务主管审核。

第四步，记账凭证登记入账。

根据记账凭证相应的会计科目，把经济业务的具体发生额登入明细账（日记账）和总账。

四、实训注意事项

1. 如果企业的短期银行借款利息是按月支付的，或者短期银行借款的利息数额不大，根据会计上的重要性原则，可以于实际支付时或者收到银行的计息通知时，直接记入“财务费用”账户；如果短期银行借款利息是按季支付的，或者是在借款到期时连本金一起归还，并且利息数额较大的，为了正确计算各期盈亏，应按照预提的方法，按月预提，计入损益。

2. 在实际工作中，银行一般于每季度末收取短期借款利息，为此，企业的短期借款利息一般采用月末预提的方式进行核算。

五、实训案例

实训1：利息费用

北京沃达电器有限责任公司向银行借入一笔短期贷款200万元，年利率是5.40%，12月31日，公司计提本月利息费用。

要求：跟踪利息费用核算流程，并及时进行账务处理。

第一步，计算短期借款利息（见表4-146）。

表4-146　短期借款利息计算表　金额单位：元

本金	年利率	月利率	月利息
2 000 000	5.40%		9 000

第二步，编制与审核记账凭证（见表4-147）。

表4-147　　记账凭证（记-34）　　单位：元

摘要	会计分录			
	总账科目	明细科目	借方金额	贷方金额
计提短期借款利息	财务费用	利息费用	9 000.00	
	应付利息			9 000.00

第三步，登记账簿（见表4-148和表4-149）。

表4-148　　“财务费用”明细账　　单位：元

2022年		凭证号数	摘要	借方	贷方	方向	余额
月	日						
12	31	记-34	计提短期借款利息	9 000.00		借	9 000.00

表4-149　　“应付利息”明细账　　单位：元

2022年		凭证号数	摘要	借方	贷方	方向	余额
月	日						
12	31	记-34	计提短期借款利息		9 000.00	贷	9 000.00

实训2：利息收入

2022年12月31日，北京沃达电器有限责任公司收到银行存款账户的利息收入。

要求：跟踪利息收入核算流程，并及时进行账务处理。

第一步，取得银行收款凭证（如图4-39所示）。

ICBC 中国工商银行　　存（贷）款利息凭证　　金融@家

币种：人民币（本位币）　　单位：元　　2022年12月31日

付款单位	户　名	中国工商银行北京分行昌平支行	收款单位	户　名	北京沃达电器有限责任公司
	账　号	6212260201800002051		账　号	6212260201800002610
	开户银行	中国工商银行		开户银行	中国工商银行
积数：2 000 000.00		利率：3.05%		月利息：5 082.89	
第4季度利息			科目 对方科目 复核员：　　记账员：		

（印章：中国工商银行北京分行 2022.12.31 转讫）

回单

图4-39　银行收款凭证

第二步，编制与审核记账凭证（见表4-150）。

表4-150

记账凭证（记-35）

单位：元

摘要	会计分录			
	总账科目	明细科目	借方金额	贷方金额
利息收入	银行存款		5 082.89	
	财务费用	利息收入		5 082.89

第三步，登记账簿（见表4-151和表4-152）。

表4-151

“财务费用”明细账

单位：元

2022年		凭证号数	摘要	借方	贷方	方向	余额
月	日						
12	31	记-34	计提短期借款利息	9 000.00		借	9 000.00
12	31	记-35	利息收入		5 082.89	借	3 917.11

表4-152

银行存款日记账

单位：元

2022年		凭证号数	摘　要	借方	贷方	方向	余额
月	日						
12	1		期初余额			借	19 600 000.00
12	31	记-01	从银行借入短期借款	2 000 000.00		借	21 600 000.00
12	31	记-02	收到货币性投资款	10 000 000.00		借	31 600 000.00
12	31	记-04	支付上月水费		52 320.00	借	31 547 680.00
12	31	记-05	支付上月电费		130 800.00	借	31 416 880.00
12	31	记-06	支付前欠材料款		6 469 600.41	借	24 947 279.59
12	31	记-08	支付到期的银行承兑汇票		5 786 786.07	借	19 160 493.52
12	31	记-09	采购原材料		3 000 000.00	借	16 160 493.52
12	31	记-11	购买包装物		1 130.00	借	16 159 363.52
12	31	记-12	购买固定资产		5 650.00	借	16 153 713.52
12	31	记-13	采购无形资产		16 950.00	借	16 136 763.52
12	31	记-14	提取现金		10 000.00	借	16 126 763.52

续表

2022年		凭证号数	摘　要	借方	贷方	方向	余额
月	日						
12	31	记-15	发放上月职工薪酬		318 606.50	借	15 808 157.02
12	31	记-23	销售商品	5 900 860.00		借	21 709 017.02
12	31	记-26	收到前欠货款	6 428 000.00		借	28 137 017.02
12	31	记-31	支付税收滞纳金		50.00	借	28 136 967.02
12	31	记-35	利息收入	5 082.89		借	28 142 049.91

任务二十六　期末业务——应付利息

一、实训目标

1. 能正确理解“应付利息”科目核算要点。
2. 能正确描述应付利息业务的基本流程。
3. 能正确进行应付利息业务的会计核算。

二、实训材料

1. 短期借款利息计算表。
2. 存款利息凭证。
3. 记账凭证。
4. 会计账簿。

三、实训内容和步骤

第一步，理解“应付利息”科目核算要点。

1. 在实际工作中，银行一般于每季度末收取短期借款利息，为此，企业的短期借款利息一般采用月末预提的方式进行核算。实际支付利息时，根据已预提的利息，借记“应付利息”科目，根据应付利息总额，贷记“银行存款”科目。

2. “应付利息”科目性质：“应付利息”科目属于负债类科目，可按债权人进行明细核算。本科目贷方登记按照合同约定计算的应付利息计提数（增加数），借方登记实际支付的利息（减少数）。余额一般在贷方，期末贷方余额，反映企业应付未付的利息。

第二步，支付利息。

根据短期借款利息计算表，计算并支付利息。

第三步，编制记账凭证。

根据支付利息的相关原始凭证，总账会计编制短期借款利息记账凭证，出纳签字，财务主管审核。

第四步，记账凭证登记入账。

根据记账凭证相应的会计科目，把经济业务的具体发生额登入明细账（日记账）和总账。

四、实训注意事项

利息费用的支付方式有两种：一是按期计提，到期支付；二是按期支付（不预提），注意支付方式不同，分录也不一样。本实训案例为了让学生更好地了解利息先计提后支付的操作流程，虽然是当月利息当月付，仍采用的是第一种支付方式。实际操作中可直接借记“财务费用”，贷记“银行存款”账户。

五、实训案例

北京沃达电器有限责任公司办理短期借款需要支付的利息9 000元。

要求：跟踪应付利息核算流程，并及时进行账务处理。

第一步，取得支付利息凭证（如图4-40所示）。

ICBC 中国工商银行　　存（贷）款利息凭证　　金融@家

币种：人民币（本位币）　　单位：元　　2022年12月31日

付款单位	户　名	北京沃达电器有限责任公司	收款单位	户　名	中国工商银行北京分行昌平支行
	账　号	6212260201800002610		账　号	6212260201800002051
	开户银行	中国工商银行		开户银行	中国工商银行
积数：2 000 000.00		利率：5.40%		月利息：9 000.00	
第4季度利息			科目 对方科目 复核员：　　记账员：		

（印章：中国工商银行北京分行 2022.12.31 转讫）

回单

图4-40　利息凭证

第二步，编制与审核记账凭证（见表4-153）。

表4-153　　记账凭证（记-36）

单位：元

摘要	会计分录			
	总账科目	明细科目	借方金额	贷方金额
支付利息	应付利息		9 000.00	
	银行存款			9 000.00

第三步，登记账簿（见表4-154和表4-155）。

表4-154 “应付利息”明细账 单位：元

2022年		凭证号数	摘要	借方	贷方	方向	余额
月	日						
12	31	记-34	计提短期借款利息		9 000.00	贷	9 000.00
12	31	记-36	支付利息	9 000.00		平	
12			当前合计	9 000.00	9 000.00	平	
12			当前累计	9 000.00	9 000.00	平	
			结转下年			平	

表4-155 银行存款日记账 单位：元

2022年		凭证号数	摘　要	借方	贷方	方向	余额
月	日						
12	1		期初余额			借	19 600 000.00
12	31	记-01	从银行借入短期借款	2 000 000.00		借	21 600 000.00
12	31	记-02	收到货币性投资款	10 000 000.00		借	31 600 000.00
12	31	记-04	支付上月水费		52 320.00	借	31 547 680.00
12	31	记-05	支付上月电费		130 800.00	借	31 416 880.00
12	31	记-06	支付前欠材料款		6 469 600.41	借	24 947 279.59
12	31	记-08	支付到期的银行承兑汇票		5 786 786.07	借	19 160 493.52
12	31	记-09	采购原材料		3 000 000.00	借	16 160 493.52
12	31	记-11	购买包装物		1 130.00	借	16 159 363.52
12	31	记-12	购买固定资产		5 650.00	借	16 153 713.52
12	31	记-13	采购无形资产		16 950.00	借	16 136 763.52
12	31	记-14	提取现金		10 000.00	借	16 126 763.52
12	31	记-15	发放上月职工薪酬		318 606.50	借	15 808 157.02
12	31	记-23	销售商品	5 900 860.00		借	21 709 017.02
12	31	记-26	收到前欠货款	6 428 000.00		借	28 137 017.02
12	31	记-31	支付税收滞纳金		50.00	借	28 136 967.02
12	31	记-35	利息收入	5 082.89		借	28 142 049.91
12	31	记-36	支付利息		9 000.00	借	28 133 049.91

任务二十七　期末业务——应交增值税

一、实训目标

1. 能正确理解增值税的一般知识。
2. 能正确填制“本月应交增值税计算表”。
3. 能填制一般纳税人增值税结转及缴纳业务的记账凭证。

二、实训材料

1. 本月应交增值税计算表。
2. 电子缴税付款凭证。
3. 记账凭证。
4 “应交税费——应交增值税”明细账。

三、实训内容和步骤

第一步，编制本月应交增值税计算表。

1. “应交税费”账户下设置“应交增值税”“未交增值税”明细账户。

2. “应交增值税”明细账的借、贷方设置分析项目，其中借方分析栏内设“进项税额”“已交税金”“转出未交增值税”等项目；贷方分析栏内设“销项税额”“进项税额转出”“转出多交增值税”“出口退税”等项目。

3. 根据本月“应交税费——应交增值税”明细账资料编制“本月应交增值税计算表”，确定本月应交增值税金额。

第二步，填制并审核记账凭证。

1.结转本月应交增值税。

本月应交增值税如果只是计算出金额，但尚未缴纳给税务机关，则月末应将应交的增值税从“应交税费——应交增值税”明细账中转出至“应交税费——未交增值税”账户，即借：应交税费——应交增值税（转出未交增值税），贷：应交税费——未交增值税。

2.缴纳本月应交增值税。

本月应交增值税如计算出金额并在本月缴纳给税务机关，则应在“应交税费——应交增值税（已交税金）”账户的借方反映，即借：应交税费——应交增值税（已交税金），贷：银行存款。

3.支付上月应交增值税。

上月应交未交的增值税在上月末已转入“应交税费——未交增值税”账户，本月支付意味着偿还了上月形成的负债，故分录为：借：应交税费——未交增值税，贷：

银行存款。

第三步，审核记账凭证，无误后登记入账。

根据审核无误的记账凭证相应的会计科目，把经济业务的具体发生额登入相应明细账（日记账）和总账。

四、实训注意事项

1. 增值税是以商品（含应税劳务）在流转过程中产生的增值额作为计税依据而征收的一种流转税。

2. 增值税的纳税人按其经营规模大小以及会计核算制度是否健全划分为一般纳税人和小规模纳税人。年应征增值税销售额在500万元以上且会计核算制度健全、有固定生产经营场所等的为一般纳税人；年应征增值税销售额在500万元及以下且会计核算制度不健全的为小规模纳税人。

3. 一般纳税人适用的税率有13%、9% 、6%、0四档；小规模纳税人适用征收率，征收率为3%。

4. 一般纳税人增值税税款的计算采用国际上普遍采用的税款抵扣办法，即根据销售商品或劳务的销售额，按规定的税率计算出增值税税额，然后扣除取得该商品或劳务时所支付的增值税税款，也就是进项税额，其差额就是增值部分应交的税额。

5. 小规模纳税人增值税采用简易征收办法，当期应纳增值税=当期销售额×征收率。

五、实训案例

实训1：结转当月增值税

2022年12月31日，北京沃达电器有限责任公司根据本月“应交税费——应交增值税”明细账资料确定本月应交增值税金额为1 284 225.15元。

要求：跟踪当月增值税结转核算流程，并及时进行账务处理。

第一步，编制应交增值税计算表（见表4-156）。

表4-156　2022年应交增值税计算表　单位：元

进项税额	销项税额	应交增值税
2 666 105.65	3 950 330.80	1 284 225.15

第二步，编制与审核记账凭证（见表4-157）。

表4-157　记账凭证（记-37）　单位：元

摘要	会计分录			
	总账科目	明细科目	借方金额	贷方金额
结转未交增值税	应交税费	应交增值税（转出未交增值税）	1 284 225.15	
	应交税费	未交增值税		1 284 225.15

第三步，登记账簿（见表4-158）。

表4-158 “应交税费——应交增值税（转出未交增值税）”明细账 单位：元

2022年		凭证号数	摘要	借方	贷方	方向	余额
月	日						
12	31	记-37	结转未交增值税	1 284 225.15		借	1 284 225.15
12			当前合计	1 284 225.15		借	1 284 225.15
12			当前累计	1 284 225.15		借	1 284 225.15
			结转下年			借	1 284 225.15

实训2：支付上月增值税

2022年12月1日，北京沃达电器有限责任公司收到银行转来的电子缴税付款凭证，支付上月增值税1 253 000元。

要求：跟踪支付增值税核算流程，并及时进行账务处理。

第一步，审核银行转来的电子缴税付款凭证（如图4-41所示）。

ICBC 中国工商银行 电子缴税付款凭证 金融@家

缴付日期：2022-12-01 No:20221201000001

纳税人全称	北京沃达电器有限责任公司	征收机关名称	北京市昌平区税务局
纳税人识别号	110114745862904015	收缴国库(银行)名称	国家金库北京市昌平区中心支库01908
付款人全称	北京沃达电器有限责任公司	缴款书交易流水号	00018673
付款人账号	6212260201800002610	税票号码	001297951
付款人开户银行	中国工商银行		
小写(合计)金额	1 253 000.00		
大写(合计)金额	壹佰贰拾伍万叁仟元整		
税(种)费名称	所属时期	实缴金额	
增值税扣缴	20221101-20221130	1 253 000.00	

中国工商银行北京分行 2022.12.01 收讫 (01)

第1次打印 打印时间：2022-12-01

第二联：作付款回单（无银行收讫章无效）

图4-41 电子缴税付款凭证

第二步，编制与审核记账凭证（见表4-159）。

表4-159 记账凭证（记-38） 单位：元

摘要	会计分录			
	总账科目	明细科目	借方金额	贷方金额
缴纳上月增值税	应交税费	未交增值税	1 253 000.00	
	银行存款			1 253 000.00

第三步，登记账簿（见表4-160和表4-161）。

表4-160 “应交税费——未交增值税”明细账

单位：元

2022年		凭证号数	摘要	借方	贷方	方向	余额
月	日						
12	1		期初余额			贷	1 253 000.00
12	31	记-37	结转未交增值税		1 284 225.15	贷	2 537 225.15
12	31	记-38	缴纳上月增值税	1 253 000.00		贷	1 284 225.15
12			当前合计	1 253 000.00	1 284 225.15	贷	1 284 225.15
12			当前累计	1 253 000.00	1 284 225.15	贷	1 284 225.15
			结转下年			贷	1 284 225.15

表4-161 银行存款日记账

单位：元

2022年		凭证号数	摘　要	借方	贷方	方向	余额
月	日						
12	1		期初余额			借	19 600 000.00
12	31	记-01	从银行借入短期借款	2 000 000.00		借	21 600 000.00
12	31	记-02	收到货币性投资款	10 000 000.00		借	31 600 000.00
12	31	记-04	支付上月水费		52 320.00	借	31 547 680.00
12	31	记-05	支付上月电费		130 800.00	借	31 416 880.00
12	31	记-06	支付前欠材料款		6 469 600.41	借	24 947 279.59
12	31	记-08	支付到期的银行承兑汇票		5 786 786.07	借	19 160 493.52
12	31	记-09	采购原材料		3 000 000.00	借	16 160 493.52
12	31	记-11	购买包装物		1 130.00	借	16 159 363.52
12	31	记-12	购买固定资产		5 650.00	借	16 153 713.52
12	31	记-13	采购无形资产		16 950.00	借	16 136 763.52
12	31	记-14	提取现金		10 000.00	借	16 126 763.52
12	31	记-15	发放上月职工薪酬		318 606.50	借	15 808 157.02
12	31	记-23	销售商品	5 900 860.00		借	21 709 017.02
12	31	记-26	收到前欠货款	6 428 000.00		借	28 137 017.02
12	31	记-31	支付税收滞纳金		50.00	借	28 136 967.02
12	31	记-35	利息收入	5 082.89		借	28 142 049.91
12	31	记-36	支付利息		9 000.00	借	28 133 049.91
12	31	记-38	缴纳上月增值税		1 253 000.00	借	26 880 049.91

任务二十八 期末业务——税金及附加

一、实训目标

1. 能正确理解“税金及附加”科目核算要点。
2. 能正确描述税金及附加业务的基本流程。
3. 能正确进行税金及附加业务的会计核算。

二、实训材料

1. 附加税计算表。
2. 记账凭证。
3. 会计账簿。

三、实训内容和步骤

第一步，理解“税金及附加”科目核算要点。

1.“税金及附加”的范围：税金及附加是指企业经营活动应负担的相关税费，包括消费税、城市维护建设税、教育费附加、资源税、房产税、城镇土地使用税、车船税、印花税等。

2.“税金及附加”科目性质：“税金及附加”科目是损益类科目，借方表示计提税金及附加，贷方表示将税金及附加结转到本年利润。企业的税金及附加应按月计算，月份终了，企业按规定计算出应由各种营业收入负担的城市维护建设税及教育费附加等，借记本账户，贷记“应交税费”等账户。期末应将本科目余额转入“本年利润”科目，结转后本科目无余额。

第二步，填写附加税计算表。

1.城市维护建设税、教育费附加及地方教育附加计税（费）依据的包含因素有：

（1）纳税人向税务机关实际缴纳的增值税、消费税。

（2）纳税人被税务机关查补的增值税、消费税。

（3）纳税人出口货物免抵的增值税。

2.只要交了增值税、消费税，就要同时交城市维护建设税、教育费附加及地方教育附加，是用实际缴纳的增值税、消费税作为基数乘以相应的税率，算出应交的附加税金额。

3.本实训案例的城市维护建设税、教育费附加和地方教育附加的计税（费）依据是当期实际缴纳的增值税税额。

第三步，编制记账凭证。

根据附加税计算表等相关原始凭证，总账会计编制计提应交城市维护建设税、教育费附加和地方教育附加的记账凭证，财务主管审核。

第四步，记账凭证登记入账。

根据记账凭证相应的会计科目，把经济业务的具体发生额登入明细账（日记账）和总账。

四、实训注意事项

1. 本实训案例企业适用的城市维护建设税的税率为7%。
2. 本实训案例企业适用的教育费附加征收率为3%。
3. 本实训案例企业适用的地方教育附加征收率为2%。

五、实训案例

2022年12月末，北京沃达电器有限责任公司计提税金及附加。

要求：跟踪税金及附加核算流程，并及时进行账务处理。

第一步，计算附加税（见表4-162）。

表4-162　2022年12月附加税计算表　金额单位：元

税种	计税（费）依据	计税（费）金额	税率	应纳税（费）额
城市维护建设税	增值税	1 284 225.15	7%	89 895.76
教育费附加	增值税	1 284 225.15	3%	38 526.75
地方教育附加	增值税	1 284 225.15	2%	25 684.50
合计				154 107.01

第二步，编制与审核记账凭证（见表4-163）。

表4-163　记账凭证（记-39）　单位：元

摘要	会计分录			
	总账科目	明细科目	借方金额	贷方金额
计算当月应交城市维护建设税、教育费附加、地方教育附加	税金及附加		154 107.01	
	应交税费	应交城市维护建设税		89 895.76
	应交税费	应交教育费附加		38 526.75
	应交税费	应交地方教育附加		25 684.50

第三步，登记账簿（见表4-164至表4-167）。

表4-164　“税金及附加”明细账　单位：元

2022年		凭证号数	摘要	借方	贷方	方向	余额
月	日						
12	31	记-39	计算当月应交城市维护建设税、教育费附加和地方教育附加	154 107.01		借	154 107.01

表4-165　“应交税费——应交城市维护建设税”明细账　单位：元

2022年		凭证号数	摘要	借方	贷方	方向	余额
月	日						
12	1		期初余额			贷	87 710.00
12	31	记-39	计算当月应交城市维护建设税		89 895.76	贷	177 605.76

表4-166 “应交税费——应交教育费附加”明细账 单位：元

2022年		凭证号数	摘要	借方	贷方	方向	余额
月	日						
12	1		期初余额			贷	37 590.00
12	31	记-39	计算当月应交教育费附加		38 526.75	贷	76 116.75

表4-167 “应交税费——应交地方教育附加”明细账 单位：元

2022年		凭证号数	摘要	借方	贷方	方向	余额
月	日						
12	1		期初余额			贷	25 060.00
12	31	记-39	计算当月应交地方教育附加		25 684.50	贷	50 744.50

任务二十九 期末业务——应交税费

一、实训目标

1. 能正确理解“应交税费”二级科目的核算要点。
2. 能正确描述应交税费业务的基本流程。
3. 能正确进行应交税费业务的会计核算。

二、实训材料

1. 缴纳地方附加税费的银行付款凭证。
2. 记账凭证。
3. 会计账簿。

三、实训内容和步骤

第一步，理解应交地方附加税费账户核算要点。

“应交税费”账户性质：企业必须按照国家规定履行纳税义务，对其经营所得依法缴纳各种税费。这些应缴税费应按照权责发生制原则进行确认、计提，在尚未缴纳之前暂时留在企业，形成一项负债（应该上缴国家暂未上缴国家的税费）。企业应通过“应交税费”账户，总括反映各种税费的缴纳情况，并按照应交税费项目进行明细核算。该账户的贷方登记应缴纳的各种税费，借方登记已缴纳的各种税费，期末贷方余额反映尚未缴纳的税费；期末如为借方余额，则反映多交或尚未抵扣的税费。

第二步，支付地方附加税费。

根据地方附加税费计算表，支付各种地方附加税费及代扣的个人所得税。

第三步，编制记账凭证。

根据银行付款凭证等相关原始凭证，总账会计编制缴纳当月地方附加税费的记账凭证，出纳签字，财务主管审核。

第四步，记账凭证登记入账。

根据记账凭证相应的会计科目，把经济业务的具体发生额登入明细账（日记账）和总账。

四、实训注意事项

地方附加税费中企业要交的有两种：一是教育费附加，是国家为扶持教育事业发展，计征用于教育的政府性基金。二是一些地方政府为发展地方教育事业，根据教育法的规定，开征的“地方教育附加”。两者的共同点是都是政府性基金，随税收一并征收，用于教育事业。其区别是教育费附加政策是中央制定的，收入规模较大，地方教育附加是地方政府自行制定的（可能需报财政部备案），收入规模较小。

五、实训案例

北京沃达电器有限责任公司已与银行、税务局签订三方协议，会计已完成网上纳税申报，现在办理缴税业务。（1）11 月城市维护建设税、教育费附加等共计 150 360.00 元（其中：城市维护建设税 87 710.00 元，教育费附加 37 590.00 元，地方教育附加 25 060.00 元）；（2）11 月个人所得税 8 843.50 元。

要求：跟踪应交税费核算流程，并及时进行账务处理。

第一步，审核缴纳当月附加税费的银行付款凭证。城市维护建设税的付款凭证如图 4-42 所示。

ICBC 中国工商银行　电子缴税付款凭证　金融@家

缴付日期：2022-12-01　No:20221201000002

纳税人全称	北京沃达电器有限责任公司	征收机关名称	北京市昌平区税务局
纳税人识别号	110114745862904015	收缴国库(银行)名称	国家金库北京市昌平区中心支库01908
付款人全称	北京沃达电器有限责任公司	缴款书交易流水号	000186731
付款人账号	6212260201800002610	税票号码	0012979511
付款人开户银行	中国工商银行		
小写(合计)金额	87 710.00		
大写(合计)金额	捌万柒仟柒佰壹拾元整		

税(种)费名称	所属时期	实缴金额
城建税	20221101-20221130	87 710.00

中国工商银行北京分行 2022.12.01 收讫 (01)

第1次打印　打印时间：2022-12-01

第二联：作付款回单（无银行收讫章无效）

图4-42　城市维护建设税的付款凭证

教育费附加的付款凭证如图4-43所示。

ICBC 中国工商银行　　电子缴税付款凭证　　金融@家

缴付日期：2022-12-01　　No:20221201000003

纳税人全称	北京沃达电器有限责任公司	征收机关名称	北京市昌平区税务局
纳税人识别号	110114745862904015	收缴国库(银行)名称	国家金库北京市昌平区中心支库01908
付款人全称	北京沃达电器有限责任公司	缴款书交易流水号	000186732
付款人账号	6212260201800002610	税票号码	0012979512
付款人开户银行	中国工商银行		
小写(合计)金额	37 590.00		
大写(合计)金额	叁万柒仟伍佰玖拾元整		

税(种)费名称	所属时期	实缴金额
教育费附加	20221101-20221130	37 590.00

中国工商银行北京分行 2022.12.01 收讫 (01)

第1次打印　　打印时间：2022-12-01

第二联：作付款回单（无银行收讫章无效）

图4-43　教育费附加的付款凭证

地方教育附加的付款凭证如图4-44所示。

ICBC 中国工商银行　　电子缴税付款凭证　　金融@家

缴付日期：2022-12-01　　No:20221201000004

纳税人全称	北京沃达电器有限责任公司	征收机关名称	北京市昌平区税务局
纳税人识别号	110114745862904015	收缴国库(银行)名称	国家金库北京市昌平区中心支库01908
付款人全称	北京沃达电器有限责任公司	缴款书交易流水号	000186733
付款人账号	6212260201800002610	税票号码	0012979513
付款人开户银行	中国工商银行		
小写(合计)金额	25 060.00		
大写(合计)金额	贰万伍仟零陆拾元整		

税(种)费名称	所属时期	实缴金额
地方教育附加	20221101-20221130	25 060.00

中国工商银行北京分行 2022.12.01 收讫 (01)

第1次打印　　打印时间：2022-12-01

第二联：作付款回单（无银行收讫章无效）

图4-44　地方教育附加的付款凭证

代扣个人所得税的付款凭证如图4-45所示。

ICBC 中国工商银行　　电子缴税付款凭证　　金融@家

缴付日期：2022-12-01　　No:20221201000005

纳税人全称	北京沃达电器有限责任公司	征收机关名称	北京市昌平区税务局
纳税人识别号	110114745862904015	收缴国库(银行)名称	国家金库北京市昌平区中心支库01908
付款人全称	北京沃达电器有限责任公司	缴款书交易流水号	000186734
付款人账号	6212260201800002610	税票号码	0012979514
付款人开户银行	中国工商银行		
小写(合计)金额	8 843.50		
大写(合计)金额	捌仟捌佰肆拾叁元伍角整		

税(种)费名称	所属时期	实缴金额
个人所得税	20221101-20221130	8 843.50

中国工商银行北京分行 2022.12.01 收讫 (01)

第1次打印　　打印时间：2022-12-01

第二联：作付款回单（无银行收讫章无效）

图4-45　代扣个人所得税的付款凭证

第二步，编制与审核记账凭证（见表4-168）。

表4-168　记账凭证（记-40）　单位：元

摘要	会计分录			
	总账科目	明细科目	借方金额	贷方金额
缴纳上月地方附加税费	应交税费	应交城市维护建设税	87 710.00	
	应交税费	应交教育费附加	37 590.00	
	应交税费	应交地方教育附加	25 060.00	
	应交税费	代扣代缴个人所得税	8 843.50	
	银行存款			159 203.50

第三步，登记账簿（见表4-169至表4-173）。

表4-169 “应交税费——应交城市维护建设税”明细账 单位：元

2022年		凭证号数	摘要	借方	贷方	方向	余额
月	日						
12	1		期初余额			贷	87 710.00
12	31	记-39	计算当月应交城建税		89 895.76	贷	177 605.76
12	31	记-40	缴纳上月地方附加税费	87 710.00		贷	89 895.76
12			当前合计	87 710.00	89 895.76	贷	89 895.76
12			当前累计	87 710.00	89 895.76	贷	89 895.76
12			结转下年			贷	89 895.76

表4-170 “应交税费——应交教育费附加”明细账 单位：元

2022年		凭证号数	摘要	借方	贷方	方向	余额
月	日						
12	1		期初余额			贷	37 590.00
12	31	记-39	计算当月应交教育费附加		38 526.75	贷	76 116.75
12	31	记-40	缴纳上月地方附加税费	37 590.00		贷	38 526.75
12			当前合计	37 590.00	38 526.75	贷	38 526.75
12			当前累计	37 590.00	38 526.75	贷	38 526.75
12			结转下年			贷	38 526.75

表4-171 “应交税费——应交地方教育附加”明细账 单位：元

2022年		凭证号数	摘要	借方	贷方	方向	余额
月	日						
12	1		期初余额			贷	25 060.00
12	31	记-39	计算当月应交地方教育附加		25 684.50	贷	50 744.50
12	31	记-40	缴纳上月地方附加税费	25 060.00		贷	25 684.50
12			当前合计	25 060.00	25 684.50	贷	25 684.50
12			当前累计	25 060.00	25 684.50	贷	25 684.50
12			结转下年			贷	25 684.50

表4-172　“应交税费——应交个人所得税”明细账　单位：元

2022年		凭证号数	摘要	借方	贷方	方向	余额
月	日						
12	1		期初余额			贷	8 843.50
12	31	记-16	本月工资费用归集和分配		8 638.50	贷	17 482.50
12	31	记-40	缴纳上月地方附加税费	8 843.50		贷	8 638.50
12			当前合计	8 843.50	8 638.50	贷	8 638.50
12			当前累计	8 843.50	8 638.50	贷	8 638.50
12			结转下年			贷	8 638.50

表4-173　银行存款日记账　单位：元

2022年		凭证号数	摘　要	借方	贷方	方向	余额
月	日						
12	1		期初余额			借	19 600 000.00
12	31	记-01	从银行借入短期借款	2 000 000.00		借	21 600 000.00
12	31	记-02	收到货币性投资款	10 000 000.00		借	31 600 000.00
12	31	记-04	支付上月水费		52 320.00	借	31 547 680.00
12	31	记-05	支付上月电费		130 800.00	借	31 416 880.00
12	31	记-06	支付前欠材料款		6 469 600.41	借	24 947 279.59
12	31	记-08	支付到期的银行承兑汇票		5 786 786.07	借	19 160 493.52
12	31	记-09	采购原材料		3 000 000.00	借	16 160 493.52
12	31	记-11	购买包装物		1 130.00	借	16 159 363.52
12	31	记-12	购买固定资产		5 650.00	借	16 153 713.52
12	31	记-13	采购无形资产		16 950.00	借	16 136 763.52
12	31	记-14	提取现金		10 000.00	借	16 126 763.52
12	31	记-15	发放上月职工薪酬		318 606.50	借	15 808 157.02
12	31	记-23	销售商品	5 900 860.00		借	21 709 017.02
12	31	记-26	收到前欠货款	6 428 000.00		借	28 137 017.02
12	31	记-31	支付税收滞纳金		50.00	借	28 136 967.02
12	31	记-35	利息收入	5 082.89		借	28 142 049.91
12	31	记-36	支付利息		9 000.00	借	28 133 049.91
12	31	记-38	缴纳上月增值税		1 253 000.00	借	26 880 049.91
12	31	记-40	缴纳上月地方附加税费		159 203.50	借	26 720 846.41

思政案例

对公允价值的再认识——从会计角度看雷曼兄弟破产案

在美国次贷危机发展成为全球金融危机的过程中，主流观点认为，金融危机爆发的原因之一是会计计量属性的滥用，公允价值计量成为“众矢之的”，有的人甚至认为“金融危机是会计惹的祸”。

以雷曼兄弟破产案为例。雷曼兄弟是一家全球性的金融服务公司，也是美国第四大投行。2008年9月，雷曼兄弟申请破产，美国金融行业的形势骤然恶化。2007年12月31日，雷曼兄弟的资产负债表显示，其6 910.63亿美元的资产中，净资产只有224.9亿美元。由于买入了大量的住房抵押债券和高风险资产，流动性差，杠杆系数非常高。

与其他投资银行相比，雷曼兄弟计提的减值准备较少，这与雷曼兄弟公允价值计量有关。雷曼兄弟对公允价值判断与估计的主观性较强。因此，在这段时间，雷曼兄弟从会计选择上计提减值很少，对计量模型的内含风险考虑严重不足，使危机发生时雷曼兄弟的股东权益根本无法承担垃圾资产贬值的损失，其命运只能是破产。

马克思在《资本论》中指出，经济越发展，会计越重要。2008年金融危机的爆发充分证明了这一论断。会计能够及时确认公允价值变动损失和金融资产减值损失，及时发出市场恶化的信号。但是，公允价值的取得存在着复杂性、不确定性和高成本等特性，使得公允价值的确定在很大程度上受人为因素的影响，容易导致管理层利用公允价值进行利润操纵，影响会计数据的客观性。尤其是在交易不活跃的市场上，公允价值的确定不再单一依靠市场价格，基于不可观测信息确定的公允价值难以核实。

由此可见，在金融危机产生的过程中，会计客观地反映了金融危机的事实，而不是导致金融危机的根源。

资料来源：佚名. 雷曼兄弟破产对企业财务管理目标选择的启示 [EB/OL]. [2021-11-15]. https: //www.docin.com/p-2851842414.html

启示：企业在应用计量属性时，既要符合企业财务报告目标的要求，也要满足会计信息使用者对会计信息质量的要求，即会计信息必须能够客观地反映企业的实际经营状况，应具有可靠性、相关性、重要性、可比性、谨慎性、及时性等基本特征。企业应根据自身生产经营情况，在会计实务中正确应用会计计量属性提供对经济决策有用的信息，使会计更好地为人们服务。

项目五

期末对账与结账

任务一　财产清查——库存现金清查

一、实训目标

1. 能正确理解库存现金清查的基本流程。
2. 能正确盘点库存现金，掌握库存现金盘点方法。
3. 能正确填写库存现金盘点报告表。
4. 能正确理解库存现金盘点报告表的作用。

二、实训材料

1. 库存现金日记账。
2. 库存现金盘点报告表。

三、实训内容和步骤

第一步，了解库存现金清查的基础知识。

1. 财产清查：财产清查是指通过对货币资金、实物资产和债权债务的盘点或核对，确定其实际结存数，查明实际结存数与账面结存数是否相符的一种专门方法。

2. 财产清查的目的：账实是否相符。

3. 库存现金清查的本质：检查库存现金的账与实是否相符，库存现金的“账”为库存现金日记账，库存现金的“实”为企业现有的库存现金。

4. 库存现金清查的频率：每日业务终了，应由出纳人员清点核对库存现金。

第二步，确定库存现金账面数。

将库存现金日记账的账面余额作为库存现金的账面数。将账面数填入“库存现金盘点报告表”的账存金额栏。

第三步，盘点库存现金。

1. 库存现金清查的方法：实地盘点法，即通过清点票数确定库存现金的实存数，然后将实存数与库存现金日记账的账面余额进行核对，以查明账实是否相符。

2. 实地盘点法是指在财产物资存放现场，逐一清点数量或用计量仪器确定其实存数量的一种方法。

3. 谁来盘点：盘点现金时，出纳人员必须在场，由清查人员和出纳共同负责。

4. 何时盘点：一般在当天业务结束时或开始前。

5. 盘点完现金后，盘点结果填入“库存现金盘点报告表”的实存金额栏。

第四步，确定盘盈还是盘亏。

1. 对比库存现金实存数与账面数，库存现金实存数即库存现金的盘点金额，库存现金账面数即库存现金日记账的账面余额。

2. 盘盈的情形：库存现金实存数大于账面数。

3. 盘亏的情形：库存现金实存数小于账面数。

4. 确定盘盈或盘亏金额，填入“库存现金盘点报告表”的盘盈金额栏或盘亏金额栏。

5. 资产的盘盈盘亏，应设置“待处理财产损溢”账户。该账户的明细账户有“待处理流动资产损溢”和“待处理固定资产损溢”。现金的短款、长款在未查明原因前，应进行如下账务处理：

（1）属于现金溢余，按实际溢余金额：借记“库存现金”账户，贷记“待处理财产损溢——待处理流动资产损溢”账户。

（2）属于现金短缺，按实际短缺金额：借记“待处理财产损溢——待处理流动资产损溢”账户，贷记“库存现金”账户。

第五步，库存现金盘点报告表签章。

1. “库存现金盘点报告表”填好后，由清查人员与出纳人员签章。

2. “库存现金盘点报告表”的作用：调整账簿记录。

四、实训注意事项

1. 盘点库存现金时注意不得以“白条”抵充现金。

2. 库存现金清查由清查人员和出纳共同负责，盘点现金时双方都必须在场。

五、实训任务

北京新力有限责任公司2022年11月18日进行库存现金清查，清查结果如下：盘点库存现金，实存现金500元，当日库存现金日记账余额为660元。出纳：赵小景。清查人员：张远方。库存现金日记账、空白的库存现金盘点报告表分别见表5-1和表5-2。

表5-1　　库存现金日记账　　单位：元

2022年		摘要	借方	贷方	余额
月	日				
⋮	⋮	⋮		⋮	⋮
11	18	⋮		⋮	660.00

表5-2　　库存现金盘点报告表

单位名称：北京新力有限责任公司　　2022年 11 月 18 日　　单位：元

币种	实存金额	账存金额	实存与账存对比		备注
			盘盈	盘亏	
人民币					
合计					

盘点人签章：　　　　　　　　出纳签章：

要求：跟踪库存现金清查流程，并及时进行账务处理。

第一步，确定库存现金账面数。

将库存现金日记账的账面余额作为现金的账面数。将账面数填入库存现金盘点报告表的账存金额栏（见表5-3）。

表5-3 库存现金盘点报告表

单位名称：北京新力有限责任公司 2022年11月18日 单位：元

币种	实存金额	账存金额	实存与账存对比		备注
			盘盈	盘亏	
人民币		660.00			
合计					

盘点人签章： 出纳签章：

第二步，盘点库存现金。

1. 清查人员和出纳同时在场，采用实地盘点法清点现金，确定现金实存数为500元。

2. 将盘点结果填入库存现金盘点报告表（见表5-4）。

表5-4 库存现金盘点报告表

单位名称：北京新力有限责任公司 2022年11月18日 单位：元

币种	实存金额	账存金额	实存与账存对比		备注
			盘盈	盘亏	
人民币	500.00	660.00			
合计					

盘点人签章： 出纳签章：

第三步，确定盘盈还是盘亏。

现金实存金额为500元，账面金额为660元，现金实存数小于账面数，属于盘亏，盘亏金额为160元（见表5-5）。

表5-5 库存现金盘点报告表

单位名称：北京新力有限责任公司 2022年11月18日 单位：元

币种	实存金额	账存金额	实存与账存对比		备注
			盘盈	盘亏	
人民币	500.00	660.00		160.00	原因待查
合计					

盘点人签章： 出纳签章：

第四步，库存现金盘点报告表签章。

库存现金盘点报告表填好后，由清查人员与出纳人员签章（见表5-6）。

表5-6　　库存现金盘点报告表

单位名称：北京新力有限责任公司　　2022年11月18日　　单位：元

币种	实存金额	账存金额	实存与账存对比		备注
			盘盈	盘亏	
人民币	500.00	660.00		160.00	原因待查
合计					

盘点人签章：张远方　　出纳签章：赵小景

任务二　财产清查——银行存款清查

一、实训目标

1. 能正确理解银行存款清查的基本流程。
2. 能掌握银行存款清查的方法。
3. 能正确理解未达账项。
4. 能正确填写银行存款余额调节表。
5. 能正确理解银行存款余额调节表的作用。

二、实训材料

1. 银行存款日记账。
2. 银行对账单。
3. 银行存款余额调节表。

三、实训内容和步骤

第一步，了解银行存款清查的基础知识。

1. 银行存款清查的本质：检查银行存款的账与实是否相符。银行存款的“账”为银行存款日记账，银行存款的“实”为银行对账单。

2. 银行存款清查的方法：与开户银行核对账目的方法，即将银行存款日记账与开户银行转来的对账单逐笔核对，检查账账是否相符。

3. 银行存款日记账是企业开设、由出纳人员逐日逐笔登记银行存款增减变动及其结余情况的特种日记账。

4. 银行对账单是由企业开户银行记录的，反映该银行存款存入和使用情况的记录单。

5. 银行存款清查的频率：出纳人员每月与银行核对一次对账单。

6. 银行存款账实不符的原因：（1）企业与银行双方或一方记账有错误，如错记、漏记、重记或串户等。属于银行对账单差错的，由银行检查更正；属于企业差错的，由企业及时更正。（2）存在未达账项。

第二步，确定银行存款账面数。

将银行存款日记账的账面余额作为银行存款的账面数。将账面数填入“银行存款余额调节表”的企业银行存款日记账余额栏。

第三步，确定银行存款实存数。

将银行对账单的余额作为银行存款的实存数。将实存数填入“银行存款余额调节表”的银行对账单余额栏。

第四步，银行存款日记账与银行对账单核对。

将银行存款日记账与银行对账单中的业务逐日逐笔核对，同一笔业务双方都有记录的，在金额旁边用铅笔画上“√”符号。

第五步，确认未达账项。

1. 银行存款日记账与银行对账单中未画“√”符号的部分是未达账项，确认未达账项的类别，并填入“银行存款余额调节表”中四个未达账项栏目。

2. 未达账项是指企业和银行双方在凭证传递的过程中，由于凭证接收时间差异造成记账时间不一致，从而发生的一方已经入账，另一方尚未入账的事项。

3. 未达账项的类别：

（1）企业已收银行未收：企业已收款入账，而银行尚未收款入账的款项。

（2）企业已付银行未付：企业已付款入账，而银行尚未付款入账的款项。

（3）银行已收企业未收：银行已收款入账，而企业尚未收款入账的款项。

（4）银行已付企业未付：银行已付款入账，而企业尚未付款入账的款项。

第六步，计算调节后的余额。

1. 计算出调节后企业银行存款日记账账面余额和调节后银行对账单余额。

2. 调节后企业银行存款日记账账面余额=银行存款日记账期末余额+银行已收企业未收金额-银行已付企业未付金额。

3. 调节后银行对账单余额=银行对账单期末余额+企业已收银行未收金额-企业已付银行未付金额。

4. 将计算出来的两个调节后的余额填入银行存款余额调节表。

第七步，查找银行存款账实不符的原因。

1. 如果调节后两个余额相等，则表明企业和银行双方基本无记账错误。

2. 如果调节后两个余额不等，则表明一方或双方记账错误。

3. 银行存款余额调节表的作用：查找银行存款账实不符的真实原因，该调节表不能作为调整账面余额的依据。

4. 对未达账项不立即处理，须等双方接到有关凭证后再据以入账。

5. 银行存款余额调节表中调节后的存款余额是企业可以动用的银行存款的最高

额度。

四、实训注意事项

1. 银行对账单与银行存款日记账的记账方向正好相反，银行方记账时，将存款流入记入贷方，将存款流出记入借方。

2. 银行存款余额调节表不能作为调整账面余额的凭证。

3. 对于未达账项，不立即处理，须等双方接到有关凭证后再据以入账。

五、实训任务

北京新力有限责任公司出纳人员于2022年11月30日进行银行存款清查，当日银行存款日记账余额为31 250元，银行对账单余额为47 700元。银行存款日记账、银行对账单、空白的银行存款余额调节表分别见表5–7、表5–8和表5–9。

表5–7 银行存款日记账 单位：元

开户行及账号：

2022年		摘要	结算号码		收入（借方）金额	付出（贷方）金额	余额
月	日		种类	号数			
		承前页					36 340.00
11	20	提现	现支	345		340.00	36 000.00
	22	送存销货款	转支	485	5 000.00		41 000.00
	23	销货款收回	信汇	523	3 000.00		44 000.00
	25	付进货款	转支	611		21 500.00	22 500.00
	30	收销货款	转支	103	8 750.00		31 250.00

表5–8 银行对账单 单位：元

开户行及账号：

2022年		摘要	结算号码		收入（借方）金额	付出（贷方）金额	余额
月	日		种类	号数			
		承前页					36 340.00
11	20	提现	现支	345	340.00		36 000.00
	22	送存销货款	转支	485		5 000.00	41 000.00
	23	销货款收回	信汇	523		3 000.00	44 000.00
	25	付水电费	委收	192	2 300.00		41 700.00
	30	收销货款	委收	772		6 000.00	47 700.00

表5-9　　银行存款余额调节表

企业名称：北京新力有限责任公司　　　　年　月　日　　　　单位：元

项目	金额	项目	金额
企业银行存款日记账余额		银行对账单余额	
加：银行已收，企业未收		加：企业已收，银行未收	
减：银行已付，企业未付		减：企业已付，银行未付	
调节后的余额		调节后的余额	

要求：跟踪银行存款清查流程，并及时进行账务处理。

第一步，确定银行存款账面数。

将银行存款日记账的账面余额作为银行存款的账面数。将账面数填入银行存款余额调节表的企业银行存款日记账余额栏（见表5-10）。

表5-10　　银行存款余额调节表

企业名称：北京新力有限责任公司　　　　2022年 11月30日　　　　单位：元

项目	金额	项目	金额
企业银行存款日记账余额	31 250.00	银行对账单余额	
加：银行已收，企业未收		加：企业已收，银行未收	
减：银行已付，企业未付		减：企业已付，银行未付	
调节后的余额		调节后的余额	

第二步，确定银行存款实存数。

将银行对账单的余额作为银行存款的实存数。将实存数填入银行存款余额调节表的银行对账单余额栏（见表5-11）。

表5-11　　银行存款余额调节表

企业名称：北京新力有限责任公司　　　　2022年 11月30日　　　　单位：元

项目	金额	项目	金额
企业银行存款日记账余额	31 250.00	银行对账单余额	47 700.00
加：银行已收，企业未收		加：企业已收，银行未收	
减：银行已付，企业未付		减：企业已付，银行未付	
调节后的余额		调节后的余额	

第三步，银行存款日记账与银行对账单核对。

将银行存款日记账与银行对账单中的业务逐日逐笔核对，同一笔业务双方都有记录的，在金额旁边用铅笔画上“√”符号（见表5-12和表5-13）。

表5-12　**银行存款日记账**　单位：元

开户行及账号：

2022年		摘要	结算号码		收入（借方）金额	付出（贷方）金额	余额
月	日		种类	号数			
		承前页					36 340.00
11	20	提现	现支	345		340.00 √	36 000.00
	22	送存销货款	转支	485	5 000.00 √		41 000.00
	23	销货款收回	信汇	523	3 000.00 √		44 000.00
	25	付进货款	转支	611		21 500.00	22 500.00
	30	收销货款	转支	103	8 750.00		31 250.00

表5-13　**银行对账单**　单位：元

开户行及账号：

2022年		摘要	结算号码		收入（借方）金额	付出（贷方）金额	余额
月	日		种类	号数			
		承前页					36 340.00
11	20	提现	现支	345	340.00 √		36 000.00
	22	送存销货款	转支	485		5 000.00 √	41 000.00
	23	销货款收回	信汇	523		3 000.00 √	44 000.00
	25	付水电费	委收	192	2 300.00		41 700.00
	30	收销货款	委收	772		6 000.00	47 700.00

第四步，确认未达账项。

银行存款日记账（见表5-14）与银行对账单（见表5-15）中未画“√”符号的部分是未达账项，确认未达账项的类别，并填入银行存款余额调节表中四个未达账项栏目（见表5-16）。未达账项的类别：（1）企业已收银行未收；（2）企业已付银行未付；（3）银行已收企业未收；（4）银行已付企业未付。

表5-14　**银行存款日记账**　单位：元

开户行及账号：

2022年		摘要	结算号码		收入（借方）金额	付出（贷方）金额	余额
月	日		种类	号数			
		承前页					36 340.00
11	20	提现	现支	345		340.00 √	36 000.00
	22	送存销货款	转支	485	5 000.00 √		41 000.00
	23	销货款收回	信汇	523	3 000.00 √		44 000.00
	25	付进货款	转支	611		21 500.00（企付银未付）	22 500.00
	30	收销货款	转支	103	8 750.00（企收银未收）		31 250.00

表5-15 **银行对账单** 单位：元

开户行及账号：

2022年		摘要	结算号码		收入（借方）金额	付出（贷方）金额	余额
月	日		种类	号数			
		承前页					36 340.00
11	20	提现	现支	345	340.00 √		36 000.00
	22	送存销货款	转支	485		5 000.00 √	41 000.00
	23	销货款收回	信汇	523		3 000.00 √	44 000.00
	25	付水电费	委收	192	2 300.00		41 700.00
	30	收销货款	委收	772		6 000.00	47 700.00

银付企未付

银收企未收

表5-16 **银行存款余额调节表**

企业名称：北京新力有限责任公司 2022年 11月30日 单位：元

项目	金额	项目	金额
企业银行存款日记账余额	31 250.00	银行对账单余额	47 700.00
加：银行已收，企业未收	6 000.00	加：企业已收，银行未收	8 750.00
减：银行已付，企业未付	2 300.00	减：企业已付，银行未付	21 500.00
调节后的余额		调节后的余额	

第五步，计算调节后的余额。

1. 调节后企业银行存款日记账账面余额 = 银行存款日记账期末余额 + 银行已收企业未收金额 − 银行已付企业未付金额 = 31 250 + 6 000 − 2 300 = 34 950（元）。

2. 调节后银行对账单余额 = 银行对账单期末余额 + 企业已收银行未收金额 − 企业已付银行未付金额 = 47 700 + 8 750 − 21 500 = 34 950（元）。

3. 将计算出来的两个调节后的余额填入银行存款余额调节表（见表5-17）。

表5-17 **银行存款余额调节表**

企业名称：北京新力有限责任公司 2022年 11月30日 单位：元

项目	金额	项目	金额
企业银行存款日记账余额	31 250.00	银行对账单余额	47 700.00
加：银行已收，企业未收	6 000.00	加：企业已收，银行未收	8 750.00
减：银行已付，企业未付	2 300.00	减：企业已付，银行未付	21 500.00
调节后的余额	34 950.00	调节后的余额	34 950.00

第六步，查找银行存款账实不符的原因。

1. 因为计算出的调节后两个余额相等，说明企业和银行双方基本无记账错误。

2. 因此该企业2022年11月30日银行存款账实不符由未达账项导致。

3. 对未达账项的处理，不用立即处理，须等双方接到有关凭证后再据以入账。

任务三　财产清查——固定资产清查

一、实训目标

1. 能正确理解固定资产清查的基本流程。
2. 能正确盘点固定资产。
3. 能正确填写盘存单、实存账存对比表。
4. 能正确理解盘存单、实存账存对比表的作用。

二、实训材料

1. 固定资产明细账。
2. 盘存单。
3. 实存账存对比表。

三、实训内容和步骤

第一步，了解固定资产清查的基础知识。

固定资产清查的本质：检查固定资产的账与实是否相符。固定资产的“账”为固定资产明细账，固定资产的“实”为企业现有的固定资产。

第二步，确定固定资产账面数。

将固定资产明细账的账面余额作为固定资产的账面数。将账面数填入“实存账存对比表”的账存栏。

第三步，盘点固定资产。

1. 固定资产清查的方法：实地盘点法。

2. 实地盘点法：在财产物资存放现场，逐一清点数量或用计量仪器确定其实存数量的一种方法。

3. 谁来盘点：盘点工作由盘点人员和保管人员共同负责。盘点时固定资产的保管人员必须在场，并参加盘点工作。

4. 盘点完固定资产，根据盘点结果填写盘存单、“实存账存对比表”的实存栏。

5. 盘存单填好后由盘点人员与保管人员签章。盘存单是记录盘点结果的书面证明。

第四步，确定盘盈还是盘亏。

1. 对比固定资产实存数与账面数，固定资产实存数即固定资产的盘点金额，固定资产账面数即固定资产明细账的账面余额。

2. 盘盈的情形：固定资产实存数大于账面数。

3. 盘亏的情形：固定资产实存数小于账面数。

4. 确定盘盈或盘亏，填入“实存账存对比表”的对比结果栏。

5 “实存账存对比表”的作用：调整账簿记录。

6. 审批之前的处理，固定资产盘盈、盘亏核算的账务处理：

（1）固定资产盘盈：应按确定的入账价值，借记“固定资产”账户，贷记“以前年度损益调整”账户。

（2）固定资产盘亏：按照固定资产的账面价值，借记“待处理财产损溢——待处理固定资产损溢”账户，按已计提的累计折旧，借记“累计折旧”账户，按已计提的减值准备，借记“固定资产减值准备”账户，按照固定资产原值，贷记“固定资产”账户。

四、实训注意事项

1.“实存账存对比表”是调整账簿记录的原始凭证，盘存单不是调整账簿记录的原始凭证。

2. 固定资产清查由盘点人员和保管人员共同负责。

五、实训任务

北京新力有限责任公司2022年10月31日进行固定资产盘点，盘点出来A型车床实际数量为9台，账面数量为10台。该车床原购入单价为50 000元。保管人员：张康。盘点人员：李晴。空白的盘存单、实存账存对比表见表5-18和表5-19。

表5-18　盘存单

单位名称：　　盘点时间：　　编号：02

财产类别：　　存放地点：　　金额单位：元

编号	名称	计量单位	数量	单价	金额	备注

盘点人：　　保管人：

表5-19　实存账存对比表　　金额单位：元

单位名称：　　年　月　日

编号	类别及名称	计量单位	单价	实存		账存		对比结果				备注
								盘盈		盘亏		
				数量	金额	数量	金额	数量	金额	数量	金额	

要求：跟踪固定资产清查流程，并及时进行账务处理。

第一步，确定固定资产账面数。

将固定资产明细账的账面余额作为固定资产的账面数。将账面数填入实存账存对比表的账存栏（见表5-20）。

表5-20　实存账存对比表

单位名称：北京新力有限责任公司　　2022年10月31日　　金额单位：元

编号	类别及名称	计量单位	单价	实存		账存		对比结果				备注
								盘盈		盘亏		
				数量	金额	数量	金额	数量	金额	数量	金额	
012	A型车床	台	50 000			10	500 000					

第二步，盘点固定资产。

1. 固定资产清查的方法：实地盘点法。

2. 谁来盘点：盘点工作由盘点人员和保管人员共同负责。盘点时固定资产的保管人员必须在场，并参加盘点工作。

3. 盘点完固定资产，根据盘点结果填写盘存单、实存账存对比表的实存栏（见表5-21和表5-22）。

表5-21　盘存单

单位名称：北京新力有限责任公司　　盘点时间：2022年10月31日　　编号：02

财产类别：固定资产　　存放地点：C厂房　　金额单位：元

编号	名称	计量单位	数量	单价	金额	备注
012	A型车床	台	9	50 000	450 000	

盘点人：李晴　　保管人：张康

表5-22　实存账存对比表

单位名称：北京新力有限责任公司　　2022年10月31日　　金额单位：元

编号	类别及名称	计量单位	单价	实存		账存		对比结果				备注
								盘盈		盘亏		
				数量	金额	数量	金额	数量	金额	数量	金额	
012	A型车床	台	50 000	9	450 000	10	500 000					

4. 盘存单填好后由盘点人员与保管人员签章。盘存单是记录盘点结果的书面证明。

第三步，确定盘盈还是盘亏。

1. 因为固定资产实存数小于账面数，所以盘亏。

2. 填入实存账存对比表的对比结果栏（见表5-23）。

表5-23 实存账存对比表

单位名称：北京新力有限责任公司　　2022年10月31日　　金额单位：元

编号	类别及名称	计量单位	单价	实存		账存		对比结果				备注
								盘盈		盘亏		
				数量	金额	数量	金额	数量	金额	数量	金额	
012	A型车床	台	50 000	9	450 000	10	500 000			1	50 000	原因待查

任务四　财产清查——原材料清查

一、实训目标

1. 能正确理解原材料清查的基本流程。
2. 能正确盘点原材料。
3. 能正确填写盘存单、实存账存对比表。
4. 能正确理解盘存单、实存账存对比表的作用。

二、实训材料

1.原材料明细账。
2. 盘存单。
3. 实存账存对比表。

三、实训内容和步骤

第一步，了解原材料清查的基础知识。

原材料清查的本质：检查原材料的账与实是否相符。原材料的“账”为原材料明细账，原材料的“实”为企业现有的原材料。

第二步，确定原材料账面数。

将原材料明细账的账面余额作为原材料的账面数。将账面数填入实存账存对比表的账存栏。

第三步，盘点原材料。

1. 原材料清查的方法：实地盘点法、技术推算法。

2. 实地盘点法：在财产物资存放现场，逐一清点数量或用计量仪器确定其实存数量的一种方法。

3. 技术推算法：对那些大量成堆，难以逐一清点的物品，按照一定的标准或数学方法推算出实物资产实存数量的一种方法。

4. 谁来盘点：盘点工作由盘点人员和保管人员共同负责。盘点时原材料的保管人员必须在场，并参加盘点工作。

5. 盘点完原材料，根据盘点结果填写盘存单、实存账存对比表的实存栏。

6. 盘存单填好后由盘点人员与保管人员签章。盘存单是记录盘点结果的书面证明。

第四步，确定盘盈还是盘亏。

1. 对比原材料实存数与账面数，原材料实存数即原材料的盘点数，原材料账面数即原材料明细账的账面余额。

2. 盘盈的情形：原材料实存数大于账面数。

3. 盘亏的情形：原材料实存数小于账面数。

4. 确定盘盈或盘亏，填入实存账存对比表的对比结果栏。

5. 实存账存对比表的作用：调整账簿记录。

6. 审批之前的处理，存货盘盈、盘亏核算的账务处理：

（1）存货盘盈：借记“原材料”“库存商品”等账户，贷记“待处理财产损溢——待处理流动资产损溢”账户。

（2）存货盘亏、毁损：借记“待处理财产损溢——待处理流动资产损溢”账户，贷记“原材料”“库存商品”等账户。

四、实训注意事项

1.“实存账存对比表”是调整账簿记录的原始凭证，盘存单不是调整账簿记录的原始凭证。

2. 原材料清查由盘点人员和保管人员共同负责。

五、实训任务

北京新力有限责任公司2022年10月31日对A仓库的乙材料进行盘点，盘点出来乙材料实际数量为460千克，账面结余为450千克。该乙材料原购入单价为15元。保管人员：张方。盘点人员：李灿。原材料明细账、空白的盘存单、实存账存对比表见表5-24、表5-25和表5-26。

表5-24　“原材料”明细账　二级科目：乙材料

金额单位：元　计量单位：千克

2022年		摘要	借方			贷方			余额		
月	日		数量	单价	金额	数量	单价	金额	数量	单价	金额
⋮	⋮	⋮	⋮	⋮	⋮				⋮	⋮	⋮
10	31	⋮	⋮	⋮	⋮				450	15	6 750

表5-25 盘存单

单位名称： 盘点时间： 编号：06

财产类别： 存放地点： 金额单位：元

编号	名称	计量单位	数量	单价	金额	备注

盘点人： 保管人：

表5-26 实存账存对比表 金额单位：元

单位名称： 年 月 日

编号	类别及名称	计量单位	单价	实存		账存		对比结果				备注
				数量	金额	数量	金额	盘盈		盘亏		
								数量	金额	数量	金额	

要求：跟踪存货清查流程，并及时进行账务处理。

第一步，确定原材料账面数。

将原材料明细账的账面余额作为原材料的账面数。将账面数填入实存账存对比表的账存栏（见表5-27）。

表5-27 实存账存对比表 金额单位：元

单位名称：北京新力有限责任公司 2022年10月31日

编号	类别及名称	计量单位	单价	实存		账存		对比结果				备注
				数量	金额	数量	金额	盘盈		盘亏		
								数量	金额	数量	金额	
033	乙材料	千克	15			450	6 750					

第二步，盘点原材料。

1. 原材料清查的方法：实地盘点法。

2. 谁来盘点：盘点工作由盘点人员和保管人员共同负责。盘点时原材料的保管人员必须在场，并参加盘点工作。

3. 盘点完原材料，根据盘点结果填写盘存单、实存账存对比表的实存栏（见表5-28和表5-29）。

表5-28　　　　盘存单

单位名称：北京新力有限责任公司　　盘点时间：2022年10月31日　　编号：06
财产类别：原材料　　存放地点：A仓库　　金额单位：元

编号	名称	计量单位	数量	单价	金额	备注
033	乙材料	千克	460	15	6 900	

盘点人：李灿　　保管人：张方

表5-29　　　　实存账存对比表

单位名称：北京新力有限责任公司　　2022年10月31日　　金额单位：元

编号	类别及名称	计量单位	单价	实存		账存		对比结果				备注
								盘盈		盘亏		
				数量	金额	数量	金额	数量	金额	数量	金额	
033	乙材料	千克	15	460	6 900	450	6 750					

4. 盘存单填好后由盘点人员与保管人员签章。盘存单是记录盘点结果的书面证明。

第三步，确定盘盈还是盘亏。

1. 因为原材料实存数大于账面数，所以盘盈。
2. 填入实存账存对比表的对比结果栏（见表5-30）。

表5-30　　　　实存账存对比表

单位名称：北京新力有限责任公司　　2022 年 10月31日　　金额单位：元

编号	类别及名称	计量单位	单价	实存		账存		对比结果				备注
								盘盈		盘亏		
				数量	金额	数量	金额	数量	金额	数量	金额	
033	乙材料	千克	15	460	6 900	450	6 750	10	150			原因待查

任务五　财产清查——应收类债权清查

一、实训目标

1. 能正确理解应收类债权清查的基本流程。
2. 能掌握应收类债权清查的方法。

3. 能正确填写往来款项对账单。

4. 能正确填写往来款项清查结果报告单。

二、实训材料

1. 应收类债权明细账。

2. 往来款项对账单。

3. 往来款项清查结果报告单。

三、实训内容和步骤

第一步，了解应收类债权清查的基础知识。

应收类债权清查的本质：检查应收类债权的账与实是否相符。应收类债权的“账”为应收类债权明细账，应收类债权的“实”为企业现有的应收类债权。

第二步，填制往来款项询证函寄往往来单位。

1. 往来款项询证函即往来款项对账单。

2. 将应收类债权明细账的账面余额作为应收类债权的账面数，将账面数填入往来款项对账单（如图5-1所示）。

往来款项对账单

××单位：

你单位于×年×月×日从我单位购入××产品××件，已付货款×××元，尚有×××元货款未支付，请核对后将回联寄回。

清查单位（盖章）：

年　月　日

沿此虚线剪下，将回联寄回！

往来款项对账单（回联）

××清查单位：

（1）你单位寄来的“往来款项对账单”已收到，经核对相符无误。

（2）经核对，我单位的往来款项与你单位送达的对账单金额不符，我单位账面金额如下：

××单位（盖章）

年　月　日

图5-1　往来款项对账单

第三步，收到往来单位的回联，编制往来款项清查结果报告表。

1. 根据应收类债权明细账的账面余额填写往来款项清查结果报告表的“账面结存金额”栏，根据往来单位的回联填写“对方结存金额”栏。

2. 对比账面结存金额与对方结存金额，填写对比结果（见表5-31），分析差异。

表5-31　往来款项清查结果报告表

编制单位：　　　　年　月　日　　　　金额单位：元

债权债务单位	账面结存金额	对方结存金额	对比结果		差异原因和金额		备注
			大于对方数额	小于对方数额	争议中的款项	未达账项	

四、实训注意事项

往来款项清查结果报告表不是调整账簿记录的原始凭证。

五、实训任务

A公司2022年9月30日对应收B公司的往来款项进行清查，应收账款明细账见表5-32、往来款项对账单如图5-2所示、往来款项清查结果报告表见表5-33。

表5-32　“应收账款”明细账

单位：元

二级科目：B公司

2022年		摘要	借方	贷方	余额
月	日				
⋮	⋮	⋮	⋮	⋮	⋮
9	25	销售货物给B公司	6 000.00		
9	25	收到货款		4 000.00	2 000.00

往来款项对账单

B公司：

你单位于2022年9月25日从我单位购入甲产品300件，已付货款4 000元，尚有2 000元货款未支付，请核对后将回联寄回。

清查单位（盖章）：A公司

2022年　9月　30日

沿此虚线剪下，将回联寄回！

往来款项对账单（回联）

××清查单位：

（1）你单位寄来的“往来款项对账单”已收到，经核对相符无误。

（2）经核对，我单位的往来款项与你单位送达的对账单金额不符，我单位账面金额如下：

××单位（盖章）

年　月　日

图5-2　往来款项对账单

表5-33　　往来款项清查结果报告表

编制单位：　　　　　　　　　　年　月　日　　　　　　　　　　单位：元

债权债务单位	账面结存金额	对方结存金额	对比结果		差异原因和金额		备注
			大于对方数额	小于对方数额	争议中的款项	未达账项	

要求：跟踪应收类债权清查流程，并及时进行账务处理。

第一步，填制往来款项询证函并寄至往来单位。

1. 往来款项询证函即往来款项对账单。

2. 将应收类债权明细账的账面余额作为应收类债权的账面数，将账面数填入往来款项对账单（如图5-3所示），核对并加盖公章。

往来款项对账单

B公司：

你单位于2022年9月25日从我单位购入甲产品300件，已付货款4 000元，尚有2 000元货款未支付，请核对后将回联寄回。

A公司（盖章）：

2022年9月30日

沿此虚线剪下，将回联寄回！

往来款项对账单（回联）

A公司：

（1）你单位寄来的“往来款项对账单”已收到，经核对相符无误。

（2）经核对，我单位的往来款项与你单位送达的对账单金额不符，我单位账面金额如下：

B公司（盖章）

年　月　日

图5-3　往来款项对账单

第二步，收到往来单位的回联，编制往来款项清查结果报告表。

1. 根据应收类债权明细账的账面余额填写往来款项清查结果报告表的“账面结存金额”栏，根据往来单位的回联填写“对方结存金额”栏（如图5-4所示）。

2. 对比账面结存金额与对方结存金额，填写对比结果，分析差异（见表5-34）。

往来款项对账单（回联）

A公司：

（1）你单位寄来的“往来款项对账单”已收到，经核对相符无误。

（2）经核对，我单位的往来款项与你单位送达的对账单金额不符，我单位账面金额如下：

B公司（盖章）

2022年10月3日

图5-4　往来单位的回单

表5-34　　往来款项清查结果报告表

编制单位：A公司　　2022年10月3日　　单位：元

债权债务单位	账面结存金额	对方结存金额	对比结果		差异原因和金额		备注
			大于对方数额	小于对方数额	争议中的款项	未达账项	
B公司	2 000.00	2 000.00					

任务六　财产清查结果处理——待处理财产损溢

一、实训目标

1. 能正确理解“待处理财产损溢”业务流程。
2. 能正确进行“待处理财产损溢”核算。

二、实训材料

1. 财产清查处理结果。
2. 记账凭证。

三、实训内容和步骤

第一步，按规定的管理权限报经批准后，找出财产清查处理结果。

1.库存现金盘盈盘亏待查明溢缺原因后，应按不同情况进行如下处理：

（1）若为现金溢余：借记“待处理财产损溢——待处理流动资产损溢”账户，属于应支付给有关人员或单位的部分，贷记“其他应付款——应付现金溢余（××人员或单位）”账户；属于无法查明原因的溢余部分，贷记“营业外收入”账户。

（2）若为现金短缺：属于应由责任人或保险公司赔偿的部分，借记“其他应收款——××人员或单位”账户；属于无法查明的其他原因的部分，借记“管理费用”账户，贷记“待处理财产损溢——待处理流动资产损溢”账户。

2.存货盘盈盘亏待查明溢缺原因后，应按不同情况进行如下处理：

（1）若为存货盘盈：盘盈的存货一般冲减管理费用，即借记“待处理财产损溢——待处理流动资产损溢”账户，贷记“管理费用”账户。

（2）若为存货盘亏、毁损：盘亏毁损的存货，根据造成存货盘亏或毁损的原因，分别以下情况进行处理：①属于收发计量差错和管理不善等原因造成的存货短缺，应先扣除残料价值、可以收回的保险赔偿和过失人赔偿，将净损失计入管理费用；②属于自然灾害等非常原因造成的存货毁损，应先扣除处置收入（如残料价值）、收回的保险赔偿和过失人赔偿，将净损失计入营业外支出，即借记“管理费用”“其他应收款”“营业外支出”账户，贷记“待处理财产损溢——待处理流动资产损溢”账户，涉及增值税的，还应贷记“应交税费——应交增值税（进项税额转出）”账户。

3.固定资产盘盈盘亏待查明溢缺原因后，应按不同情况进行如下处理：

（1）若为固定资产盘盈：借记“以前年度损益调整 ”账户。贷方首先计算应缴纳的所得税费用，其次补提盈余公积，最后，调整利润分配，即贷记“应交税费——应交所得税”、“盈余公积”和“利润分配——未分配利润”账户。若盘盈资产金额较小，也可简化处理，记入“营业外收入”账户。

（2）若为固定资产盘亏：按可收回的保险赔偿和过失人赔偿，借记“其他应收款”账户，按应计入营业外支出的金额，借记“营业外支出”账户，贷记“待处理财产损溢——待处理固定资产损溢”账户。

第二步，编制并审核记账凭证。

依据财产清查处理结果，编制并审核记账凭证。

第三步，调整账簿记录。

根据记账凭证，调整账簿记录，做到账实相符。

四、实训注意事项

1. 对流动资产的处理，审批前，根据“实存账存对比表”所确定的盘盈盘亏金额，编制分录。

2. 依据分录登记入账。

3. “待处理财产损溢”科目是资产类科目，核算企业在清查财产过程中查明的各种财产盘盈、盘亏和毁损。

4. “以前年度损益调整”科目是损益类科目，核算企业本年度发生的调整以前年度损益的事项以及本年度发现的重要前期差错更正涉及调整以前年度损益的事项。

5. “坏账准备”科目是资产类科目，核算企业应收账款的坏账准备，贷方登记资产负债表日应收账款发生减值的金额和本期应计提的坏账准备大于其账面余额的差额；借方登记确认无法收回的应收账款，按管理权限报经批准后作为坏账而转销的金额和应计提的坏账准备小于其账面余额的差额。

6. “资产减值损失”科目是损益类科目，核算企业计提各项资产减值准备所形成的损失。

五、实训案例

北京沃达电器有限责任公司2022年年末分别对库存现金、应收账款、固定资产、存货等资产进行清查，并且取得清查结果的处理意见。

要求：对清查结果进行账务处理。

第一步，现金清查处理。

1.北京沃达电器有限责任公司年末对库存现金进行盘点，发现短款120元，经查，这笔费用为替员工李明垫付的医药费，其中60元由李明自己承担，50元由公司承担，

10元由出纳承担。记账凭证见表5-35。

表5-35　记账凭证（记-41）　单位：元

摘要	会计分录			
	总账科目	明细科目	借方金额	贷方金额
现金清查盘亏	待处理财产损溢	待处理流动资产损溢	120.00	
	库存现金			120.00
	其他应收款	李明	60.00	
	管理费用	医药费	50.00	
	其他应收款	出纳	10.00	
	待处理财产损溢	待处理流动资产损溢		120.00

2.北京沃达电器有限责任公司年末对库存现金进行盘点，发现库存现金长款100元，经有关部门批准，作营业外收入处理。记账凭证见表5-36。

表5-36　记账凭证（记-42）　单位：元

摘要	会计分录			
	总账科目	明细科目	借方金额	贷方金额
现金清查盘盈	库存现金		100.00	
	待处理财产损溢	待处理流动资产损溢		100.00
	待处理财产损溢	待处理流动资产损溢	100.00	
	营业外收入			100.00

第二步，应收账款清查处理。

北京沃达电器有限责任公司年末对应收账款进行全面检查，确认公司的应收账款实际发生坏账50 000元。记账凭证见表5-37。

表5-37　记账凭证（记-43、记-44）　单位：元

摘要	会计分录			
	总账科目	明细科目	借方金额	贷方金额
应收账款清查减值（记-43）	信用减值损失	计提坏账准备	50 000.00	
	坏账准备			50 000.00
应收账款确定收不回（记-44）	坏账准备		50 000.00	
	应收账款	M公司		50 000.00

第三步，固定资产清查处理。

北京沃达电器有限责任公司年末对固定资产进行盘点，发现盘亏一台检测设备，其

账面原值60 000元，已提折旧45 000元，该设备盘亏经有关部门批准作营业外支出处理。另盘盈一台全新打印机，重置价为2 500元。该打印机因为金额较小，经有关部门批准，作营业外收入处理。记账凭证见表5-38和表5-39。

表5-38 记账凭证（记-45、记-46） 单位：元

摘要	会计分录			
	总账科目	明细科目	借方金额	贷方金额
固定资产清查盘亏（记-45）	待处理财产损溢	待处理固定资产损溢	15 000.00	
	累计折旧		45 000.00	
	固定资产			60 000.00
审批后（记-46）	营业外支出		15 000.00	
	待处理财产损溢	待处理固定资产损溢		15 000.00

表5-39 记账凭证（记-47、记-48） 单位：元

摘要	会计分录			
	总账科目	明细科目	借方金额	贷方金额
固定资产清查盘盈（记-47）	固定资产		2 500.00	
	待处理财产损溢	待处理固定资产损溢		2 500.00
审批后（记-48）	待处理财产损溢	待处理固定资产损溢	2 500.00	
	营业外收入			2 500.00

第四步，存货清查处理。

北京沃达电器有限责任公司年末对库存材料进行盘点，发现盘亏一批甲材料，价值180.8元；盘盈乙材料一批，价值150元。经查明，盘亏的甲材料系仓库保管员责任，由其赔偿，盘盈的乙材料系计量误差造成。记账凭证见表5-40和表5-41。

表5-40 记账凭证（记-49、记-50） 单位：元

摘要	会计分录			
	总账科目	明细科目	借方金额	贷方金额
存货清查盘亏（记-49）	待处理财产损溢	待处理流动资产损溢	180.80	
	原材料	甲材料		160.00
	应交税费	应交增值税（进项税额转出）		20.80
转销时（记-50）	其他应收款	保管员	180.80	
	待处理财产损溢	待处理流动资产损溢		180.80

表5-41　　记账凭证（记-51、记-52）　　单位：元

摘要	会计分录			
	总账科目	明细科目	借方金额	贷方金额
存货清查盘盈（记-51）	原材料	乙材料	150	
	待处理财产损溢	待处理流动资产损溢		150
转销时（记-52）	待处理财产损溢	待处理流动资产损溢	150	
	管理费用			150

第五步，登记账簿（见表5-42）。

表5-42　　“待处理财产损溢”明细账　　单位：元

2022年		凭证号数	摘要	借方	贷方	方向	余额
月	日						
12	31	记-41	现金清查盘亏	120.00		借	120.00
12	31	记-41	现金清查盘亏转销		120.00	平	
12	31	记-42	现金清查盘盈		100.00	贷	100.00
12	31	记-42	现金清查盘盈转销	100.00		平	
12	31	记-45	固定资产清查盘亏	15 000.00		借	15 000.00
12	31	记-46	固定资产清查盘亏转销		15 000.00	平	
12	31	记-47	固定资产清查盘盈		2 500.00	贷	2 500.00
12	31	记-48	固定资产清查盘盈转销	2 500.00		平	
12	31	记-49	存货清查盘亏	180.80		借	180.80
12	31	记-50	存货清查盘亏转销		180.80	平	
12	31	记-51	存货清查盘盈		150.00	贷	150.00
12	31	记-52	存货清查盘盈转销	150.00		平	
12			当前合计	18 050.80	18 050.80	平	
12			当前累计	18 050.80	18 050.80	平	
			结转下年				

任务七　账簿核对——总账与日记账核对

一、实训目标

1. 能正确找出总账、日记账相关数据。
2. 能正确核对总账、日记账相关数据。

二、实训材料

1. 总账。
2. 日记账。

三、实训内容和步骤

第一步，找出日记账期末余额。

日记账期末余额一般等于期初余额加本期增加发生额合计数减本期减少发生额合计数。

第二步，找出总账期末余额。

总账期末余额一般等于期初余额加本期增加发生额合计数减本期减少发生额合计数。

第三步，核对总账、日记账相关数据。

将总账期末余额与日记账期末余额进行核对。

四、实训注意事项

1. 总账的本期发生额应与所属日记账的本期发生额合计核对相符。
2. 总账期末余额应与所属日记账期末余额合计核对相符。

五、实训案例

北京沃达电器有限责任公司是一家中型小家电制造企业，主要从事厨房小家电系列产品的研发、生产和销售。

要求：期末进行总账与日记账核对。

第一步，获取日记账数据（见表5-43和表5-44）。

表5-43 库存现金日记账

单位：元

2022年		凭证号数	摘要	对方科目	借方	贷方	方向	余额
月	日							
12	1		期初余额				借	30 000.00
12	31	记-28	差旅费报销	660101		4 700.00	借	25 300.00
12	31	记-29	购买办公用品	660201		1 170.00	借	24 130.00
12	31	记-30	收到员工罚款	6301	800.00		借	24 930.00
12	31	记-14	提取现金	1002	10 000.00		借	34 930.00
12	31	记-41	现金清查盘亏	1221，660206		120.00	借	34 810.00
12	31	记-42	现金清查盘盈	1901，6301	100.00		借	34 910.00
12	31		本月合计		10 900.00	5 990.00	借	34 910.00

表5-44　　银行存款日记账　　单位：元

2022年		凭证号数	摘要	结算号	对方科目	借方	贷方	方向	余额
月	日								
12	1		期初余额					借	19 600 000.00
12	31	记-01	从银行借入短期借款		2001	2 000 000.00		借	21 600 000.00
12	31	记-02	收到货币性投资款		4001	10 000 000.00		借	31 600 000.00
12	31	记-04	支付上月水费		220204，22210101		52 320.00	借	31 547 680.00
12	31	记-05	支付上月电费		220203，22210101		130 800.00	借	314 16 880.00
12	31	记-06	支付前欠材料款		220201		6 469 600.41	借	24 947 279.59
12	31	记-08	支付到期的银行承兑汇票		220101		5 786 786.07	借	19 160 493.52
12	31	记-09	采购原材料		140309，140308		3 000 000.00	借	16 160 493.52
12	31	记-38	缴纳上月增值税		222102		1 253 000.00	借	14 907 493.52
12	31	记-11	购买包装物		1411，22210101		1 130.00	借	14 906 363.52
12	31	记-12	购买固定资产		1601，22210101		5 650.00	借	14 900 713.52
12	31	记-15	发放上月职工薪酬		221101		318 606.50	借	14 582 107.02
12	31	记-26	收到前欠货款		112201	6 428 000.00		借	21 010 107.02
12	31	记-13	采购无形资产		1701，22210101		16 950.00	借	20 993 157.02
12	31	记-23	销售商品		600101，600102	5 900 860.00		借	26 894 017.02
12	31	记-31	支付税收滞纳金		6711		50.00	借	26 893 967.02
12	31	记-14	提取现金		1001		10 000.00	借	26 883 967.02
12	31	记-35	利息收入		660301	5 082.89		借	26 889 049.91
12	31	记-36	支付利息		2231		9 000.00	借	26 880 049.91
12	31	记-40	缴纳上月地方附加税费		222104，222105		159 203.50	借	26 720 846.41
12	31		本月合计			24 333 942.89	17 213 096.48	借	26 720 846.41

第二步，获取总账数据（见表5-45和表5-46）。

表5-45 库存现金总账 单位：元

2022年		凭证号数	摘要	借方	贷方	方向	余额
月	日						
12	1		期初余额			借	30 000.00
12			当前合计	10 900.00	5 990.00	借	34 910.00

表5-46 银行存款总账 单位：元

2022年		凭证号数	摘要	借方	贷方	方向	余额
月	日						
12	1		期初余额			借	19 600 000.00
12			当前合计	24 333 942.89	17 213 096.48	借	26 720 846.41

第三步，进行数据核对（见表5-47）。

表5-47 数据核对 单位：元

12月	期初余额	本期借方发生额	本期贷方发生额	期末余额	对账结果
库存现金日记账数据	30 000.00	10 900.00	5 990.00	34 910.00	一致
库存现金总账数据	30 000.00	10 900.00	5 990.00	34 910.00	
银行存款日记账数据	19 600 000.00	24 333 942.89	17 213 096.48	26 720 846.41	一致
银行存款总账数据	19 600 000.00	24 333 942.89	17 213 096.48	26 720 846.41	

任务八 账簿核对——总账与明细账核对

一、实训目标

1. 能正确找出总账、明细账相关数据。
2. 能正确核对总账、明细账相关数据。

二、实训材料

1. 总账。
2. 明细账。

三、实训内容和步骤

第一步，找出明细账期末余额。

明细账期末余额一般等于期初余额加本期增加发生额合计数减本期减少发生额合计数。

第二步，找出总账期末余额。

总账期末余额一般等于期初余额加本期增加发生额合计数减本期减少发生额合计数。

第三步，核对总账、明细账相关数据。

将总账期末余额与明细账期末余额进行核对。

四、实训注意事项

1. 总账的本期发生额应与所属明细账的本期发生额合计核对相符。
2. 总账期末余额应与所属明细账期末余额合计核对相符。

五、实训案例

北京沃达电器有限责任公司是一家中型小家电制造企业，主要从事厨房小家电系列产品的研发、生产和销售。

要求：期末进行总账与明细账（以应收账款为例）核对。

第一步，获取明细账数据（见表5-48至表5-51）。

表5-48 “应收账款——112201北京城乡贸易城”明细账 单位：元

2022年		凭证号数	摘要	借方	贷方	方向	余额
月	日						
12	1		期初余额			借	6 428 000.00
12	31	记-26	收到前欠货款		6 428 000.00	平	0

表5-49 “应收账款——112203天津万润贸易公司”明细账 单位：元

2022年		凭证号数	摘要	借方	贷方	方向	余额
月	日						
12	31	记-25	销售产品	5 147 150.00		借	5 147 150.00

表5-50 “应收账款——112204M公司”明细账 单位：元

2022年		凭证号数	摘要	借方	贷方	方向	余额
月	日						
12	31	记-44	应收账款确定收不回		50 000.00	贷	50 000.00

表5-51 “应收账款——112202福建银海贸易有限责任公司”明细账 单位：元

2022年		凭证号数	摘要	借方	贷方	方向	余额
月	日						
12	1		期初余额			借	21 516 300.00
12	31	记-24	销售商品	23 289 300.00		借	44 805 600.00

第二步，获取总账数据（见表5-52）。

表5-52 “应收账款”总账 单位：元

2022年		凭证号数	摘要	借方	贷方	方向	余额
月	日						
12	1		期初余额			借	27 944 300.00
12			当前合计	28 436 450.00	6 478 000.00	借	49 902 750.00

第三步，进行数据核对（见表5-53）。

表5-53 数据核对 单位：元

12月	期初余额	本期借方发生额	本期贷方发生额	期末余额	对账结果
应收账款总账数据	27 944 300.00	28 436 450.00	6 478 000.00	49 902 750.00	一致
应收账款明细账数据	27 944 300.00	28 436 450.00	6 478 000.00	49 902 750.00	
北京城乡贸易城	6 428 000.00		6 428 000.00	0	
天津万润贸易公司		5 147 150.00		5 147 150.00	
M公司			50 000.00	-50 000.00	
福建银海贸易有限责任公司	21 516 300.00	23 289 300.00		44 805 600.00	

任务九　科目汇总表编制

一、实训目标

1. 能正确编制T形账户。
2. 能正确编制科目汇总表。

二、实训材料

1. 草稿纸。
2. 本月所有记账凭证。
3. 空白科目汇总表。

三、实训内容和步骤

第一步，认知科目汇总表。

科目汇总表是定期对全部记账凭证进行汇总，按各个会计科目列示其借方发生额和贷方发生额的一种汇总凭证。依据借贷记账法的基本原理，科目汇总表中各个会计科目的借方发生额合计与贷方发生额合计应该相等，因此，科目汇总表具有试算平衡的作用。科目汇总表是科目汇总表核算形式下总账登记的依据。科目汇总表见表5-54。

表5-54　　科目汇总表　　单位：元

年　月　日至　日　　字第　号

会计科目	本期发生额		记账凭证起讫号码
	借方	贷方	

第二步，编制科目汇总表。

1.根据会计凭证编制T形账户。

T形账户是账户的简单格式，由于该账户与大写字母“T”形似而得名。一个T形账户有左方和右方，分别称作“借方”和“贷方”，金额记入其左方时称为“借记”该账户，记入其右方则称为“贷记”该账户。T形账户有利于科目的汇总，不易出错，可以根据借贷相等的原理查出错误的地方。由于T形账户是编制科目汇总表的草稿，没有固定格式，所以编制T形账户时，首先准备一张空白纸或者草稿纸，然后：

（1）画T形账户。利用尺子画若干T形的形状，大小由自己掌控。

（2）填写会计账户。在横线上方填写会计账户，每一个涉及的会计账户都要编制一个单独的T形账户，如库存现金，放在T形的中间，左边填写借方，右边填写贷方。

（3）填写期初余额。根据企业期初数据填写每个会计账户的期初余额。一般来说，资产成本类账户的期初余额在借方，负债损益类账户的期初余额在贷方。T形账户（期初余额）如图5-5所示。

借方	库存现金		贷方
期初余额：	9 500		

图5-5　T形账户（期初余额）

（4）填写序号和金额。把按顺序编制好的会计分录依次按照借贷方把序号和金额填写上去，需要注意的是该环节一定要仔细，漏填或者填错都会影响到后面的计算和报表编制。T形账户（序号和金额）如图5-6所示。

借方	库存现金		贷方
期初余额：	9 500	（1）	4 000
（3）	5 000	（2）	3 000
（5）	1 000	（4）	6 000

图5-6　T形账户（序号和金额）

（5）计算本期发生额。所有记账凭证填写完后，需要计算每个会计账户的借方和贷方的本期发生额，计算时将该账户下借方和贷方所列出的除期初余额的所有金额相加。T形账户（本期发生额）如图5-7所示。

借方	库存现金		贷方
期初余额：	9 500	（1）	4 000
（3）	5 000	（2）	3 000
（5）	1 000	（4）	6 000
本期发生额	6 000	本期发生额	13 000

图5-7　T形账户（本期发生额）

（6）计算期末余额。计算期末余额的公式为：期末余额=期初余额+本期增加发生额-本期减少发生额。以“库存现金”账户为例，本期增加发生额即借方的本期发生额，本期减少发生额即贷方的本期发生额，一般期初余额在哪一方，期末余额就在哪一方。T形账户（期末余额）如图5-8所示。

借方	库存现金		贷方
期初余额：	9 500	（1）	4 000
（3）	5 000	（2）	3 000
（5）	1 000	（4）	6 000
本期发生额	6 000	本期发生额	13 000
期末余额：	2 500		

图5-8　T形账户（期末余额）

2. 根据T形账户编制科目汇总表。

首先将汇总期内各项经济业务所涉及的会计科目填列在会计科目表的“会计科目”栏，为了便于登记总账，会计科目的排列顺序应与总账上的会计科目的顺序一致。然后将各个T形账户的本期借方发生额与贷方发生额合计数填写到科目汇总表中与有关科目相对应的本期发生额栏内，并将所有会计科目的本期借方发生额与贷方发生额进行合计，如果借贷相等，一般说明无误，可用以登记总账。

四、实训注意事项

1. 科目汇总表编制的时间应根据经济业务量的多少而定，可以选择3天、5天、10天、15天或者1个月。业务量多的单位可每天汇总一次，以便对发生额进行试算平衡，及时了解资金运动情况。

2. 对于科目汇总表中“库存现金”“银行存款”科目的借方本期发生额和贷方本期发生额，也可以直接根据库存现金日记账和银行存款日记账的收入合计和支出合计填列，而不再根据记账凭证汇总填列。

3. 科目汇总表中所有科目发生额填写完毕后，还应分别加总全部会计科目“借方”

和“贷方”发生额，进行发生额的试算平衡。

五、实训案例

2022年12月，北京沃达电器有限责任公司对本月发生的经济业务，都填制了记账凭证（见记-01至记-60），资料来自项目四及项目五的任务六、任务十一至任务十三，共60笔业务。

要求：编制科目汇总表。

答案：科目汇总表的编制见表5-55。

表5-55 科目汇总表 单位：元

科目编码	科目名称	外币名称	计量单位	借方金额合计	贷方金额合计
1001	库存现金			10 900.00	5 990.00
1002	银行存款			24 333 942.89	17 213 096.48
1122	应收账款			28 436 450.00	6 478 000.00
1221	其他应收款			250.80	0
1231	坏账准备			50 000.00	50 000.00
1402	在途物资			486 000.00	486 000.00
1403	原材料			4 861 950.00	6 713 260.00
1405	库存商品			22 862 575.83	22 502 922.00
1411	周转材料			1 000.00	0
1601	固定资产			1 207 500.00	60 000.00
1602	累计折旧			45 000.00	376 680.71
1701	无形资产			15 000.00	0
1702	累计摊销			0	125.00
1901	待处理财产损溢			17 930.80	17 930.80
资产 小计				82 328 500.32	53 904 004.99
2001	短期借款			0	2 000 000
2201	应付票据			5 786 786.07	549 180.00
2202	应付账款			6 637 600.41	19 675 214.00
2211	应付职工薪酬			318 606.50	363 711.50

续表

科目编码	科目名称	外币名称	计量单位	借方金额合计	贷方金额合计
2221	应交税费			5 362 534.30	7 233 455.37
2231	应付利息			9 000.00	9 000.00
2232	应付股利			0	550 846.17
负债 小计				18 114 527.28	30 381 407.04
4001	实收资本			0	11 000 000.00
4002	资本公积			0	200 000.00
4101	盈余公积			0	550 846.17
4103	本年利润			30 390 400.00	30 390 400.00
4104	利润分配			1 101 692.34	5 508 461.74
权益 小计				31 492 092.34	47 649 707.91
5001	生产成本			7 354 575.83	7 354 575.83
5101	制造费用			440 775.83	440 775.83
成本 小计				7 795 351.66	7 795 351.66
6001	主营业务收入			30 387 000.00	30 387 000.00
6301	营业外收入			3 400.00	3 400.00
6401	主营业务成本			22 502 922.00	22 502 922.00
6403	税金及附加			154 107.01	154 107.01
6601	销售费用			90 149.47	90 149.47
6602	管理费用			229 788.76	229 788.76
6603	财务费用			9 000.00	9 000.00
6702	信用减值损失			50 000.00	50 000.00
6711	营业外支出			15 050.00	15 050.00
6801	所得税费用			1 836 153.91	1 836 153.91
损益 小计				55 277 571.15	55 277 571.15
合计				195 008 042.75	195 008 042.75

任务十　试算平衡表编制

一、实训目标

能正确编制试算平衡表。

二、实训材料

1. 科目汇总表。
2. 总账账簿。
3. 空白试算平衡表。

三、实训内容和步骤

第一步，认知试算平衡表。

试算平衡，是指根据借贷记账法的记账规则和资产与权益的恒等关系，通过对所有账户的发生额和余额的汇总计算和比较，来检查账户记录是否正确的一种方法。试算平衡是通过编制试算平衡表进行的。

试算平衡表是对会计总账科目发生额及余额进行试算平衡的基础报表，是编制资产负债表、利润表等有关报表的工作底稿。试算平衡表可以分为两种：一种是将本期发生额和期末余额分别编制列表，另一种是将本期发生额和期末余额合并在一张表上进行试算平衡。本教材重点介绍第二种试算平衡表，该表通常应设置“期初余额”、“本期发生额”和“期末余额”三大栏，其下分设“借方”和“贷方”两个小栏，基本格式见表5-56。

表5-56　试算平衡表　单位：元

会计科目	期初余额		本期发生额		期末余额	
	借方	贷方	借方	贷方	借方	贷方
合计						

在借贷记账法下，试算平衡的基本公式是：

1. 全部账户的借方期初余额合计数=全部账户的贷方期初余额合计数

2. 全部账户的借方发生额合计=全部账户的贷方发生额合计

3. 全部账户的借方期末余额合计=全部账户的贷方期末余额合计

如果上述三个方面都能保持平衡，说明记账工作基本上是正确的，否则就说明记账工作发生了差错。

第二步，编制试算平衡表。

1. 获取期初数据，并试算平衡。

需要先对期初数据试算平衡，这样才能保证本期的试算平衡正确。

2. 获取科目汇总表数据。

期末需要把全部账户应记录的经济业务登记入账，会计人员可以根据上一个实训项目中编制的科目汇总表的相关信息来登记总账账簿。在登记总账时，还需要计算出各个账户本期借方发生额、贷方发生额和期末余额，借方和贷方发生额即为各账户总账中的“当前累计”或者“本月合计”一栏的数据，期末余额即为各总账科目余额数据。

3. 编制本期试算平衡表。

首先将汇总期内各项经济业务所涉及的会计科目填列在科目汇总表的“会计科目”栏，为了便于检查，会计科目的排列顺序应与总账上的会计科目的顺序一致。然后将各个总账科目的期初余额、本期借方发生额与贷方发生额合计数、期末余额填写到科目汇总表中与有关科目相对应的本期发生额栏内。最后将所有会计科目的期初余额进行合计，检查全部账户的借方期初余额合计数是否等于全部账户的贷方期初余额合计数；将所有会计科目的本期借方发生额与贷方发生额进行合计，检查全部账户的借方发生额合计是否等于全部账户的贷方发生额合计；将所有会计账户的期末余额进行合计，检查全部账户的借方期末余额合计是否等于全部账户的贷方期末余额合计，如果全部相等，说明本月所有借贷双方金额基本无误。

四、实训注意事项

1. 试算平衡只是通过借贷金额是否平衡来检查账户记录是否正确的一种方法。如果借贷双方发生额或余额相等，表明账户记录基本正确，但有些错误并不影响借贷双方的平衡，因此试算不平衡，表示记账一定有错误，但试算平衡，也不能表明记账一定正确。

2. 试算平衡表反映不出的错误包括：借贷双方发生同等金额的记录错误、全部漏记或重复记录同一项经济业务、账户记录发生借贷方向错误、用错相关账户名称等。这些错误不能通过试算平衡表查出，需要通过其他方法进行查找。

五、实训案例

2022年12月，北京沃达电器有限责任公司共发生了60笔经济业务。

要求：根据期初数据和科目汇总表编制试算平衡表。

第一步，获取期初数据（见表1-3至表1-5）。

第二步，获取科目汇总表数据（见表5-57）。

表5-57　科目汇总表　单位：元

科目编码	科目名称	外币名称	计量单位	借方金额合计	贷方金额合计
1001	库存现金			10 900.00	5 990.00
1002	银行存款			24 333 942.89	17 213 096.48
1122	应收账款			28 436 450.00	6 478 000.00
1221	其他应收款			250.80	0
1231	坏账准备			50 000.00	50 000.00
1402	在途物资			486 000.00	486 000.00
1403	原材料			4 861 950.00	6 713 260.00
1405	库存商品			22 862 575.83	22 502 922.00
1411	周转材料			1 000.00	0
1601	固定资产			1 207 500.00	60 000.00
1602	累计折旧			45 000.00	376 680.71
1701	无形资产			15 000.00	0
1702	累计摊销			0	125.00
1901	待处理财产损溢			17 930.80	17 930.80
资产小计				82 328 500.32	53 904 004.99
2001	短期借款			0	2 000 000.00
2201	应付票据			5 786 786.07	549 180.00
2202	应付账款			6 637 600.41	19 675 214.00
2211	应付职工薪酬			318 606.50	363 711.50
2221	应交税费			5 362 534.30	7 233 455.37
2231	应付利息			9 000.00	9 000.00
2232	应付股利			0	550 846.17

续表

科目编码	科目名称	外币名称	计量单位	借方金额合计	贷方金额合计
	负债小计			18 114 527.28	30 381 407.04
4001	实收资本			0	11 000 000.00
4002	资本公积			0	200 000.00
4101	盈余公积			0	550 846.17
4103	本年利润			30 390 400.00	30 390 400.00
4104	利润分配			1 101 692.34	5 508 461.74
	权益小计			31 492 092.34	47 649 707.91
5001	生产成本			7 354 575.83	7 354 575.83
5101	制造费用			440 775.83	440 775.83
	成本小计			7 795 351.66	7 795 351.66
6001	主营业务收入			30 387 000.00	30 387 000.00
6301	营业外收入			3 400.00	3 400.00
6401	主营业务成本			22 502 922.00	22 502 922.00
6403	税金及附加			154 107.01	154 107.01
6601	销售费用			90 149.47	90 149.47
6602	管理费用			229 788.76	229 788.76
6603	财务费用			9 000.00	9 000.00
6702	信用减值损失			50 000.00	50 000.00
6711	营业外支出			15 050.00	15 050.00
6801	所得税费用			1 836 153.91	1 836 153.91
	损益小计			55 277 571.15	55 277 571.15
合计				195 008 042.75	195 008 042.75

第三步，编制试算平衡表（见表5-58）。

表5-58　　试算平衡表　　单位：元

会计科目	期初余额		本期发生额		期末余额	
	借方	贷方	借方	贷方	借方	贷方
库存现金	30 000.00	0	10 900.00	5 990.00	34 910.00	0
银行存款	19 600 000.00	0	24 333 942.89	17 213 096.48	26 720 846.41	0
应收账款	27 944 300.00	0	28 436 450.00	6 478 000.00	49 902 750.00	0
其他应收款	0	0	250.80	0	250.80	0
坏账准备	0	0	50 000.00	50 000.00	0	0
在途物资	0	0	486 000.00	486 000.00	0	0
原材料	3 471 900.00	0	4 861 950.00	6 713 260.00	1 620 590.00	0
库存商品	3 827 962.00	0	22 862 575.83	22 502 922.00	4 187 615.83	0
周转材料	0	0	1 000.00	0	1 000.00	0
固定资产	69 060 221.00	0	1 207 500.00	60 000.00	70 207 721.00	
累计折旧	0	22 224 161.89	45 000.00	376 680.71	0	22 555 842.60
无形资产	0	0	15 000.00	0	15 000.00	0
累计摊销	0	0	0	125.00	0	125.00
待处理财产损溢	0	0	17 930.80	17 930.80	0	0
小计	123 934 383	22 224 161.89	82 328 500.32	53 904 004.99	152 690 684.00	22 555 967.60
短期借款	0	0	0	2 000 000.00	0	2 000 000.00
应付票据	0	5 786 786.07	5 786 786.07	549 180.00	0	549 180.00
应付账款	0	6 637 600.41	6 637 600.41	19 675 214.00	0	19 675 214.00
应付职工薪酬	0	318 606.50	318 606.50	363 711.50	0	363 711.50
应交税费	0	1 412 203.50	5 362 534.30	7 233 455.37	0	3 283 124.57
应付利息	0	0	9 000.00	9 000.00	0	0
应付股利	0	0	0	550 846.17	0	550 846.17

续表

会计科目	期初余额		本期发生额		期末余额	
	借方	贷方	借方	贷方	借方	贷方
小计	0	36 379 358.37	18 114 527.28	30 381 407.04	0	26 422 076.24
实收资本	0	50 000 000.00	0	11 000 000.00	0	61 000 000.00
资本公积	0	0	0	200 000.00	0	200 000.00
盈余公积	0	0	0	550 846.17	0	550 846.17
本年利润	0	0	30 390 400.00	30 390 400.00	0	0
利润分配	0	37 555 024.63	1 101 692.34	5 508 461.74	0	41 961 794.03
小计	0	87 555 024.63	31 492 092.34	47 649 707.91	0	103 712 640.20
生产费用	0	0	7 354 575.83	7 354 575.83	0	0
制造费用	0	0	440 775.83	440 775.83	0	0
小计	0	0	7 795 351.66	7 795 351.66	0	0
主营业务收入			30 387 000.00	30 387 000.00		
营业外收入	0	0	3 400.00	3 400.00	0	0
主营业务成本			22 502 922.00	22 502 922.00		
税金及附加			154 107.01	154 107.01		
销售费用	0	0	90 149.47	90 149.47	0	0
管理费用	0	0	229 788.76	229 788.76	0	0
财务费用	0	0	9 000.00	9 000.00	0	0
信用减值损失			50 000.00	50 000.00		
营业外支出	0	0	15 050.00	15 050.00	0	0
所得税费用	0	0	1 836 153.91	1 836 153.91	0	0
小计	0	0	55 277 571.15	55 277 571.15	0	0
合计	123 934 383.00	123 934 383.00	195 008 042.75	195 008 042.75	152 690 684.00	152 690 684.00

任务十一　本年利润

一、实训目标

1. 能正确理解“本年利润”科目。
2. 能正确描述“本年利润”基本流程。
3. 能进行“本年利润”会计核算。

二、实训材料

1. 相关账户明细账。
2. 相关记账凭证。

三、实训内容和步骤

第一步，结转收益类账户。

企业会计人员根据结计出的主营业务收入、其他业务收入、投资收益、公允价值变动损益、营业外收入、资产处置损益等收益类账户明细账的当前余额，填制结转各收益类账户余额的记账凭证，将各种收益从各种收益类账户的借方转入“本年利润”账户的贷方。

第二步，结转费用类账户。

企业会计人员根据结计出的主营业务成本、其他业务成本、税金及附加、销售费用、管理费用、财务费用、资产减值损失、营业外支出等费用类账户明细账的当前余额，填制结转各费用类账户余额的记账凭证，将各种费用从各种费用类账户的贷方转入“本年利润”账户的借方。

第三步，编制结转损益凭证。

收益类与费用类账户结转至“本年利润”账户后，损益类账户期末余额都应为0。

第四步，登记账簿。

把记账凭证中涉及的科目发生额分别登记入账。

四、实训注意事项

1. 结转损益类账户的记账凭证后面一般不需要附原始凭证。
2. “本年利润”账户相关业务一般都是发生在月底、季末、年终。
3. 目前软件都是自动实现期末损益结转的，不易出错。

五、实训案例

2022年12月，北京沃达电器有限责任公司日常经济业务结束，各损益类账户明细账均已登账。

要求：结转损益类账户，并进行账务处理。

第一步，获取收入类账户明细账（见表5-59）。

表5-59　2022年12月收益类账户明细账　单位：元

一级科目编码	科目名称	月	日	凭证号数	二级科目编码	明细科目	摘要	发生额	方向	余额
6001	主营业务收入	12	31	记-23	600101	轻巧型电热水壶	销售商品	1 955 000.00	贷	1 955 000.00
6001	主营业务收入	12	31	记-23	600102	经典型电热水壶	销售商品	2 400 000.00	贷	4 355 000.00
6001	主营业务收入	12	31	记-23	600103	豪华型电热水壶	销售商品	867 000.00	贷	5 222 000.00
6001	主营业务收入	12	31	记-24	600104	精磨型豆浆机	销售商品	2 790 000.00	贷	8 012 000.00
6001	主营业务收入	12	31	记-24	600105	时尚型豆浆机	销售商品	2 340 000.00	贷	10 352 000.00
6001	主营业务收入	12	31	记-24	600106	经典型豆浆机	销售商品	9 000 000.00	贷	19 352 000.00
6001	主营业务收入	12	31	记-24	600107	智能型电饭煲	销售商品	6 480 000.00	贷	25 832 000.00
6001	主营业务收入	12	31	记-25	600101	轻巧型电热水壶	销售商品	2 125 000.00	贷	27 957 000.00
6001	主营业务收入	12	31	记-25	600102	经典型电热水壶	销售商品	1 920 000.00	贷	29 877 000.00
6001	主营业务收入	12	31	记-25	600103	豪华型电热水壶	销售商品	510 000.00	贷	30 387 000.00
6301	营业外收入	12	31	记-30			收到员工罚款	800.00	贷	800.00
6301	营业外收入	12	31	记-42			现金清查盘盈	100.00	贷	900.00
6301	营业外收入	12	31	记-48			审批后	2 500.00	贷	3 400.00

第二步，获取费用类账户明细账（见表5-60）。

表5-60　2022年12月费用类账户明细账　单位：元

一级科目编码	科目名称	月	日	凭证号数	二级科目编码	明细科目	摘要	发生额	方向	余额
6401	主营业务成本	12	31	记-27	640101	轻巧型电热水壶	计算结转产品销售成本	3 687 360.00	借	3 687 360.00
6401	主营业务成本	12	31	记-27	640102	经典型电热水壶	计算结转产品销售成本	2 975 400.00	借	6 662 760.00
6401	主营业务成本	12	31	记-27	640103	豪华型电热水壶	计算结转产品销售成本	648 162.00	借	7 310 922.00
6401	主营业务成本	12	31	记-27	640104	精磨型豆浆机	计算结转产品销售成本	2 232 000.00	借	9 542 922.00

续表

一级科目编码	科目名称	月	日	凭证号数	二级科目编码	明细科目	摘要	发生额	方向	余额
6401	主营业务成本	12	31	记-27	640105	时尚型豆浆机	计算结转产品销售成本	1 800 000.00	借	11 342 922.00
6401	主营业务成本	12	31	记-27	640106	经典型电饭煲	计算结转产品销售成本	6 480 000.00	借	17 822 922.00
6401	主营业务成本	12	31	记-27	640107	智能型电饭煲	计算结转产品销售成本	4 680 000.00	借	22 502 922.00
6403	税金及附加	12	31	记-39			计算当月应交税金及附加	154 107.01	借	154 107.01
6601	销售费用	12	31	记-32	660103	折旧	计提固定资产折旧	21 111.12	借	21 111.12
6601	销售费用	12	31	记-16	660104	工资	本月工资费用归集	57 800.00	借	78 911.12
6601	销售费用	12	31	记-17	660102	水电费	分配本月水电费	6 720.00	借	85 631.12
6601	销售费用	12	31	记-28	660101	差旅费	差旅费报销	4 518.35	借	90 149.47
6602	管理费用	12	31	记-32	660203	折旧	计提固定资产折旧	100 523.76	借	100 523.76
6602	管理费用	12	31	记-16	660204	工资	本月工资费用归集	97 800.00	借	198 323.76
6602	管理费用	12	31	记-17	660202	水电费	分配本月水电费	30 120.00	借	228 443.76
6602	管理费用	12	31	记-33	660205	累计摊销	无形资产摊销	125.00	借	228 568.76
6602	管理费用	12	31	记-29	660201	办公费	购买办公用品	1 170.00	借	229 738.76
6602	管理费用	12	31	记-41	660206	医药费	现金清查盘亏	50.00	借	229 788.76
6602	管理费用	12	31	记-52	660207	存货盘盈	转销时	-150.00	借	229 638.76
6603	财务费用	12	31	记-34			支付利息	9 000.00	借	9 000.00
6603	财务费用	12	31	记-35			利息收入	-5 082.89	借	3 917.11
6702	信用减值损失	12	31	记-43			应收账款清查减值	50 000.00	借	50 000.00
6711	营业外支出	12	31	记-31			支付税收滞纳金	50.00	借	50.00
6711	营业外支出	12	31	记-46			审批后	15 000.00	借	15 050.00

第三步，编制结转损益记账凭证（见表5-61和表5-62）。

表5-61　记账凭证（记-53）　单位：元

摘要	会计分录			
	总账科目	明细科目	借方金额	贷方金额
结转损益类（费用）账户	本年利润		23 045 784.35	
	主营业务成本	轻巧型电热水壶		3 687 360.00
	主营业务成本	经典型电热水壶		2 975 400.00
	主营业务成本	豪华型电热水壶		648 162.00
	主营业务成本	精磨型豆浆机		2 232 000.00
	主营业务成本	时尚型豆浆机		1 800 000.00
	主营业务成本	经典型电饭煲		6 480 000.00
	主营业务成本	智能型电饭煲		4 680 000.00
	税金及附加			154 107.01
	财务费用	利息费用		3 917.11
	销售费用	差旅费		4 518.35
	销售费用	水电费		6 720.00
	销售费用	折旧		21 111.12
	销售费用	工资		57 800.00
	管理费用	办公费		1 170.00
	管理费用	水电费		30 120.00
	管理费用	折旧		100 523.76
	管理费用	工资		97 800.00
	管理费用	无形资产摊销		125.00
	管理费用	医药费		50.00
	管理费用	盘盈		−150.00
	营业外支出			15 050.00
	信用减值损失			50 000.00

表5-62　　记账凭证（记-54）　　单位：元

摘要	会计分录			
	总账科目	明细科目	借方金额	贷方金额
结转损益类（收入）账户	主营业务收入	轻巧型电热水壶	4 080 000.00	
	主营业务收入	经典型电热水壶	4 320 000.00	
	主营业务收入	豪华型电热水壶	1 377 000.00	
	主营业务收入	精磨型豆浆机	2 790 000.00	
	主营业务收入	时尚型豆浆机	2 340 000.00	
	主营业务收入	经典型电饭煲	9 000 000.00	
	主营业务收入	智能型电饭煲	6 480 000.00	
	营业外收入		3 400.00	
	本年利润			30 390 400.00

第四步，登记账簿（见表5-63）。

表5-63　　“本年利润——4103 本年利润”明细账　　单位：元

2022年		凭证号数	摘要	借方	贷方	方向	余额
月	日						
12	31	记-53	期间损益结转	23 045 784.35		借	23 045 784.35
12	31	记-54	期间损益结转		30 390 400.00	贷	7 344 615.65

任务十二　所得税费用

一、实训目标

1. 能正确理解“所得税费用”科目。
2. 能正确描述所得税费用基本流程。
3. 能进行所得税费用会计核算。

二、实训材料

1. 相关账户明细账。

2. 相关记账凭证。

3. 企业所得税计算表。

4. 记账凭证。

三、实训内容和步骤

第一步，获取本年利润总账数据。

根据之前的业务，获取本年利润总账本期期末数据。

本年利润本期期末余额=本期贷方发生额-本期借方发生额

第二步，编制所得税费用计提凭证。

本期预交所得税费用=本年利润本期期末余额（贷方）×25%

会计人员根据审核无误的企业所得税计算表，编制企业计算本月应交企业所得税的记账凭证，借记“所得税费用”账户，同时贷记“应交税费”账户，财务主管审核。

第三步，编制所得税费用结转凭证，财务主管审核。

结转所得税费用时，将所得税费用自“所得税费用”账户的贷方转入“本年利润”账户的借方。

第四步，登记账簿。

根据结转的记账凭证相应的会计科目，把经济业务的具体发生额登入明细账和总账。

四、实训注意事项

1. 编制的本月应交企业所得税的记账凭证后面应附有原始凭证，该原始凭证就是企业所得税计算表，而结转所得税费用记账凭证不需要原始凭证。

2. 企业自月份或者季度终了之日起15日内，无论盈利或亏损，都应向税务机关报送预缴企业所得税纳税申报表，预缴税款。

五、实训案例

2022年12月，北京沃达电器有限责任公司日常经济业务结束，各损益类账户明细账均已登账。

要求：核算预交所得税费用，并进行账务处理。

第一步，获取本年利润总账本期期末余额（见表5-64）。

表5-64 “本年利润”明细账 单位：元

2022年		凭证号数	摘要	借方	贷方	方向	余额
月	日						
12	31	记-53	期间损益结转	23 045 784.35		借	23 045 784.35
12	31	记-54	期间损益结转		30 390 400.00	贷	7 344 615.65
12	31	记-56	结转所得税费用	1 836 153.91		贷	5 508 461.74

第二步，编制计提预交企业所得税记账凭证（见表5-65）。

表5-65　　记账凭证（记-55）　　单位：元

摘要	会计分录			
	总账科目	明细科目	借方金额	贷方金额
计算所得税费用	所得税费用		1 836 153.91	
	应交税费	应交所得税		1 836 153.91

第三步，编制结转所得税费用记账凭证（见表5-66）。

表5-66　　记账凭证（记-56）　　单位：元

摘要	会计分录			
	总账科目	明细科目	借方金额	贷方金额
结转所得税费用	本年利润		1 836 153.91	
	所得税费用			1 836 153.91

第四步，登记账簿（见表5-67和表5-64）。

表5-67　　“所得税费用”明细账　　单位：元

2022年		凭证号数	摘要	借方	贷方	方向	余额
月	日						
12	31	记-55	计算所得税费用	1 836 153.91		借	1 836 153.91
12	31	记-56	结转所得税费用		1 836 153.91	平	
12			当前合计	1 836 153.91	1 836 153.91	平	
12			当前累计	1 836 153.91	1 836 153.91	平	
			结转下年			平	

任务十三　利润分配

一、实训目标

1. 能正确编制结转本年利润记账凭证。
2. 能正确编制计提法定盈余公积记账凭证。
3. 能正确编制向投资者分配利润记账凭证。

二、实训材料

1. 相关记账凭证。
2. 记账凭证。

三、实训内容和步骤

第一步，结转本年利润。

如果“本年利润”账户为贷方余额，则说明本年盈利，应对其进行分配，将余额转入“利润分配——未分配利润”账户的贷方。如果“本年利润”账户为借方余额，表明本年度经营结果为亏损，则将期末余额直接结转至“利润分配”账户，留待以后年度弥补。

第二步，计提盈余公积。

法定盈余公积，一般是指国家规定企业必须从税后利润中提取的盈余公积，提取比例为净利润的10%。法定盈余公积主要用于企业扩大再生产，也可用于企业弥补亏损或转增资本，企业在计提了法定盈余公积之后，还可以根据企业政策的需要计提任意盈余公积。

公司的利润分配一般包括提取法定盈余公积、提取任意盈余公积。

第三步，计提应付股利。

向投资者分配的利润记入“应付股利”账户的贷方。

第四步，结转利润分配明细账户。

会计结计利润分配明细账当前余额，根据结计的利润分配明细账当前余额，填制结转利润分配明细账余额的记账凭证，将“利润分配——提取盈余公积”“利润分配——应付股利”等账户的借方余额从贷方转入“利润分配——未分配利润”账户的借方，从而使利润分配只有“利润分配——未分配利润”明细账有余额，其他明细账结平。

第五步，登记账簿。

根据结转的记账凭证相应的会计科目，把经济业务的具体发生额登入明细账和总账。

四、实训注意事项

1. 企业利润分配的对象是企业缴纳所得税后的净利润，这些利润是企业的权益，企业有权自主分配。但是国家有关利润分配的法律和法规主要有公司法、外商投资企业法等，企业在利润分配中必须切实执行上述法律、法规。

2. 结转本年利润、结转利润分配明细账余额的记账凭证后面不需要附原始凭证。

3. 实际工作中，向投资者分配利润应该有利润分配决议书，该决议书是编制记账凭证的重要原始凭证。

4. 财务主管根据公司利润分配意向和公司章程以及股东决议等资料制订利润分配方案，经公司领导批准后，总账会计计算并编制利润分配计算表。

五、实训案例

2022年12月，北京沃达电器有限责任公司日常经济业务结束，各损益类账户及企业所得税费用均已结转。

要求：根据本年净利润计提10%的法定盈余公积，分配10%的股利，并进行账务处理。

第一步，编制结转本年利润的记账凭证（见表5-68）。

表5-68　记账凭证（记-57）　单位：元

摘要	会计分录			
	总账科目	明细科目	借方金额	贷方金额
结转本年利润	本年利润		5 508 461.74	
	利润分配	未分配利润		5 508 461.74

第二步，编制计提法定盈余公积的记账凭证（见表5-69）。

表5-69　记账凭证（记-58）　单位：元

摘要	会计分录			
	总账科目	明细科目	借方金额	贷方金额
计提法定盈余公积	利润分配	提取法定盈余公积	550 846.17	
	盈余公积	法定盈余公积		550 846.17

第三步，向投资者分配股利记账凭证（见表5-70）。

表5-70　记账凭证（记-59）　单位：元

摘要	会计分录			
	总账科目	明细科目	借方金额	贷方金额
向投资者分配利润	利润分配	分配股利	550 846.17	
	应付股利			550 846.17

第四步，结转利润分配明细账户（见表5-71）。

表5-71　记账凭证（记-60）　单位：元

摘要	会计分录			
	总账科目	明细科目	借方金额	贷方金额
结转利润分配明细账户余额	利润分配	未分配利润	1 101 692.34	
	利润分配	提取法定盈余公积		550 846.17
	利润分配	分配股利		550 846.17

第五步，登记账簿（见表5-72和表5-73）。

表5-72 “本年利润”明细账

单位：元

2022年		凭证号数	摘要	借方	贷方	方向	余额
月	日						
12	31	记-53	期间损益结转	23 045 784.35		借	23 045 784.35
12	31	记-54	期间损益结转		30 390 400.00	贷	7 344 615.65
12	31	记-56	结转所得税费用	1 836 153.91		贷	5 508 461.74
12	31	记-57	结转本年利润	5 508 461.74		平	0
			当前合计	30 390 400.00	30 390 400.00	平	
			当前累计	30 390 400.00	30 390 400.00	平	
			结转下年			平	

表5-73 “利润分配——410401未分配利润”明细账

单位：元

2022年		凭证号数	摘要	借方	贷方	方向	余额
月	日						
			期初余额			贷	37 555 024.63
12	31	记-57	结转本年利润		5 508 461.74	贷	43 063 486.37
12	31	记-60	结转利润分配明细账户余额	1 101 692.34		贷	41 961 794.03
			当前合计	1 101 692.34	5 508 461.74	贷	41 961 794.03
			当前累计	1 101 692.34	5 508 461.74	贷	41 961 794.03
			结转下年			贷	41 961 794.03

思政案例

企图用公款“借鸡生蛋” 结果却“鸡飞蛋打”

财务人员违纪违法典型案例中，还有一些人自以为有财会知识背景、具备经济头脑，企图“借鸡生蛋”，将挪用、贪污的公款用于炒股、购买理财产品、投资实业等，结果却“鸡飞蛋打”得不偿失。

浙江省永康市下园朱农贸综合市场开发服务部原出纳胡春洁以发工资、退押金、退摊位费等名义，先后12次挪用单位资金2 074万余元用于投资，亏损高达1 800多万元，直到案发时账户中只剩下200多万元。为了炒股，浙江省建德市委统战部原部务会议成员兼会计戚秀娟采取蚂蚁搬家的方式，先后83次作案，单笔金额从千余元到十万元不等。她将128万余元公款放进了自己的口袋，甚至为了骗取1 000元的慰问金，不惜编造同事亲人去世、生病住院的谎言。因沉迷网络炒股，湖南省吉首市新兴城乡公路建设投资有限责任公司原出纳彭某花7个月挪用公款776.52万元用于网络平台投资。当她想回收资金时，相关平台均以各种借口拒绝让她取钱。直到报案后她才意识到，那些网络平台都是虚拟平台，自己遇到的其实是典型的网络诈骗。

更有甚者，有的财务人员一门心思指望“天上掉馅饼”，深陷赌博的泥沼，赌徒心理驱使他们一次次铤而走险，将手伸向了公款。例如，湖南省常德市国土资源局武陵区分局原副股长兼出纳姚正斌在两年多的时间里挪用公款4 484.83万元用于网络赌博，却输得一无所有。因犯挪用公款罪，姚正斌被判处有期徒刑12年。

资料来源：佚名. 挪用公款炒股终受法律制裁［EB/OL］.［2020-06-30］. http://www.tjjhcaw.gov.cn/zfgz/zfdt/tjjhcaw-iirczymk9777716.shtml.

启示：近年来，会计造假事件层出不穷，这也反映了会计诚信缺失问题，结果是害人害己，得不偿失。会计诚信缺失的原因很多，如会计行业失范、负责人在利益面前丧失职业道德、会计人员在利益面前丧失职业道德等。在实践中，必须全面提高对会计诚信缺失的治理力度，以最大限度保证会计行业的健康发展。

项目六

资产负债表编制

任务一　“货币资金”项目

一、实训目标

1. 能正确找出“货币资金”项目相关数据。
2. 能正确计算与汇总“货币资金”项目。

二、实训材料

1. “库存现金”“银行存款”“其他货币资金”总账。
2. 资产负债表。

三、实训内容和步骤

第一步，找出“库存现金”总账期末余额。

“库存现金”总账期末余额一般等于期初借方余额加本期借方发生额合计数减本期贷方发生额合计数。

第二步，找出“银行存款”总账期末余额。

“银行存款”总账期末余额一般等于期初借方余额加本期借方发生额合计数减本期贷方发生额合计数。

第三步，找出“其他货币资金”总账期末余额。

“其他货币资金”总账期末余额一般等于期初借方余额加本期借方发生额合计数减本期贷方发生额合计数。

第四步，汇总计算“货币资金”项目。

资产负债表中的“货币资金”项目，应根据“库存现金”、“银行存款”和“其他货币资金”总账科目期末余额的合计数填列，即货币资金=库存现金+银行存款+其他货币资金。

四、实训注意事项

1. “货币资金”是资产负债表中的一个流动资产项目，包括“库存现金”、“银行存款”和“其他货币资金”三个总账账户的期末余额。

2. 其他货币资金包括外埠存款、银行汇票存款、银行本票存款、信用卡存款、信用卡保证金存款以及存出投资款等。

3. 年度资产负债表编制需根据“库存现金”、“银行存款”及“其他货币资金”总账科目的年末余额汇总计算。

4. 月度资产负债表编制需根据该月“库存现金”、“银行存款”及“其他货币资金”总账科目的月末余额汇总计算。

5. 具有专门用途的货币资金不包括在“货币资金”项目内。

6. 企业应加强库存现金限额的管理，超过库存限额的现金应及时存入银行。
7. 现金收入应当及时存入银行，不得坐支。
8. 不属于现金开支范围的业务应当通过银行办理转账结算。
9. 货币资金收入应当及时入账，不得私设“小金库”。
10. 加强银行账户的管理，严格按照规定开立账户，办理存款、取款和结算。
11. 指定专人定期核对银行账户，每月至少核对一次，编制银行存款余额调节表。
12. 定期和不定期地进行库存现金盘点。

五、实训案例

2022年12月31日，北京沃达电器有限责任公司无其他货币资金。“库存现金”总账、“银行存款”总账分别见表6-1和表6-2。

表6-1　库存现金总账　单位：元

2022年		凭证号数	摘要	借方	贷方	方向	余额
月	日						
12	1		期初余额			借	30 000.00
12			当前合计	10 900.00	5 990.00	借	34 910.00
12			当前累计	10 900.00	5 990.00	借	34 910.00
			结转下年			借	34 910.00

表6-2　银行存款总账　单位：元

2022年		凭证号数	摘要	借方	贷方	方向	余额
月	日						
12	1		期初余额			借	19 600 000.00
12			当前合计	24 333 942.89	17 213 096.48	借	26 720 846.41
12			当前累计	24 333 942.89	17 213 096.48	借	26 720 846.41
			结转下年			借	26 720 846.41

要求：正确计算和填写资产负债表中的“货币资金”项目金额。

答案：“货币资金”项目 = 库存现金 34 910.00 + 银行存款 26 720 846.41 = 26 755 756.41（元）。

任务二　“应收账款”项目

一、实训目标

1. 能正确找出“应收账款”项目相关数据。

2. 能正确计算与汇总“应收账款”项目。

二、实训材料

1. “应收账款”明细账、“预收账款”明细账、“坏账准备——应收账款”明细账。
2. 资产负债表。

三、实训内容和步骤

第一步，汇总计算“应收账款”所属明细账期末借方余额合计数。

第二步，汇总计算“预收账款”所属明细账期末借方余额合计数。

第三步，找出“坏账准备——应收账款”明细账期末余额。

“坏账准备——应收账款”明细账期末余额一般等于期初贷方余额加本期贷方发生额合计数减本期借方发生额合计数。

第四步，分析计算“应收账款”项目。

资产负债表中的“应收账款”项目，应根据“应收账款”所属明细账期末借方余额合计数加“预收账款”所属明细账期末借方余额合计数，再减去“坏账准备——应收账款”明细账的期末余额后的金额填列。

四、实训注意事项

1. 如果“应收账款”所属明细账期末有贷方余额，应在资产负债表“预收款项”项目内填列。

2. 年度资产负债表编制需根据“应收账款”和“预收账款”所属明细账的年末借方余额合计数和“坏账准备——应收账款”明细账的年末余额分析计算填列。

3. 月度资产负债表编制需根据该月“应收账款”和“预收账款”所属明细账的月末借方余额合计数和“坏账准备——应收账款”明细账的月末余额分析计算填列。

4. 应收账款周转率是企业在一定时期内赊销净收入与平均应收账款余额之比。它是衡量企业应收账款周转速度及管理效率的指标。一般情况下，应收账款周转率越高越好，周转率高，表明赊账少，收账迅速，账龄较短，资产流动性强，短期偿债能力强；反之，说明营运资金过多搁置在应收账款上，影响正常资金周转及偿债能力。

5. 资产负债表中的“应收票据”项目，应根据“应收票据”总账的期末余额减去“坏账准备——应收票据”明细账的期末余额后的金额填列。已向银行贴现和已背书转让的应收票据不包括在资产负债表“应收票据”项目内。

6. 资产负债表中的“预付款项”项目，应根据“预付账款”所属明细账期末借方余额合计数加“应付账款”所属明细账期末借方余额合计数，再减去“坏账准备——预付账款”明细账的期末余额后的金额填列。如果“预付账款”所属明细账期末有贷方余额，应在资产负债表“应付账款”项目内填列。

五、实训案例

2022年12月31日，北京沃达电器有限责任公司无预收账款，“应收账款”明细账及“坏账准备——应收账款”明细账分别见表6-3至表6-7。

表6-3 “应收账款——112201北京城乡贸易城”明细账 单位：元

2022年		凭证号数	摘要	借方	贷方	方向	余额
月	日						
12	1		期初余额			借	6 428 000.00
12	31	记-26	收到前欠货款		6 428 000.00	平	
12			当前合计		6 428 000.00	平	
12			当前累计		6 428 000.00	平	
			结转下年			平	

表6-4 “应收账款——112202福建银海贸易有限责任公司”明细账 单位：元

2022年		凭证号数	摘要	借方	贷方	方向	余额
月	日						
12	1		期初余额			借	21 516 300.00
12	31	记-24	销售商品	23 289 300.00		借	44 805 600.00
12			当前合计	23 289 300.00		借	44 805 600.00
12			当前累计	23 289 300.00		借	44 805 600.00
			结转下年			借	44 805 600.00

表6-5 “应收账款——112203天津万润贸易公司”明细账 单位：元

2022年		凭证号数	摘要	借方	贷方	方向	余额
月	日						
12	31	记-25	销售产品	5 147 150.00		借	5 147 150.00
12			当前合计	5 147 150.00		借	5 147 150.00
12			当前累计	5 147 150.00		借	5 147 150.00
			结转下年			借	5 147 150.00

表6-6 “应收账款——112204 M公司”明细账 单位：元

2022年		凭证号数	摘要	借方	贷方	方向	余额
月	日						
12	31	记-44	应收账款确定收不回		50 000.00	贷	50 000.00
12			当前合计		50 000.00	贷	50 000.00
12			当前累计		50 000.00	贷	50 000.00
			结转下年			贷	50 000.00

表6-7 “坏账准备”明细账 单位：元

2022年		凭证号数	摘要	借方	贷方	方向	余额
月	日						
12	31	记-43	应收账款清查减值		50 000.00	贷	50 000.00
12	31	记-44	应收账款确定收不回	50 000.00		平	
12			当前合计	50 000.00	50 000.00	平	
12			当前累计	50 000.00	50 000.00	平	
			结转下年			平	

要求：正确填写资产负债表中的“应收账款”项目金额。

答案：“应收账款”项目=应收账款期初余额27 944 300.00+应收账款本期发生额21 958 450.00-坏账准备期末余额0=49 902 750.00（元）。

任务三 “其他应收款”项目

一、实训目标

1. 能正确找出“其他应收款”项目相关数据。
2. 能正确计算与汇总“其他应收款”项目。

二、实训材料

1. “其他应收款”总账、“应收利息”总账、“应收股利”总账、“坏账准备——其他应收款”明细账、“坏账准备——应收利息”明细账、“坏账准备——应收股利”明细账。
2. 资产负债表。

三、实训内容和步骤

第一步，计算“其他应收款”“应收利息”“应收股利”总账期末余额。

“其他应收款”“应收利息”“应收股利”总账期末余额一般等于期初借方余额加本期借方发生额合计数减本期贷方发生额合计数。

第二步，汇总“其他应收款”“应收利息”“应收股利”总账期末余额。

计算“其他应收款”“应收利息”“应收股利”总账期末余额合计数。

第三步，找出“坏账准备——其他应收款”“坏账准备——应收利息”“坏账准备——应收股利”明细账期末余额。

“坏账准备——其他应收款”“坏账准备——应收利息”“坏账准备——应收股利”明细账期末余额一般等于期初贷方余额加本期贷方发生额合计数减本期借方发生额合计数。

第四步，分析计算“其他应收款”项目。

资产负债表中的“其他应收款”项目，应根据“其他应收款”“应收利息”“应收股利”总账的期末余额合计数减“坏账准备”中相关坏账准备期末余额后的金额填列。

四、实训注意事项

1. 资产负债表“其他应收款”项目应反映除“应收票据”“应收账款”“预付账款”账户外的应收和暂付其他单位和个人的款项，主要与“其他应收款”、“应收股利”和“应收利息”账户有关。

2. 应收股利是指企业因股权投资而应收取的现金股利，企业应收其他单位的利润也应包括在内。

3. 应收利息是指企业因债权投资而应收取的利息。应收利息仅反映相关金融工具已到期可收取但于资产负债表日尚未收到的利息，基于实际利率法计提的金融工具的利息应包含在相应金融工具的账面余额中。

4. 年度资产负债表编制需根据“其他应收款”“应收利息”“应收股利”总账的年末余额合计数和“坏账准备”中相关坏账准备明细账的年末余额分析计算填列。

5. 月度资产负债表编制需根据“其他应收款”“应收利息”“应收股利”总账的月末余额合计数和“坏账准备”中相关坏账准备明细账的月末余额分析计算填列。

五、实训案例

2022年12月31日，北京沃达电器有限责任公司无应收股利、应收利息，“其他应收款”总账见表6-8。

表6-8 “其他应收款”总账 单位：元

2022年		凭证号数	摘要	借方	贷方	方向	余额
月	日						
12	1		期初余额			平	
12			当前合计	250.80		借	250.80
12			当前累计	250.80		借	250.80
			结转下年			借	250.80

要求：正确填写资产负债表中的“其他应收款”项目金额。

答案：“其他应收款”项目=借方发生额250.80−贷方发生额0=250.80（元）。

任务四　“存货”项目

一、实训目标

1. 能正确找出“存货”项目相关数据。
2. 能正确计算“存货”项目。

二、实训材料

1. “存货”项目相关账户的总账。
2. 资产负债表。

三、实训内容和步骤

第一步，找出“存货”项目相关账户。

“存货”项目相关账户有“材料采购”“原材料”“周转材料”“库存商品”“发出商品”“委托加工物资”“委托代销商品”“受托代销商品”“生产成本”“受托代销商品款”“存货跌价准备”等。

第二步，找出相关账户期末余额。

总账期末余额一般等于期初借方余额加本期借方发生额合计数减本期贷方发生额合计数。

第三步，综合分析填列“存货”项目。

“存货”项目应根据“材料采购”“原材料”“周转材料”“库存商品”“发出商品”“委托加工物资”“委托代销商品”“受托代销商品”“生产成本”等账户的期末余额合计数，减去“受托代销商品款”“存货跌价准备”等账户期末余额后的金额填列。如果材料采用计划成本法核算，库存商品采用售价金额法核算，还应按加或减“材料成本差异”“商品进销差价”账户后的金额填列。

四、实训注意事项

1. 资产负债表中“存货”项目包括原材料、在产品、产成品、商品、周转材料。涉及的具体会计科目一般包括：“原材料”“材料采购”“周转材料”“材料成本差异”“库存商品”“存货跌价准备”“生产成本”等。

2. “存货”项目需要综合分析填列，如果材料采用计划成本法核算，库存商品采用售价金额法核算，还应按加“材料成本差异”借方余额或减贷方余额、减“商品进销差价”贷方余额后的金额填列。

3. 年度资产负债表编制需根据“存货”相关总账科目的年末余额汇总计算。

4. 月度资产负债表编制需根据“存货”相关总账科目的月末余额汇总计算。

5. 仓库部门和财会部门应该定期或不定期对重要的存货进行清点，清点频率和清点品种的确定要符合成本效益原则，清点之后要填制存货盘点报告备查，对于出现的盘亏或盘盈应及时处理，做到账实相符。

6. 期末，存货核算人员应当按照我国《企业会计准则》的规定，对期末存货减值迹象进行判断确认，正确计算可变现净值，将存货跌价准备及时计入当期损益，防范资产虚增的风险。

五、实训案例

2022 年 12 月 31 日，北京沃达电器有限责任公司“存货”项目有关账户资料见表 6-9 至表 6-12。

表6-9 “在途物资”总账 单位：元

2022年		凭证号数	摘要	借方	贷方	方向	余额
月	日						
12	1		期初余额			平	
12			当前合计	486 000.00	486 000.00	平	
12			当前累计	486 000.00	486 000.00	平	
			结转下年			平	

表6-10 “原材料”总账 单位：元

2022年		凭证号数	摘要	借方	贷方	方向	余额
月	日						
12	1		期初余额			借	3 471 900.00
12			当前合计	4 861 950.00	6 713 260.00	借	1 620 590.00
12			当前累计	4 861 950.00	6 713 260.00	借	1 620 590.00
			结转下年			借	1 620 590.00

表6-11 “库存商品”总账 单位：元

2022年		凭证号数	摘要	借方	贷方	方向	余额
月	日						
12	1		期初余额			借	3 827 962.00
12			当前合计	22 862 575.83	22 502 922.00	借	4 187 615.83
12			当前累计	22 862 575.83	22 502 922.00	借	4 187 615.83
			结转下年			借	4 187 615.83

表6-12　“周转材料”总账　单位：元

2022年		凭证号数	摘要	借方	贷方	方向	余额
月	日						
12	1		期初余额			平	
12			当前合计	1 000.00		借	1 000.00
12			当前累计	1 000.00		借	1 000.00
			结转下年			借	1 000.00

要求：正确填写资产负债表中的“存货”项目金额。

答案：“存货”项目=在途物资0+原材料1 620 590.00＋库存商品4 187 615.83＋周转材料1 000.00＝5 809 205.83（元）。

任务五　“固定资产”项目

一、实训目标

1. 能正确找出“固定资产”项目相关数据。
2. 能正确计算“固定资产”项目。

二、实训材料

1. “固定资产”“累计折旧”“固定资产减值准备”总账。
2. 资产负债表。

三、实训内容和步骤

第一步，找出“固定资产”总账期末余额。

“固定资产”总账期末余额等于期初借方余额加本期借方发生额合计数减本期贷方发生额合计数。

第二步，找出“累计折旧”总账期末余额。

“累计折旧”总账期末余额等于期初贷方余额加本期贷方发生额合计数减本期借方发生额合计数。

第三步，找出“固定资产减值准备”总账期末余额。

“固定资产减值准备”总账期末余额等于期初贷方余额加本期贷方发生额合计数减本期借方发生额合计数。

第四步，汇总计算“固定资产”项目。

“固定资产”项目，应根据“固定资产”账户的期末余额，减去“累计折旧”和“固定资产减值准备”账户的期末余额后的金额填列。

四、实训注意事项

1. 固定资产包括房屋、建筑物、机器、机械、运输工具以及其他与生产经营活动有关的设备、器具、工具等，不包括在建工程、工程物资等。

2. “累计折旧”和“固定资产减值准备”账户都属于资产类备抵调整账户，贷方登记增加，借方登记减少，余额在贷方。

3. 年度资产负债表编制需根据“固定资产”“累计折旧”“固定资产减值准备”总账科目的年末余额汇总计算。

4. 月度资产负债表编制需根据“固定资产”“累计折旧”“固定资产减值准备”总账科目的月末余额汇总计算。

5. 固定资产在较长时间内以其实物形态多次反复参加生产经营活动，因此对固定资产应定期盘查，以确定其所处的状态。同时，必须建立一套维修保养制度，对固定资产进行适时维修或改良。

五、实训案例

2022年12月31日，北京沃达电器有限责任公司“固定资产”总账、“累计折旧”总账分别见表6-13和表6-14。

表6-13 “固定资产”总账 单位：元

2022年		凭证号数	摘要	借方	贷方	方向	余额
月	日						
12	1		期初余额			借	69 060 221.00
12			当前合计	1 207 500.00	60 000.00	借	70 207 721.00
12			当前累计	1 207 500.00	60 000.00	借	70 207 721.00
			结转下年			借	70 207 721.00

表6-14 “累计折旧”总账 单位：元

2022年		凭证号数	摘要	借方	贷方	方向	余额
月	日						
12	1		期初余额			贷	22 224 161.89
12			当前合计	45 000.00	376 680.71	贷	22 555 842.60
12			当前累计	45 000.00	376 680.71	贷	22 555 842.60
			结转下年			贷	22 555 842.60

要求：正确填写资产负债表中的“固定资产”项目。

答案：“固定资产“项目= 固定资产70 207 721.00 –累计折旧22 555 842.60= 47 651 878.40（元）。

任务六　“无形资产”项目

一、实训目标

1. 能正确找出“无形资产”项目相关数据。
2. 能正确计算“无形资产”项目。

二、实训材料

1. “无形资产”“累计摊销”“无形资产减值准备”总账。
2. 资产负债表。

三、实训内容和步骤

第一步，找出“无形资产”总账期末余额。

“无形资产”总账期末余额等于期初借方余额加本期借方发生额合计数减本期贷方发生额合计数。

第二步，找出“累计摊销”总账期末余额。

“累计摊销”总账期末余额等于期初贷方余额加本期贷方发生额合计数减本期借方发生额合计数。

第三步，找出“无形资产减值准备”总账期末余额。

“无形资产减值准备”总账期末余额等于期初贷方余额加本期贷方发生额合计数减本期借方发生额合计数。

第四步，汇总计算“无形资产”项目。

“无形资产”项目，应根据“无形资产”账户的期末余额，减去“累计摊销”和“无形资产减值准备”账户的期末余额后的金额。

四、实训注意事项

1. 无形资产主要包括专利权、非专利技术、商标权、著作权、土地使用权、特许权等。

2. “累计摊销”和“无形资产减值准备”账户都属于资产类备抵调整账户，贷方登记增加，借方登记减少，余额在贷方。

3. 年度资产负债表编制需根据“无形资产”“累计摊销”“无形资产减值准备”总账科目的年末余额汇总计算。

4. 月度资产负债表编制需根据“无形资产”“累计摊销”“无形资产减值准备”总账科目的月末余额汇总计算。

5. 企业无形资产的增加方式主要有外购和自行研发两种，不同的增加方式有不同的控制内容，主要分为购买资金的使用、自行研发的研究方案和开发方案、自行研发的成本控制。

6. 无形资产保管主要包括无形资产编号管理、无形资产保管责任制等内容。无形资产具有保密性质的，应当采取严格保密措施。

7. 企业资产管理部门应该对无形资产的处置过程进行控制，特别是要做好相关权属转移、注销等工作。

五、实训案例

2022年12月31日，北京沃达电器有限责任公司的“无形资产”总账、“累计摊销”总账分别见表6-15和表6-16。

表6-15 “无形资产”总账 单位：元

2022年		凭证号数	摘要	借方	贷方	方向	余额
月	日						
12	1		期初余额			平	
12			当前合计	15 000.00		借	15 000.00
12			当前累计	15 000.00		借	15 000.00
			结转下年			借	15 000.00

表6-16 “累计摊销”总账 单位：元

2022年		凭证号数	摘要	借方	贷方	方向	余额
月	日						
12	1		期初余额			平	
12			当前合计		125.00	贷	125.00
12			当前累计		125.00	贷	125.00
			结转下年			贷	125.00

要求：正确填写资产负债表中的“无形资产”项目金额。

答案：“无形资产”项目=无形资产15 000－累计摊销125=14 875（元）。

任务七 “短期借款”项目

一、实训目标

1. 能正确找出“短期借款”项目相关数据。
2. 能正确计算“短期借款”项目。

二、实训材料

1. “短期借款”总账。
2. 资产负债表。

三、实训内容和步骤

第一步，找出“短期借款”总账期末余额。

短期借款总账期末余额等于期初贷方余额加本期贷方发生额合计数减本期借方发生额合计数。

第二步，填列“短期借款”项目。

“短期借款”项目根据总账科目的期末余额直接填列。

四、实训注意事项

1. 企业的短期借款主要有：经营周转借款、临时借款、结算借款、票据贴现借款、卖方信贷、预购定金借款和专项储备借款等。

2. 短期银行借款的目的一般是弥补企业自有流动资金的不足，属于企业流动负债，因此其利息应作为财务费用处理。

3. 年度资产负债表编制需根据“短期借款”总账科目的年末余额汇总计算。

4. 月度资产负债表编制需根据“短期借款”总账科目的月末余额汇总计算。

5. 企业应把握借款期限和金额，有计划地将借款到期时间和金额分散，以减轻流动性需要过于集中的压力。

6. 尽量将借款到期时间与金额和资金流增大规律相协调，把借款限制在自身承受能力允许的限度内，争取用资金流增长解决一部分借款的流动性需要。

五、实训案例

2022年12月31日，北京沃达电器有限责任公司“短期借款”总账资料见表6-17。

表6-17　“短期借款”总账　单位：元

2022年		凭证号数	摘要	借方	贷方	方向	余额
月	日						
12	1		期初余额			平	
12			当前合计		2 000 000.00	贷	2 000 000.00
12			当前累计		2 000 000.00	贷	2 000 000.00
			结转下年			贷	2 000 000.00

要求：正确填写资产负债表中的“短期借款”项目金额。

答案：“短期借款”项目=贷方发生额2 000 000−借方发生额0=2 000 000（元）。

任务八 “应付票据”项目

一、实训目标

1. 能正确查找应付票据相关数据。
2. 能正确填列“应付票据”项目。

二、实训材料

1.“应付票据”总账。
2. 资产负债表。

三、实训内容和步骤

第一步，查找“应付票据”总账期末余额。

第二步，根据“应付票据”总账期末余额直接填列资产负债表项目。

“应付票据”总账期末余额一般等于期初贷方余额加本期贷方发生额合计数减本期借方发生额合计数。

四、实训注意事项

1. 应付票据是指由企业出具的，允诺在短期内支付一定金额给持票人的一种书面凭证。在我国，应付票据是用来核算企业在商品购销活动中由于采用商业汇票结算方式而发生的、用来明确债权债务关系、具有法律效力的商业汇票。

2. 商业汇票依照承兑人的不同，可分为银行承兑汇票和商业承兑汇票；商业汇票依照其是否带有利息，可分为带息应付票据和不带息应付票据两种。商业汇票的承兑期限一般不超过6个月，无论是带息的票据还是不带息的票据，核算时一般均以面值对应付票据进行计价。

3. 银行承兑汇票的承兑人为企业的开户银行。股份制企业在签发银行承兑汇票时，首先持汇票和购货合同向开户银行申请承兑，经银行同意并缴纳手续费后，持汇票和解讫通知进行材料物资的采购。票据到期前，企业将款项交存银行，以便票据到期时及时付款。如果购货单位在票据到期日存款不足、无力支付，则承兑银行负有向收款人或收款人的贴现银行即持票人无条件支付票款的责任，银行将支付的金额看作企业的短期借款，执行扣款并按日加收罚息。

4. 商业承兑汇票的承兑人为汇票的付款人，不通过开户银行办理承兑，因此，在汇票到期时，如果付款人无力支付票款，则银行不承担付款责任，由收付款双方自行协商解决。同时，付款方开户银行对付款方处以票面金额一定比例或以一定金额为起点的罚款。

5. 企业还应设置“应付票据”备查簿，详细登记每一应付票据的种类、号数、签发日期、到期日、票面金额、合同交易号、收款人的姓名或单位名称，以及付款日期和金额等资料。应付票据到期付清后，应当及时在备查簿中逐笔注销。

五、实训案例

2022年12月31日，北京沃达电器有限责任公司的“应付票据”总账见表6-18。

表6-18　“应付票据”总账　单位：元

2022年		凭证号数	摘要	借方	贷方	方向	余额
月	日						
12	1		期初余额			贷	5 786 786.07
12			当前合计	5 786 786.07	549 180.00	贷	549 180.00
12			当前累计	5 786 786.07	549 180.00	贷	549 180.00
			结转下年			贷	549 180.00

要求：正确填写资产负债表中的“应付票据”项目金额。

答案：“应付票据”项目 = 应付票据期初余额 5 786 786.07 – 应付票据借方发生额 5 786 786.07 + 应付票据贷方发生额 549 180.00 = 549 180.00（元）

任务九　“应付账款”项目

一、实训目标

1. 能正确找出“应付账款”项目相关数据。
2. 能正确计算与汇总“应付账款”项目。

二、实训材料

1. “应付账款”明细账、“预付账款”明细账。
2. 资产负债表。

三、实训内容和步骤

第一步，汇总计算“应付账款”所属明细账期末贷方余额合计数。

第二步，汇总计算“预付账款”所属明细账期末贷方余额合计数。

第三步，分析计算“应付账款”项目。

资产负债表中的“应付账款”项目，应根据“应付账款”所属明细账期末贷方余额合计数加“预付账款”所属明细账期末贷方余额合计数填列。

四、实训注意事项

1. 如果“应付账款”所属明细账期末有借方余额，应在资产负债表“预付款项”项目内填列。

2. 年度资产负债表编制需根据“应付账款”和“预付账款”所属明细账的年末贷方余额合计数加总填列。

3. 月度资产负债表编制需根据“应付账款”和“预付账款”所属明细账的月末贷方余额合计数加总填列。

4. 资产负债表中的“预付款项”项目，应根据“预付账款”所属明细账期末借方余额合计数加“应付账款”所属明细账期末借方余额合计金额填列。

五、实训案例

2022年12月31日，北京沃达电器有限责任公司无预付账款，“应付账款”明细账见表6-19至表6-22。

表6-19　“应付账款——220201无锡电器科技有限公司”明细账　单位：元

2022年		凭证号数	摘要	借方	贷方	方向	余额
月	日						
12	1		期初余额			贷	6 469 600.41
12	31	记-06	支付前欠材料款	6 469 600.41		平	
12	31	记-22	采购豆浆机和电饭煲		17 524 040.00	贷	17 524 040.00
12			当前合计	6 469 600.41	17 524 040.00	贷	17 524 040.00
12			当前累计	6 469 600.41	17 524 040.00	贷	17 524 040.00
			结转下年			贷	17 524 040.00

表6-20　“应付账款——220202九江塑电科技有限公司”明细账　单位：元

2022年		凭证号数	摘要	借方	贷方	方向	余额
月	日						
12	31	记-09	采购原材料		1 944 654.00	贷	1 944 654.00
12			当前合计		1 944 654.00	贷	1 944 654.00
12			当前累计		1 944 654.00	贷	1 944 654.00
			结转下年			贷	1 944 654.00

表6-21　　“应付账款——220203北京市昌平区第三电力公司”明细账　　单位：元

2022年		凭证号数	摘要	借方	贷方	方向	余额
月	日						
12	1		期初余额			贷	120 000.00
12	31	记-05	支付上月电费	120 000.00		平	
12	31	记-17	分配本月水电费		155 280.00	贷	155 280.00
12			当前合计	120 000.00	155 280.00	贷	155 280.00
12			当前累计	120 000.00	155 280.00	贷	155 280.00
			结转下年			贷	155 280.00

表6-22　　“应付账款——220204北京市昌平区第二自来水公司”明细账　　单位：元

2022年		凭证号数	摘要	借方	贷方	方向	余额
月	日						
12	1		期初余额			贷	48 000.00
12	31	记-04	支付上月水费	48 000.00		平	
12	31	记-17	分配本月水电费		51 240.00	贷	51 240.00
12			当前合计	48 000.00	51 240.00	贷	51 240.00
12			当前累计	48 000.00	51 240.00	贷	51 240.00
			结转下年			贷	51 240.00

要求：正确填写资产负债表中的“应付账款”项目。

答案：“应付账款”项目期末余额=应付账款（无锡电器科技有限公司）17 524 040+应付账款（九江塑电科技有限公司）1 944 654+应付账款（北京市昌平区第三电力公司）155 280+应付账款（北京市昌平区第二自来水公司）51 240=19 675 214（元）

任务十　“应付职工薪酬”项目

一、实训目标

1. 能正确查找“应付职工薪酬”相关数据。
2. 能正确填列“应付职工薪酬”项目。

二、实训材料

1.“应付职工薪酬”总账。

2. 资产负债表。

三、实训内容和步骤

第一步，查找“应付职工薪酬”总账期末余额。

第二步，根据“应付职工薪酬”总账期末余额直接填列资产负债表项目。

“应付职工薪酬”总账期末余额一般等于期初贷方余额加本期贷方发生额合计数减本期借方发生额合计数。

四、实训注意事项

如果“应付职工薪酬”账户期末为借方余额，则以“-”号填列。

五、实训案例

2022年12月31日，北京沃达电器有限责任公司“应付职工薪酬”总账见表6-23。

表6-23 “应付职工薪酬”总账 单位：元

2022年		凭证号数	摘要	借方	贷方	方向	余额
月	日						
12	1		期初余额			贷	318 606.50
12			当前合计	318 606.50	363 711.50	贷	363 711.50
12			当前累计	318 606.50	363 711.50	贷	363 711.50
			结转下年			贷	363 711.50

要求：正确填写资产负债表中的“应付职工薪酬”项目金额。

答案：“应付职工薪酬”项目 = 应付职工薪酬期初余额 318 606.50 - 应付职工薪酬本期借方发生额 318 606.50 + 应付职工薪酬本期贷方发生额 363 711.50 = 363 711.50（元）。

任务十一 “应交税费”项目

一、实训目标

1. 能正确查找“应交税费”相关数据。

2. 能正确填列“应交税费”项目。

二、实训材料

1.“应交税费”总账。
2. 资产负债表。

三、实训内容和步骤

第一步，查找“应交税费”总账期末余额。

第二步，根据“应交税费”总账期末余额直接填列资产负债表项目。

“应交税费”总账期末余额一般等于期初贷方余额加本期贷方发生额合计数减本期借方发生额合计数。

四、实训注意事项

1. 应交税费是指企业根据在一定时期内取得的营业收入、实现的利润等，按照现行税法规定，采用一定的计税方法计提的应交纳的各种税费。

2. 应交税费包括企业依法缴纳的增值税、消费税、企业所得税、资源税、土地增值税、城市维护建设税、房产税、城镇土地使用税、车船税、教育费附加、矿产资源补偿费、耕地占用税等税费，以及在上缴国家之前，由企业代收代缴的个人所得税等。

3. 如果“应交税费”总账期末余额在借方，则以“-”号填列。

五、实训案例

2022年12月31日，北京沃达电器有限责任公司的“应交税费”总账见表6-24。

表6-24　“应交税费”总账　单位：元

2022年		凭证号数	摘要	借方	贷方	方向	余额
月	日						
12	1		期初余额			贷	1 412 203.50
12	31	记-04	支付上月水费	4 320.00		贷	1 407 883.50
12	31	记-05	支付上月电费	10 800.00		贷	1 397 083.50
12	31	记-07	采购原材料	63 180.00		贷	1 333 903.50
12	31	记-09	采购原材料	568 854.00		贷	765 049.50
12	31	记-37	结转未交增值税	1 284 225.15		借	519 175.65
12	31	记-37	结转未交增值税		1 284 225.15	贷	765 049.50
12	31	记-38	缴纳上月增值税	1 253 000.00		借	487 950.50

续表

2022年		凭证号数	摘要	借方	贷方	方向	余额
月	日						
12	31	记-11	购买包装物	130.00		借	488 080.50
12	31	记-12	购买固定资产	650.00		借	488 730.50
12	31	记-16	本月工资费用归集和分配		8 638.50	借	480 092.00
12	31	记-22	采购豆浆机和电饭煲	2 016 040.00		借	2 496 132.00
12	31	记-13	采购无形资产	1 950.00		借	2 498 082.00
12	31	记-23	销售商品		678 860.00	借	1 819 222.00
12	31	记-24	销售商品		2 679 300.00	贷	860 078.00
12	31	记-25	销售产品		592 150.00	贷	1 452 228.00
12	31	记-28	差旅费报销	181.65		贷	1 452 046.35
12	31	记-39	计算当月应交城建税和教育费附加等		89 895.76	贷	1 541 942.11
12	31	记-39	计算当月应交城建税和教育费附加等		38 526.75	贷	1 580 468.86
12	31	记-39	计算当月应交城建税和教育费附加等		25 684.50	贷	1 606 153.36
12	31	记-40	缴纳上月地方附加税费	87 710.00		贷	1 518 443.36
12	31	记-40	缴纳上月地方附加税费	37 590.00		贷	1 480 853.36
12	31	记-40	缴纳上月地方附加税费	25 060.00		贷	1 455 793.36
12	31	记-40	缴纳上月地方附加税费	8 843.50		贷	1 446 949.86
12	31	记-49	存货清查盘盈		20.80	贷	1 446 970.66
12	31	记-55	计提所得税		1 836 153.91	贷	3 283 124.57
12	31		当前合计	5 362 534.30	7 233 455.37	贷	3 283 124.57
			当前累计	5 362 534.30	7 233 455.37	贷	3 283 124.57
			结转下年			贷	3 283 124.57

要求：正确填写资产负债表中的“应交税费”项目金额。

答案：“应交税费”项目=应交税费总账期初余额1 412 203.50+应交税费总账贷方发生额7 233 455.37-应交税费总账借方发生额5 362 534.30=3 283 124.57（元）。

任务十二　“其他应付款”项目

一、实训目标

1. 能正确找出“其他应付款”项目相关数据。
2. 能正确计算与汇总“其他应付款”项目。

二、实训材料

1. “其他应付款”总账、“应付利息”总账、“应付股利”总账。
2. 资产负债表。

三、实训内容和步骤

第一步，计算“其他应付款”“应收付息”“应收股利”总账期末余额。

“其他应付款”“应付利息”“应付股利”总账期末余额一般等于期初贷方余额加本期贷方发生额合计数减本期借方发生额合计数。

第二步，汇总“其他应付款”“应付利息”“应付股利”总账期末余额。

计算“其他应付款”“应付利息”“应付股利”总账期末余额合计数。

第三步，分析计算“其他应付款”项目。

资产负债表中的“其他应付款”项目，应根据“其他应付款”“应付利息”“应付股利”总账的期末余额合计数填列。

四、实训注意事项

1.资产负债表“其他应付款”项目应反映除“应付票据”“应付账款”“预收账款”“应交税费”“应付职工薪酬”账户以外的应付和暂收其他单位和个人的款项，主要与“其他应付款”“应付股利”“应付利息”账户有关。

2.“其他应付款”账户一般包括以下内容：

（1）保证金，包括商品质量保证金、工程建设保证金、经销商保证金、招标保证金、股权转让保证金、押金等。

（2）预提费用，如预提租金、水电费、运输费、广告费、管理费、销售折让（销售返点）等开支。

（3）往来款项，包括股东借款、应付暂收款、应付广告费、应付设备款等。

（4）职工风险金，如离职补偿金。

（5）备用金（个人暂垫款）。

（6）股权投资款及少数股东持有的认沽期权。

（7）代收代付款项。

（8）其他，包括加盟费、员工持股计划等。

3.有些企业会利用“其他应付款”账户来调节利润。如企业将本期应该支付的广告费、销售返点等大额费用，放到该科目，并且跟对方协商好，等过完该年度后立马支付。如此一来，本该年度内支付的费用，却留到明年，这样当年利润表上发生的费用减少了，年度利润就增加了。

4.企业董事会或类似机构通过的利润分配方案中拟分配的现金股利或利润，不作账务处理，但应在附注中披露。企业分配的股票股利不通过“应付股利”账户核算。

5.应付利息并不能完全体现企业当年的融资成本，因为年度内已经支付的利息并不体现在该科目里。年度完整的利息支出，应该翻阅财务报表“财务费用”的注释，详细查看利息支出金额。

五、实训案例

2022年12月31日，北京沃达电器有限责任公司无其他应付款、应付利息，该公司的“应付股利”总账见表6-25。

表6-25 “应付股利”总账

单位：元

2022年		凭证号数	摘要	借方	贷方	方向	余额
月	日						
12	1		期初余额			平	
12			当前合计		550 846.17	贷	550 846.17
12			当前累计		550 846.17	贷	550 846.17
			结转下年			贷	550 846.17

要求：正确填写资产负债表中的“其他应付款”项目。

答案：“其他应付款”项目=本期其他应付款总账期末余额0+本期应付利息总账期末余额0+本期应付股利总账期末余额550 846.17=550 846.17（元）。

任务十三 “实收资本（或股本）”项目

一、实训目标

1. 能正确找出“实收资本（或股本）”项目相关数据。
2. 能正确填列“实收资本（或股本）”项目。

二、实训材料

1.“实收资本（或股本）”总账。
2. 资产负债表。

三、实训内容和步骤

第一步，找出“实收资本（或股本）”总账期末余额。

“实收资本（或股本）”总账期末余额一般等于期初贷方余额加本期贷方发生额合计数减本期借方发生额合计数。

第二步，直接填列实收资本（或股本）项目。

资产负债表中的“实收资本（或股本）”项目，应根据“实收资本（或股本）”总账期末余额直接填列。

四、实训注意事项

1.“实收资本（或股本）”项目是企业按照章程规定或合同、协议约定，接受投资者投入企业的资本（或股本）总额。股份有限公司应设置“股本”科目，其他各类企业应设置“实收资本”科目。

2. 实收资本在实际工作中主要存在以下问题：企业实收资本与注册资本不符；借入资本与实收资本混淆；投入资本不真实；出资形式不合理。

3. 投资者以抵押物作为投入资本，骗取企业的投资收益，给接受投资的企业带来了经营风险和损失，也给企业的其他投资者带来了潜在的风险，同时损害了企业债权人的利益。

4. 根据现行法律规定，企业无形资产（不包括土地使用权）的出资额一般不能超过注册资本的20%，在特殊情况下，例如含有高新技术，经有关部门批准，最高不得超过30%。但有些企业经常诱使验资机构出具增加无形资产的虚假证明，骗取注册登记，以致影响了企业的正常运转。

5. 有些企业的投资者不能如期缴纳所认缴的股本，甚至故意拖欠所认缴的股本，损害其他投资者的利益，也影响了企业的正常运营。

6. 有些企业对投入的实物或无形资产未经注册会计师验资并出具验资报告，而是由企业或投资者任意作价，故意高估个人和外商投资，低估国家投资；或者注册会计师未按国家规定的程序和方法对投入的实物或无形资产进行验资，造成验资报告或验资结果不真实、不正确。

五、实训案例

2022年12月31日，北京沃达电器有限责任公司的“实收资本”总账见表6-26。

表6-26　“实收资本”总账　单位：元

2022年		凭证号数	摘要	借方	贷方	方向	余额
月	日						
12	1		期初余额			贷	50 000 000.00
12			当前合计		11 000 000.00	贷	61 000 000.00
12			当前累计		11 000 000.00	贷	61 000 000.00
			结转下年			贷	61 000 000.00

要求：正确填写资产负债表中的“实收资本（或股本）”项目金额。

答案：“实收资本（或股本）”项目=实收资本期初余额50 000 000.00+实收资本贷方发生额11 000 000.00=61 000 000.00（元）。

任务十四 “资本公积”项目

一、实训目标

1. 能正确找出“资本公积”项目相关数据。
2. 能正确填列“资本公积”项目。

二、实训材料

1. “资本公积”总账。
2. 资产负债表。

三、实训内容和步骤

第一步，找出“资本公积”总账期末余额。

“资本公积”总账期末余额一般等于期初贷方余额加本期贷方发生额合计数减本期借方发生额合计数。

第二步，直接填列“资本公积”项目。

资产负债表中的“资本公积”项目，应根据“资本公积”总账科目期末余额直接填列。

四、实训注意事项

1. “资本公积”项目是反映企业收到投资者出资超出其在注册资本或股本中所占的份额以及直接计入所有者权益的利得和损失等。

2. 资本公积包括资本溢价、股本溢价和其他资本公积等。

3. 在会计报表中，资本公积是企业来源于盈利以外的那部分积累，是企业的“准资本”，它的唯一用途是依法转增资本，不得作为投资利润或股利进行分配。

4. 资本公积转增资本一方面可以改变企业投入资本结构，体现企业稳健、持续发展的潜力。另一方面，对于股份有限公司而言，它会增加投资者持有的股份，从而增加公司股票的流通量，进而激活股价，提高股票的交易量和资本的流动性；另外，对于债权人来说，实收资本是所有者权益最本质的体现，是其考虑投资风险的重要影响因素。将资本公积转增资本不仅可以更好地反映投资者的权益，也会影响到债权人的信贷决策。

5. 资本公积中常见的问题是账户内容不完整，这是指企业将应作为资本公积的内容未列入资本公积。主要表现为：（1）将资本溢价或股本溢价作为当期收益或计入实收资本，而没有记入“资本公积——资本溢价（或股本溢价）”账户，从而损害了其他投资者的利益；（2）将法定财产重估增值、接受捐赠的资产等记入“营业外收入”“其他业务收入”等账户。

6. 另一个常见的问题是账户内容不真实，这主要是指企业将本不应该计入资本公积的内容计入了资本公积，如企业为了逃避所得税，将本应该计入当期损益的项目计入资本公积。例如，有些企业将资产盘盈作为资本公积，或将对外投资作为资本公积，或将一般往来款业务中的汇兑损益作为资本公积入账。

7. 有些企业在不符合增资条件，未经批准和办理有关手续的情况下，擅自将资本公积转增资本；有些企业竟将资本公积挪作他用，用于集体或职工福利，这些都是严重的会计错弊。

五、实训案例

2022年12月31日，北京沃达电器有限责任公司的“资本公积”总账见表6-27。

表6-27　“资本公积”总账　单位：元

2022年		凭证号数	摘要	借方	贷方	方向	余额
月	日						
12	1		期初余额			平	
12			当前合计		200 000.00	贷	200 000.00
12			当前累计		200 000.00	贷	200 000.00
			结转下年			贷	200 000.00

要求：正确填写资产负债表中的“资本公积”项目金额。

答案：“资本公积”项目=资本公积本期贷方发生额200 000.00-本期借方发生额0=200 000.00（元）。

任务十五　“盈余公积”项目

一、实训目标

1. 能正确找出“盈余公积”项目相关数据。
2. 能正确填列“盈余公积”项目。

二、实训材料

1. “盈余公积”总账。

2. 资产负债表。

三、实训内容和步骤

第一步，找出“盈余公积”总账期末余额。

“盈余公积”总账期末余额一般等于期初贷方余额加本期贷方发生额合计数减本期借方发生额合计数。

第二步，直接填列“盈余公积”项目。

资产负债表中的“盈余公积”项目，应根据“盈余公积”总账科目期末余额直接填列。

四、实训注意事项

1. 盈余公积是指企业按照有关规定从净利润中提取的积累资金。公司制企业的盈余公积包括法定盈余公积和任意盈余公积。法定盈余公积是指企业按照规定的比例从净利润中提取的盈余公积。任意盈余公积是指企业按照股东会或股东大会决议提取的盈余公积。

2. 法定盈余公积按照本年实现净利润的一定比例提取，公司制企业根据《公司法》的规定按净利润的10%提取；其他企业可以根据需要确定提取比例，但至少应按10%提取。企业提取的法定盈余公积累计额为其注册资本的50%以上的，可以不再提取。

3. 如果是期初未分配利润，盈余公积的提取基础为本期净利润；如果是期初未弥补亏损，那么盈余公积的提取基数为弥补亏损之后的净利润。

4. 企业如果发生亏损，可以用以后年度实现的利润弥补，也可以用以前年度提取的盈余公积弥补。企业以前年度亏损未弥补完，不能提取法定盈余公积和法定公益金，在提取法定盈余公积和法定公益金前，不得向投资者分配利润。

5. 通过“盈余公积”列项，可以初步判断企业的性质，是属于内资、外资，还是合资企业。

6. 盈余公积可用于向股东转增股本，或现金分红，但股东须按规缴税。

7. 盈余公积的减少，看财报注释可以了解到减少的原因，并且要看解释是否合理。假如不合理，那么就得警惕中间有猫腻儿，有可能企业把钱挪作他用。

8. 外资企业依照中国税法的规定缴纳所得税后的利润，应当提取储备基金和职工奖励及福利基金。储备基金的提取比例不得低于税后利润的10%，当累计提取金额达到注册资本的50%时，可以不再提取。职工奖励及福利基金的提取比例由外资企业自行确定。在实际操作中，如果按照公司章程的规定提取的是三项基金，那就不用再提取法定盈余公积了，反之亦然。

五、实训案例

2022年12月31日，北京沃达电器有限责任公司的“盈余公积”总账见表6-28。

表6-28　　“盈余公积”总账　　单位：元

2022年		凭证号数	摘要	借方	贷方	方向	余额
月	日						
12	1		期初余额			平	
12			当前合计		550 846.17	贷	550 846.17
12			当前累计		550 846.17	贷	550 846.17
			结转下年			贷	550 846.17

要求：正确填写资产负债表中的“盈余公积”项目金额。

答案：“盈余公积”项目=盈余公积本期贷方发生额550 846.17-盈余公积本期借方发生额0=550 846.17（元）。

任务十六　“未分配利润”项目

一、实训目标

1. 能正确找出“未分配利润”项目相关数据。
2. 能正确计算与汇总“未分配利润”项目。

二、实训材料

1. “本年利润”总账、“利润分配”总账。
2. “利润分配——未分配利润”明细账。
3. 资产负债表。

三、实训内容和步骤

第一步，找出“本年利润”总账期末余额。

“本年利润”总账期末余额一般等于期初贷方余额加本期贷方发生额合计数减本期借方发生额合计数。

第二步，找出“利润分配”总账期末余额。

“利润分配”总账期末余额一般等于期初贷方余额加本期贷方发生额合计数减本期借方发生额合计数。

第三步，找出“利润分配——未分配利润”明细账期末余额

“利润分配——未分配利润”明细账期末余额一般等于该明细账期初贷方余额加本期贷方发生额合计数减本期借方发生额合计数。

第四步，汇总计算“未分配利润”项目。

1. 资产负债表中的“未分配利润”项目，年度内应根据“本年利润”“利润分配”

总账期末余额的合计数填列。

2. 资产负债表中的“未分配利润”项目，年终应根据“利润分配——未分配利润”明细账直接填列。

四、实训注意事项

1. 未分配利润是企业未作分配的利润。它在以后年度可继续进行分配，在未进行分配之前，属于所有者权益的组成部分。

2. 未分配利润是指企业实现的净利润经过弥补亏损、提取盈余公积和向投资者分配利润后留存在企业的、历年结存的利润。

3. “本年利润”账户和“利润分配”账户若为贷方余额，用“+”号表示；若为借方余额，则用“-”号表示。

4. 未分配利润目前存在的问题有：（1）利润长期挂账，主要是为了偷逃自然人股东和合伙人的个人所得税；（2）挂“应付股利”账户，即应分配利润分配到股东个人名下但不支付；（3）变相分配利润，通过“长期借款”账户领钱挂账或把企业资产所有权转到个人名下。

5. 有些企业不经过企业权力机构的批准就分配利润，或者将未分配利润用于发放奖金和职工福利，损害企业投资者的利益。

6. 有些企业为了逃避所得税，将本应计入当期损益的其他业务收入、营业外收入、投资收益等直接计入未分配利润，或通过多计费用少计收益的方式减少账面的未分配利润数额，或虚夸利润，故意多计收入少计费用，多计未分配利润，也造成未分配利润的会计错弊。

五、实训案例

2022年12月31日，北京沃达电器有限责任公司的“利润分配——未分配利润”明细账见表6-29。

表6-29 “利润分配——未分配利润”明细账 单位：元

2022年		凭证号数	摘要	借方	贷方	方向	余额
月	日						
12	1		期初余额			贷	37 555 024.63
12	31	记-57	结转本年利润		5 508 461.74	贷	43 063 486.37
12	31	记-60	结转利润分配明细账户余额	1 101 692.34		贷	41 961 794.03
12			当前合计	1 101 692.34	5 508 461.74	贷	41 961 794.03
12			当前累计	1 101 692.34	5 508 461.74	贷	41 961 794.03
			结转下年			贷	41 961 794.03

要求：正确填写资产负债表中的“未分配利润”项目金额。

答案：“未分配利润”项目=“利润分配”期初余额37 555 024.63+“利润分配”贷方发生额5 508 461.74-“利润分配”借方发生额1 101 692.34=41 961 794.03（元）

完整资产负债表见表6-30。

表6-30　　资产负债表

编制单位：北京沃达电器有限责任公司　　2022年12月31日　　单位：元

资产	期末余额	上年年末余额	负债和所有者权益（或股东权益）	期末余额	上年年末余额
流动资产：			流动负债：		
货币资金	26 755 756.41	19 630 000.00	短期借款	2 000 000.00	
应收票据			应付票据	549 180.00	5 786 786.07
应收账款	49 902 750.00	27 944 300.00	应付账款	19 675 214.00	6 637 600.41
应收款项融资			预收款项		
预付款项			合同负债		
其他应收款	250.80		应付职工薪酬	363 711.50	318 606.50
存货	5 809 205.83	7 299 862.00	应交税费	3 283 124.57	1 412 203.50
合同资产			其他应付款	550 846.17	
流动资产合计	82 467 963.04	54 874 162.00	流动负债合计	26 422 076.24	14 155 196.48
非流动资产：			非流动负债：		
债权投资			长期借款		
其他债权投资			应付债券		
长期应收款			长期应付款		
长期股权投资			预计负债		
其他权益工具投资			递延收益		
其他非流动金融资产			递延所得税负债		
投资性房地产			非流动负债合计		
固定资产	47 651 878.40	46 836 059.11	负债合计	26 422 076.24	14 155 196.48
在建工程			所有者权益（或股东权益）：		
无形资产	14 875.00		实收资本（或股本）	61 000 000.00	50 000 000.00
长期待摊费用			资本公积	200 000.00	
递延所得税资产			其他综合收益		
其他非流动资产			盈余公积	550 846.17	
非流动资产合计	47 666 753.40	46 836 059.11	未分配利润	41 961 794.03	37 555 024.63
			所有者权益（或股东权益）合计	103 712 640.20	87 555 024.63
资产总计	130 134 716.44	101 710 221.11	负债和所有者权益（或股东权益）总计	130 134 716.44	101 710 221.11

思政案例

提供虚假财务报告，法理不容

2002年11月17日上午，在郑州市中级人民法院审判法庭，郑州百文股份有限公司提供虚假财务报告一案开庭审理。上午10时许，郑百文公司原董事长李福乾、原公司总经理兼家电分公司经理卢一德，原公司财务处主任都群福被带上了审判法庭。

法院审理查明：被告人李福乾作为郑百文公司的董事长、法人代表，在听取总经理卢一德、财务处主任都群福汇报公司1997年度经营亏损，并看到1997年底第一次汇总的会计报表也显示亏损的情况下，仍指示财务部门和家电分公司要在1997年度会计报表中显示完成年初下达的盈利目标。被告人卢一德签发了一个紧急通知，要求家电分公司财务部门把实际上未到位的1997年度供方返利“以预提形式在1997年度会计报表中反映”。被告人都群福指示总公司财务人员将各分公司所报当年的会计报表全部退回做二次处理，并明确要求不准显示亏损。按照3名被告人的要求，家电分公司等部门财务人员在重新编制会计报表时，采取虚提返利及将1997年财务费用推迟到1998年列账的手段，虚增利润8 658.99万元。1998年3月10日，郑州会计师事务所为郑百文公司出具了无保留意见的审计报告。3月11日，李福乾签发了《郑州百文股份有限公司（集团）1997年度报告》向社会公告，披露盈利8 563.76万元，从而使郑百文公司在1998年7月实现了配股方案。因上述作假手段，以及经营不善等原因，郑百文公司在1998年出现50 241.46万元的巨额亏损，使股东权益（包括配股资金）当年即损失98.79%。

郑州市中级人民法院认为：郑百文公司编制并向股东和社会公众提供虚假的财务报告，严重损害了广大股东利益，其行为已构成提供虚假财会报告罪。被告人李福乾、卢一德、都群福均系郑百文公司提供虚假财会报告的直接负责的主管人员，均应对郑百文公司所犯的提供虚假财会报告罪承担刑事责任，3名被告人的行为均已构成提供虚假财会报告罪。对于被指控的犯罪事实，3名被告人在法庭上一致表示认罪，没有做过多辩护。最终，因提供虚假财会报告罪，原郑百文公司董事长、法人代表李福乾被郑州市中级人民法院一审判处有期徒刑3年，缓刑5年，并处罚金人民币5万元；原郑百文公司总经理卢一德、财务处主任都群福一审分别被判处有期徒刑2年，缓刑3年，并处罚金人民币3万元。

资料来源：佚名．“郑百文”造假案开庭 三名被告人法庭一致认罪［EB/OL］．［2020-10-18］．http：//www.tjjhcaw.gov.cn/zfgz/zfdt/tjjhcaw-iirczymk9777716.shtml.

启示：企业会计报表造假主要有两种类型：一是虚增资产，虚增利润；二是虚增负债，隐瞒利润。前者主要是国有企业和上市公司，因为国有企业经营业绩的好坏，直接影响企业发展，而上市公司经营业绩的优劣，直接影响到公司股票价格的高低；后者主要是私营企业和个人出资的有限责任公司。根据法律的相关规定，财务造假构成违法行为，情节严重的构成犯罪。会计造假直接侵犯了国家和有关方的利益，扰乱了社会经济秩序，是一种严重的违法、违纪行为。

项目七

利润表编制

任务一　“营业收入”项目

一、实训目标

1. 能正确找出营业收入相关数据。
2. 能正确计算与汇总“营业收入”项目。

二、实训材料

1.“主营业务收入”总账、“其他业务收入”总账。
2. 利润表。

三、实训内容和步骤

第一步，找出“主营业务收入”总账发生额合计。

主营业务收入发生额合计等于贷方发生额。

第二步，找出“其他业务收入”总账发生额合计。

其他业务收入发生额合计等于贷方发生额。

第三步，汇总计算“营业收入”项目。

利润表中的“营业收入”项目，应根据“主营业务收入”账户和“其他业务收入”账户贷方发生额的合计数填列，即营业收入=主营业务收入+其他业务收入。

四、实训注意事项

1. 企业会计准则规定：会计报表至少应当反映两个相关期间的比较数据。也就是说，企业需要提供比较利润表，所以利润表各项目需要分“本期数”和“上期数”两栏分别填列。如果是年报表，“本期数”就是本年实际发生数，“上期数”填列上年实际发生数。如果是月报表，“本期数”就是当月数，“上期数”就是同期实际发生数。

2. 如果上年度利润表与本年度利润表的项目名称和内容不相一致，应对上年度利润表项目的名称和数字按本年度的规定进行调整，填入本表“上期数”栏。

3.“营业收入”栏反映的是“主营业务收入”和“其他业务收入”明细账的贷方发生数合计，如果当月有退货，还要减去借方发生数再填列。在税账上，这个营业收入要与当月的纳税申报表上的收入一致。

五、实训案例

2022年12月，北京沃达电器有限责任公司无“其他业务收入”账户发生额，“主营业务收入”总账见表7-1。

表7-1　“主营业务收入”总账　单位：元

2022年		凭证号数	摘要	借方	贷方	方向	余额
月	日						
12	1		期初余额			平	
12			当前合计	30 387 000.00	30 387 000.00	平	
12			当前累计	30 387 000.00	30 387 000.00	平	
			结转下年			平	

要求：正确填写利润表中的“营业收入”项目金额。

答案：“营业收入”项目=主营业务收入本期发生额30 387 000.00+其他业务收入本期发生额0=30 387 000.00（元）。

任务二　“营业成本”项目

一、实训目标

1. 能正确找出营业成本相关数据。
2. 能正确计算与汇总“营业成本”项目。

二、实训材料

1. “主营业务成本”总账、“其他业务成本”总账。
2. 利润表。

三、实训内容和步骤

第一步，找出“主营业务成本”总账发生额合计。

“主营业务成本”发生额合计等于总账借方发生额。

第二步，找出“其他业务成本”总账发生额合计。

“其他业务成本”发生额合计等于总账借方发生额。

第三步，汇总计算“营业成本”项目。

利润表中的“营业成本”项目，应根据“主营业务成本”和“其他业务成本”科目借方发生额的合计数填列，即营业成本=主营业务成本+其他业务成本。

四、实训注意事项

“营业成本”项目反映的是“主营业务成本”和“其他业务成本”明细账的借方发生数合计，如果当月有退货，还要将贷方的发生数减去再填列。营业成本要跟当期的所得税纳税申报表的成本一致。

五、实训案例

2022年12月，北京沃达电器有限责任公司无“其他业务成本”账户发生额，12月31日“主营业务成本”总账见表7-2。

表7-2 “主营业务成本”总账 单位：元

2022年		凭证号数	摘要	借方	贷方	方向	余额
月	日						
12	1		期初余额			平	
12			当前合计	22 502 922.00	22 502 922.00	平	
12			当前累计	22 502 922.00	22 502 922.00	平	
			结转下年			平	

要求：正确填写利润表中的“营业成本”项目金额。

答案：“营业成本”项目=主营业务成本本期发生额22 502 922.00+其他业务成本本期发生额0=22 502 922.00（元）。

任务三 “税金及附加”项目

一、实训目标

1. 能正确找出税金及附加相关数据。
2. 能正确计算与汇总“税金及附加”项目。

二、实训材料

1. “税金及附加”总账。
2. 利润表。

三、实训内容和步骤

第一步，找出“税金及附加”总账发生额。

“税金及附加”的本期金额就是“税金及附加”总账借方发生额合计数。

第二步，汇总计算“税金及附加”项目。

利润表中的“税金及附加”项目，应根据“税金及附加”总账科目借方发生额的合计数填列。

四、实训注意事项

1. 企业相关的税金及附加包括消费税、城市维护建设税、资源税、教育费附加及房产税、城镇土地使用税、车船税、印花税等相关税费。特别提醒：房产税、车船税、城镇土地使用税、印花税在“管理费用”等账户核算，不在“税金及附加”账户核算。

2. 企业收到返还的消费税等原记入本科目的各种税金，应按实际收到的金额借记“银行存款”账户，贷记“税金及附加”账户。

3. 房地产企业销售开发产品应纳的土地增值税也在此账户核算。

五、实训案例

2022年12月，北京沃达电器有限责任公司“税金及附加”总账见表7-3。

表7-3　“税金及附加”总账　单位：元

2022年		凭证号数	摘要	借方	贷方	方向	余额
月	日						
12	1		期初余额			平	
12			当前合计	154 107.01	154 107.01	平	
12			当前累计	154 107.01	154 107.01	平	
			结转下年			平	

要求：正确填写利润表中的“税金及附加”项目金额。

答案：“税金及附加”项目=税金及附加本期发生额合计154 107.01元。

任务四　“销售费用”项目

一、实训目标

1. 能正确找出销售费用相关数据。
2. 能正确计算与汇总“销售费用”项目。

二、实训材料

1. “销售费用”总账。
2. 利润表。

三、实训内容和步骤

第一步，找出“销售费用”总账借方发生额合计。

“销售费用”发生额合计等于借方发生额合计数。

第二步，汇总计算“销售费用”项目。

利润表中的“销售费用”项目，应根据“销售费用”总账科目借方发生额的合计数填列。

四、实训注意事项

“销售费用”按其一级科目明细账借方发生额填列，如果当期发生过冲减费用业务，要减去贷方发生额后填列。

五、实训案例

2022年12月，北京沃达电器有限责任公司的“销售费用”总账见表7-4。

表7-4 “销售费用”总账 单位：元

2022年		凭证号数	摘要	借方	贷方	方向	余额
月	日						
12	1		期初余额			平	
12			当前合计	90 149.47	90 149.47	平	
12			当前累计	90 149.47	90 149.47	平	
			结转下年			平	

要求：正确填写利润表中的“销售费用”项目金额。

答案：“销售费用”项目=销售费用本期发生额合计90 149.47元。

任务五 “管理费用”项目

一、实训目标

1. 能正确找出管理费用相关数据。
2. 能正确计算与汇总“管理费用”项目。

二、实训材料

1. “管理费用”明细账。
2. 利润表。

三、实训内容和步骤

第一步，找出“管理费用”总账借方发生额合计。

“管理费用”账户发生额合计等于借方发生额合计数。

第二步，汇总计算“管理费用”项目。

利润表中的“管理费用”项目，应根据“管理费用”账户借方发生额的合计数填列。

四、实训注意事项

1. 如果有研发费用，本项目应该根据“管理费用”账户的发生额扣除“研发费用”账户的发生额填列。

2. 管理费用按其一级科目明细账借方发生额填列，如果当期发生过冲减费用业务，要减去贷方发生额后填列。

五、实训案例

2022年12月31日，北京沃达电器有限责任公司的“管理费用”总账见表7-5。

表7-5　“管理费用”总账　单位：元

2022年		凭证号数	摘要	借方	贷方	方向	余额
月	日						
12	1		期初余额			平	
12			当前合计	229 638.76	229 638.76	平	
12			当前累计	229 638.76	229 638.76	平	
			结转下年			平	

要求：正确填写利润表中的“管理费用”项目金额。

答案：“管理费用”项目=管理费用本期发生额合计229 638.76元。

任务六　“财务费用”项目

一、实训目标

1. 能正确找出“财务费用”项目相关数据。
2. 能正确计算与汇总“财务费用”项目。
3. 能正确计算与汇总“利息费用”和“利息收入”项目。

二、实训材料

1. “财务费用”总账。
2. “财务费用”明细账。
3. 利润表。

三、实训内容和步骤

第一步，找出“财务费用”总账借方发生额。

“财务费用”总账发生额等于借方发生额合计数。

第二步，汇总计算“财务费用”项目。

利润表中的“财务费用”项目，根据“财务费用”总账借方发生额填列。

第三步，找出“财务费用”明细账中“利息费用”和“利息收入”的发生额。

利润表中的“利息费用”和“利息收入”项目，根据“财务费用”明细账发生额填列。

四、实训注意事项

1. 财务费用按其一级科目明细账借方发生额填列，如果当期发生过冲减费用业务，要减去贷方发生额后填列。

2. 利息费用项目，反映企业为筹集生产经营所需资金而发生的应予费用化的利息支出，应根据“财务费用”明细账发生额分析填列。

3 利息收入项目，反映企业确认的利息收入。该项目应根据“财务费用”明细账发生额分析填列。

五、实训案例

2022年12月，北京沃达电器有限责任公司“财务费用”明细账分别见表7-6。

表7-6 “财务费用”明细账 单位：元

2022年		凭证号数	摘要	借方	贷方	方向	余额
月	日						
12	31	记-36	支付利息	9 000.00		借	9 000.00
12	31	记-35	利息收入		5 082.89	借	3 917.11
12	31	记-53	结转损益类（费用）账户		3 917.11	平	
12			当前合计	9 000.00	9 000.00	平	
12			当前累计	9 000.00	9 000.00	平	
			结转下年			平	

要求：正确填写利润表中的“财务费用”项目金额。

答案：“财务费用”项目=本期利息费用9 000.00-本期利息收入5 082.89=3 917.11（元）。

任务七 “信用减值损失”项目

一、实训目标

1. 正确找出“信用减值损失”相关数据。

2. 正确计算与汇总“信用减值损失”项目。

二、实训材料

1. “信用减值损失”总账。
2. 利润表。

三、实训内容和步骤

第一步，找出“信用减值损失”总账发生额。

“信用减值损失”的本期发生额就是信用减值损失总账借方发生额合计。

第二步，汇总计算“信用减值损失”项目。

利润表中的“信用减值损失”项目，应根据“信用减值损失”总账科目的借方发生额合计数填列。

四、实训注意事项

1. “信用减值损失”科目是损益类科目中的费用损失类科目，核算企业计提坏账准备所形成的损失。损失增加记借方，期末结转损失记贷方。

2. 信用减值损失要与资产减值损失项目分开填列。

五、实训案例

2022年12月，北京沃达电器有限责任公司“信用减值损失”总账、“坏账准备”明细账分别见表7-7和表7-8。

表7-7　“信用减值损失”总账　单位：元

2022年		凭证号数	摘要	借方	贷方	方向	余额
月	日						
12	1		期初余额			平	
12			当前合计	50 000.00	50 000.00	平	
12			当前累计	50 000.00	50 000.00	平	
			结转下年			平	

表7-8　“坏账准备”明细账　单位：元

2022年		凭证号数	摘要	借方	贷方	方向	余额
月	日						
12	1		期初余额			平	
12			当前合计	50 000.00	50 000.00	平	
12			当前累计	50 000.00	50 000.00	平	
			结转下年			平	

要求：正确填写利润表中的“信用减值损失”项目金额。

答案：“信用减值损失”项目 = 50 000元。

任务八 “营业利润”项目

一、实训目标

1. 根据公式正确计算营业利润。
2. 了解营业利润的构成。

二、实训材料

1. 利润表中“营业收入”“营业成本”“税金及附加”“销售费用”“管理费用”“财务费用”“信用减值损失”“资产减值损失”“公允价值变动收益”“投资收益”等项目的数据。

2. 利润表。

三、实训内容和步骤

第一步，查找相关数据。

查询利润表中“营业收入”“营业成本”“税金及附加”“销售费用”“管理费用”“财务费用”“信用减值损失”“资产减值损失”“公允价值变动收益”“投资收益”等项目的数据。

第二步，根据营业利润的计算公式汇总计算营业利润。

$$\text{营业利润}=\text{营业收入}-\text{营业成本}-\text{税金及附加}-\text{销售费用}-\text{管理费用}-\text{财务费用}-\text{资产减值损失}-\text{信用减值损失}+\text{公允价值变动收益}(-\text{公允价值变动损失})+\text{投资收益}(-\text{投资损失})$$

四、实训注意事项

1. 营业利润是企业主要的利润来源，营业外收入和营业外支出不能计入营业利润。

2. 影响营业利润的因素很多，除了营业成本和营业收入以外，还要考虑期间费用和投资收益、公允价值变动收益、资产减值损失、信用减值损失等。

3. 营业利润是一个很重要的指标，反映企业日常活动的经营成果。

五、实训案例

2022年12月，北京沃达电器有限责任公司有关损益类科目总账及“财务费用”明细账见表7-9至表7-15。

表7-9　“主营业务收入”总账　单位：元

2022年		凭证号数	摘要	借方	贷方	方向	余额
月	日						
12	1		期初余额			平	
12			当前合计	30 387 000.00	30 387 000.00	平	
12			当前累计	30 387 000.00	30 387 000.00	平	
			结转下年			平	

表7-10　“主营业务成本”总账　单位：元

2022年		凭证号数	摘要	借方	贷方	方向	余额
月	日						
12	1		期初余额			平	
12			当前合计	22 502 922.00	22 502 922.00	平	
12			当前累计	22 502 922.00	22 502 922.00	平	
			结转下年			平	

表7-11　“税金及附加”总账　单位：元

2022年		凭证号数	摘要	借方	贷方	方向	余额
月	日						
12	1		期初余额			平	
12			当前合计	154 107.01	154 107.01	平	
12			当前累计	154 107.01	154 107.01	平	
			结转下年			平	

表7-12　“销售费用”总账　单位：元

2022年		凭证号数	摘要	借方	贷方	方向	余额
月	日						
12	1		期初余额			平	
12			当前合计	90 149.47	90 149.47	平	
12			当前累计	90 149.47	90 149.47	平	
			结转下年			平	

表7-13 “管理费用”总账 单位：元

2022年		凭证号数	摘要	借方	贷方	方向	余额
月	日						
12	1		期初余额			平	
12			当前合计	229 638.76	229 638.76	平	
12			当前累计	229 638.76	229 638.76	平	
			结转下年			平	

表7-14 “财务费用”明细账 单位：元

2022年		凭证号数	摘要	借方	贷方	方向	余额
月	日						
12	31	记-36	支付利息	9 000.00		借	9 000.00
12	31	记-35	利息收入		5 082.89	借	3 917.11
12	31	记-53	结转损益类（费用）账户		3 917.11	平	
12			当前合计	9 000.00	9 000.00	平	
12			当前累计	9 000.00	9 000.00	平	
			结转下年			平	

表7-15 “信用减值损失”总账 单位：元

2022年		凭证号数	摘要	借方	贷方	方向	余额
月	日						
12	1		期初余额			平	
12			当前合计	50 000.00	50 000.00	平	
12			当前累计	50 000.00	50 000.00	平	
			结转下年			平	

要求：正确填写利润表中的“营业利润”项目金额。

答案：“营业利润”项目=30 387 000.00（营业收入）-22 502 922.00（营业成本）-154 107.01（税金及附加）-90 149.47（销售费用）-229 638.76（管理费用）-3 917.11（财务费用）-50 000（信用减值损失）=7 356 265.65（元）。

任务九 “营业外收入”项目

一、实训目标

1. 正确找出营业外收入相关数据。

2. 正确计算与汇总“营业外收入”项目。

二、实训材料

1. “营业外收入”总账。
2. 利润表。

三、实训内容和步骤

第一步，找出“营业外收入”总账发生额。
“营业外收入”的本期发生额就是营业外收入总账贷方发生额合计。
第二步，汇总计算“营业外收入”项目。
利润表中的“营业外收入”项目，应根据“营业外收入”总账科目的贷方发生额合计数填列。

四、实训注意事项

1. 营业外收入主要包括：非流动资产处置利得、非货币性资产交换利得、出售无形资产收益、债务重组利得、企业合并损益、盘盈利得、因债权人原因确实无法支付的应付款项、政府补助、教育费附加返还款、罚款收入、捐赠利得等。
2. 营业外收入不影响企业的营业利润。

五、实训案例

2022年12月，北京沃达电器有限责任公司“营业外收入”总账见表7-16。

表7-16 “营业外收入”总账 单位：元

2022年		凭证号数	摘要	借方	贷方	方向	余额
月	日						
12	1		期初余额			平	
12			当前合计	3 400.00	3 400.00	平	
12			当前累计	3 400.00	3 400.00	平	
			结转下年			平	

要求：正确填写利润表中的“营业外收入”项目金额。
答案：“营业外收入”项目=3 400.00元。

任务十 “营业外支出”项目

一、实训目标

1. 正确找出营业外支出相关数据。

2. 正确计算与汇总“营业外支出”项目。

二、实训材料

1. “营业外支出”总账。
2. 利润表。

三、实训内容和步骤

第一步，找出“营业外支出”总账发生额。

“营业外支出”的本期发生额就是营业外支出总账借方发生额合计。

第二步，汇总计算“营业外支出”项目。

利润表中的“营业外支出”项目，应根据“营业外支出”总账科目的借方发生额合计数填列。

四、实训注意事项

1. “营业外支出”项目，反映的是企业发生的与其生产经营无直接关系的各项支出。这个项目应该根据“营业外支出”账户的借方发生额分析填列。

2. 营业外支出不影响企业的营业利润。

3. 营业外支出有时候也暴露企业在管理上的薄弱环节，比如固定资产的盘亏就是管理不到位造成的。在企业报表分析中，这些都透露着企业的现状。

五、实训案例

2022年12月，北京沃达电器有限责任公司“营业外支出”总账见表7–17。

表7–17　“营业外支出”总账　单位：元

2022年		凭证号数	摘要	借方	贷方	方向	余额
月	日						
12	1		期初余额			平	
12			当前合计	15 050.00	15 050.00	平	
12			当前累计	15 050.00	15 050.00	平	
			结转下年			平	

要求：正确填写利润表中的“营业外支出”项目金额。

答案：“营业外支出”项目=15 050.00元。

任务十一　“利润总额”项目

一、实训目标

1. 能正确找出利润总额相关数据。

2. 能正确计算与汇总“利润总额”项目。

二、实训材料

1.“营业外收入”“营业外支出”的总账，“营业利润”项目数据。
2. 利润表。

三、实训内容和步骤

第一步，找出“营业利润”“营业外收入”“营业外支出”项目相关数据。
第二步，计算利润总额。计算公式如下：

利润总额＝营业利润＋营业外收入－营业外支出

四、实训注意事项

利润总额由两大块内容构成：一是营业利润，反映企业日常经营成果；二是营业外利润，这部分利润比较随机，具有偶然性。

五、实训案例

2022年12月，北京沃达电器有限责任公司营业利润数额为7 356 265.65元，“营业外收入”总账、“营业外支出”总账分别见表7-18和表7-19。

表7-18　“营业外收入”总账　单位：元

2022年		凭证号数	摘要	借方	贷方	方向	余额
月	日						
12	1		期初余额			平	
12			当前合计	3 400.00	3 400.00	平	
12			当前累计	3 400.00	3 400.00	平	
			结转下年			平	

表7-19　“营业外支出”总账　单位：元

2022年		凭证号数	摘要	借方	贷方	方向	余额
月	日						
12	1		期初余额			平	
12			当前合计	15 050.00	15 050.00	平	
12			当前累计	15 050.00	15 050.00	平	
			结转下年			平	

要求：正确填写利润表中的“利润总额”项目金额。
答案：“利润总额”项目=7 356 265.65+3 400.00−15 050.00=7 344 615.65（元）。

任务十二 “所得税费用”项目

一、实训目标

1. 能正确找出所得税费用相关数据。
2. 能正确计算与汇总“所得税费用”项目。

二、实训材料

1. “所得税费用”总账、“利润总额”项目数据。
2. 利润表。

三、实训内容和步骤

第一步，找出“所得税费用”总账发生额。

“所得税费用”的本期发生额就是所得税费用总账借方发生额合计。

第二步，汇总计算“所得税费用”项目。

利润表中的“所得税费用”项目，应根据“所得税费用=利润总额×25%”来计算填列。

四、实训注意事项

1. 所得税费用=（会计利润+（或-）永久性差异）×25%。
2. 所得税费用是指企业经营利润应缴纳的企业所得税。
3. “所得税费用”账户，核算企业负担的企业所得税，是损益类账户，一般不等于当期应交企业所得税，原因是可能存在“暂时性差异”。如果只有永久性差异，则等于当期应交企业所得税。

五、实训案例

2022年12月，北京沃达电器有限责任公司利润总额为7 344 615.65元。“所得税费用”总账见表7-20。

表7-20 “所得税费用”总账 单位：元

2022年		凭证号数	摘要	借方	贷方	方向	余额
月	日						
12	1		期初余额			平	
12			当前合计	1 836 153.91	1 836 153.91	平	
12			当前累计	1 836 153.91	1 836 153.91	平	
			结转下年			平	

要求：确认当期所得税费用，并正确填写利润表中的“所得税费用”项目金额。
答案：“所得税费用”项目=7 344 615.65×25%=1 836 153.91（元）。

任务十三　“净利润”项目

一、实训目标

1. 能正确找出“利润总额”相关数据。
2. 能正确找出“所得税费用”相关数据。
3. 能正确计算与汇总“净利润”项目。

二、实训材料

1. “所得税费用”总账、“利润总额”项目数据。
2. 利润表。

三、实训内容和步骤

第一步，找出“利润总额”“所得税费用”项目相关数据。
第二步，计算净利润。计算公式如下：净利润=利润总额−所得税费用。

四、实训注意事项

1. 净利润是指企业当期利润总额减去所得税后的金额，即企业的税后利润。
2. 净利润是一家企业经营的最终成果，净利润多，企业的经营效益就好；净利润少，企业的经营效益就差，它是衡量一家企业经营效益的主要指标。

五、实训案例

2022年12月，北京沃达电器有限责任公司当期利润总额为7 344 615.65元，所得税费用为1 836 153.91元。
要求：正确填写利润表中的“净利润”项目金额。
答案：“净利润”项目=7 344 615.65−1 836 153.91=5 508 461.74（元）。
北京沃达电器有限责任公司2022年12月利润表见表7-21。

表7-21　利润表

2022年12月　单位：元

项　目	本期金额	上期金额
一、营业收入	30 387 000.00	
减：营业成本	22 502 922.00	

续表

项　目	本期金额	上期金额
税金及附加	154 107.01	
销售费用	90 149.47	
管理费用	229 638.76	
财务费用	3 917.11	
其中：利息费用	9 000.00	
利息收入	5 082.89	
加：其他收益		
投资收益（损失以“-”号填列）		
公允价值变动收益（损失以“-”号填列）		
信用减值损失（损失以“-”号填列）	-50 000.00	
资产减值损失（损失以“-”号填列）		
资产处置收益（损失以“-”号填列）		
二、营业利润（亏损以“-”号填列）	7 356 265.65	
加：营业外收入	3 400.00	
减：营业外支出	15 050.00	
三、利润总额（亏损总额以“-”号填列）	7 344 615.65	
减：所得税费用	1 836 153.91	
四、净利润（净亏损以“-”号填列）	5 508 461.74	
（一）持续经营净利润（净亏损以“-”号填列）		
（二）终止经营净利润（净亏损以“-”号填列）		
五、其他综合收益的税后净额		
六、综合收益总额		

思政案例

ST天业操纵所得税项目调整净利润

根据中国证监会下发的《行政处罚及市场禁入事先告知书》（处罚字〔2019〕121号）显示，证监会对ST天业立案调查后发现，ST天业涉嫌违法的内容包括在定期报告中虚增利润、虚减所得税费用和未及时披露重大关联方交易、对外担保等事项。据证监会调整发现，ST天业在2014年至2017年通过对工程成本、财务费用，孙公司营业成本、所得税费用等科目进行不当操纵，虚增公司的营业利润，同时虚减所得税费用，从而达到操纵利润的目的。

在投资收益方面，2017年，ST天业以1.8亿元的交易对价向吉林省中青股权投资基金管理有限公司转让深圳天盈实业有限公司51%的股权，在不符合股权转让投资收益确认条件的情况下，ST天业在2017年确认了投资收益，且在合并财务报表中未将天盈实业纳入合并范围，从而在2017年虚增营业利润1.46亿元。

在工程成本方面，ST天业对其东营分公司的盛世龙城项目按照预算总成本结转工程成本，因部分工程结算单没有及时上交，财务部门未能及时将结算值与预算值的差额部分入账，导致ST天业2015年、2016年和2017年分别虚增营业利润1 094.66万元、34.99万元和5 257.17万元。

在财务费用方面，ST天业在2016年4月至2017年8月期间，将向个人支付的融资居间费、向债权人支付的违约金、向相关公司支付的财务顾问费等财务费用作为对关联方山东亨业贸易有限公司的其他应收款入账，且隐瞒了与该公司的关联方关系，这导致ST天业在2016年和2017年分别虚增营业利润2 319.92万元和2 260.80万元。

此外，ST天业的境外孙公司明加尔金源公司存货确认错误，使其少记2014年至2016年的主营业务成本，从而ST天业各期分别虚增营业利润6 902.06万元、5 731.23万元和6 259.24万元。

此外，ST天业还通过操纵所得税费用来平衡净利润，2016年至2017年，ST天业子公司烟台市存宝房地产开发有限公司重复计提递延所得税资产并减记所得税费用，导致ST天业在2016年、2017年分别虚增净利润809.36万元和168.34万元；2017年，孙公司明加尔金源公司多计提当期所得税费用，导致ST天业在2017年虚减净利润849.44万元。

资料来源：佚名．四年虚增营业利润4亿多 ST天业及21高管被罚224万实控人［EB/OL］．［2019-08-15］．http：//www.tjjhcaw.gov.cn/zfgz/zfdt/tjjhcaw-iirczymk9777716.shtml．

启示：通过虚增利润和虚减所得税费用操纵利润的行为，会损害到投资者的利益，会导致上市公司业绩变脸或亏损扩大，既会打击投资者对于上市公司的信心，也会对上市公司的股价产生负面影响，而股价下跌，必然会损害到投资者的利益。此外，上市公司信息披露重在真实、准确、及时、完整，利润被调节或操纵的行为，也会对投资者产生误导作用，给资本市场发展带来很大的负面影响。

项目八

现金流量表编制

任务一　“经营活动现金流入小计”项目

一、实训目标

1. 能正确找出经营活动现金流入的相关数据。
2. 能正确计算与汇总经营活动现金流入项目。

二、实训材料

1. 本月经济业务序时账。
2. 现金流量表。

三、实训内容和步骤

第一步，查询企业本月经济业务序时账，找到与现金流量相关的经济业务。

查询企业本月经济业务，找到有现金流量的业务，并对业务进行分类，找出与“经营活动现金流入”相关的业务。

第二步，分析计算经营活动现金流入项目中“销售商品、提供劳务收到的现金”。

“销售商品、提供劳务收到的现金”项目，反映企业销售商品、提供劳务实际收到的现金（含销售收入和应向购买者收取的增值税销项税额）。

第三步，分析计算经营活动现金流入项目中“收到的税费返还”。

本项目反映企业收到返还的各种税费，如收到的增值税、所得税、消费税和教育费附加返还款等。

第四步，分析计算经营活动现金流入项目中“收到其他与经营活动有关的现金”。

本项目反映企业除上述各项目外，收到的其他与经营活动有关的现金。

四、实训注意事项

1. “销售商品、提供劳务收到的现金”项目，主要包括本期销售商品和提供劳务本期收到的现金，前期销售商品和提供劳务本期收到的现金，本期预收的商品款和劳务款等，本期发生销货退回而支付的现金应从销售商品或提供劳务收到的款项中扣除。

2. 企业发生销售商品、提供劳务后的退货带来的现金流出，应以负数计入“销售商品、提供劳务收到的现金”项目。

3. “收到其他与经营活动有关的现金”项目，包括罚款收入、经营租赁固定资产收到的现金、投资性房地产出租收到的租金收入、流动资产损失中由个人赔偿的现金收入、除税费返还外的其他政府补贴收入等。

五、实训案例

2022年12月，北京沃达电器有限责任公司涉及经营活动现金流入的经济业务见表8-1。

表8-1 涉及经营活动现金流入的经济业务

单位：元

摘要	会计分录			
	总账科目	明细科目	借方金额	贷方金额
收到前欠货款	银行存款		6 428 000.00	
	应收账款	北京城乡贸易城		6 428 000.00
销售商品	银行存款		5 900 860.00	
	主营业务收入	轻巧型电热水壶		1 955 000.00
	主营业务收入	经典型电热水壶		2 400 000.00
	主营业务收入	豪华型电热水壶		867 000.00
	应交税费	应交增值税（销项税额）		678 860.00
收到员工罚款	库存现金		800.00	
	营业外收入	罚没收入		800.00
利息收入	银行存款		5 082.89	
	财务费用	利息费用		5 082.89
现金清查盘盈	库存现金		100.00	
	待处理财产损溢	待处理流动资产损溢		100.00
	待处理财产损溢	待处理流动资产损溢	100.00	
	营业外收入			100.00

要求：正确填写现金流量表中的“经营活动现金流入小计”项目。

答案：销售商品、提供劳务收到的现金=6 428 000+5 900 860=12 328 860（元）

收到其他与经营活动有关的现金=800+100+5 082.89=5 982.89（元）

“经营活动现金流入小计”项目=12 328 860+5 982.89=12 334 842.89（元）

任务二 "经营活动现金流出小计"项目

一、实训目标

1. 能正确找出经营活动现金流出的相关数据。
2. 能正确计算与汇总经营活动现金流出项目。

二、实训材料

1. 本月经济业务序时账。
2. 现金流量表。

三、实训内容和步骤

第一步，购买商品、接受劳务支付的现金。

本项目反映企业购买材料、商品、接受劳务支付的现金（包括支付的货款及增值税进项税额）。

第二步，支付给职工以及为职工支付的现金。

本项目反映支付给职工的工资、薪金等，不包含支付给离退休人员和在建工程人员的工资。

第三步，支付的各项税费。

本项目反映企业支付的各种税费，如增值税、消费税及所得税。

第四步，支付其他与经营活动有关的现金。

本项目反映企业除上述各项目外，支付的其他与经营活动有关的现金。

四、实训注意事项

1. "购买商品、接受劳务支付的现金"项目。

该项目主要包括：本期购买商品、接受劳务本期支付的现金，本期支付前期购买商品、接受劳务的未付款项和本期预付款项。本期发生购货退回而收到的现金应从购买商品、接受劳务支付的款项中扣除。

2. "支付的各项税费"项目。

该项目不包括计入固定资产价值的实际支付的耕地占用税，也不包括本期退回的增值税、所得税。

3. "支付其他与经营活动有关的现金"项目。

该项目包括罚款支出，支付给离退休人员的工资，支付的差旅费、业务招待费、保险费等。

五、实训案例

2022年12月，北京沃达电器有限责任公司涉及经营活动现金流出的经济业务见表8–2。

表8–2 涉及经营活动现金流出的经济业务

单位：元

摘要	会计分录			
	总账科目	明细科目	借方金额	贷方金额
支付上月水费	应付账款	北京市昌平区第二自来水公司	48 000.00	
	应交税费	应交增值税（进项税额）	4 320.00	
	银行存款			52 320.00
支付上月电费	应付账款	北京市昌平区第三电力公司	120 000.00	
	应交税费	应交增值税（进项税额）	10 800.00	
	银行存款			130 800.00
支付前欠材料款	应付账款	无锡电器科技有限公司	6 469 600.41	
	银行存款			6 469 600.41
支付到期的银行承兑汇票	应付票据	北京京亿不锈钢有限公司	5 786 786.07	
	银行存款			5 786 786.07
采购原材料	原材料	经典型壶体	1 215 000.00	
	原材料	轻巧型壶体	1 398 600.00	
	原材料	经典型辅材套件	121 500.00	
	原材料	轻巧型辅材套件	133 200.00	
	原材料	轻巧、经典型壶盖	301 500.00	
	原材料	轻巧、经典型壶底	1 206 000.00	
	应交税费	应交增值税（进项税额）	568 854.00	
	银行存款			3 000 000.00
	应付账款	九江塑电科技有限公司		1 944 654.00
缴纳上月增值税	应交税费	未交增值税	1 253 000.00	
	银行存款			1 253 000.00

续表

摘要	会计分录			
	总账科目	明细科目	借方金额	贷方金额
购买包装物	周转材料	包装物	1 000.00	
	应交税费	应交增值税（进项税额）	130.00	
	银行存款			1 130.00
发放上月职工薪酬	应付职工薪酬	短期薪酬（工资）	318 606.50	
	银行存款			318 606.50
差旅费报销	销售费用	差旅费	4 700.00	
	库存现金			4 700.00
购买办公用品	管理费用	办公费	1 170.00	
	库存现金			1 170.00
支付税收滞纳金	营业外支出		50.00	
	银行存款			50.00
缴纳上月地方附加税费	应交税费	应交城市维护建设税	87 710.00	
	应交税费	应交教育费附加	37 590.00	
	应交税费	应交地方教育附加	25 060.00	
	应交税费	代扣代缴个人所得税	8 843.50	
	银行存款			159 203.50
现金清查盘亏	其他应收款	李明	60.00	
	管理费用	医药费	50.00	
	其他应收款	出纳	10.00	
	库存现金			120.00

要求：正确填写现金流量表中的“经营活动现金流出小计”项目金额。

答案：购买商品、接受劳务支付的现金=6 469 600.41+5 786 786.07+3000 000.00+1130.00
=15 257 516.48（元）

支付给职工以及为职工支付的现金= 318 606.50元

支付的各项税费=1 253 000.00+159 203.50=1 412 203.50（元）

支付其他与经营活动有关的现金=52 320+130 800+4 700+1 170+50+120=189 160（元）

“经营活动现金流出小计”项目=15 257 516.48+318 606.50+1 412 203.50+189 160
=17 177 486.48（元）

任务三 “经营活动产生的现金流量净额”项目

一、实训目标

能正确计算与汇总“经营活动产生的现金流量净额”项目

二、实训材料

现金流量表中已填制的经营活动现金流入小计、经营活动现金流出小计。

三、实训内容和步骤

第一步，查询已编制的现金流量表中的“经营活动现金流入小计”和“经营活动现金流出小计”项目。

第二步，计算与汇总经营活动产生的现金流量净额。

经营活动产生的现金流量净额=经营活动现金流入小计-经营活动现金流出小计

四、实训注意事项

如果经营活动产生的现金流量净额计算出来是正数，说明流入大于流出；如果计算出来是负数，说明流入小于流出。

五、实训案例

2022年12月，北京沃达电器有限责任公司经营活动现金流入、经营活动现金流出项目见表8-3。

表8-3　现金流量表（经营活动部分）

2022年12月　　单位：元

项 目	本期金额	上期金额
一、经营活动产生的现金流量		
销售商品、提供劳务收到的现金	12 328 860.00	
收到的税费返还		
收到其他与经营活动有关的现金	5 982.89	
经营活动现金流入小计	12 334 842.89	
购买商品、接受劳务支付的现金	15 257 516.48	
支付给职工以及为职工支付的现金	318 606.50	
支付的各项税费	1 412 203.50	
支付其他与经营活动有关的现金	189 160.00	
经营活动现金流出小计	17 177 486.48	
经营活动产生的现金流量净额	-4 842 643.59	

要求：正确填写现金流量表中的“经营活动产生的现金流量净额”项目。

答案：“经营活动产生的现金流量净额”项目=12 334 842.89−17 177 486.48=−4 842 643.59（元）。

任务四　“投资活动现金流入小计”项目

一、实训目标

1. 能正确找出投资活动现金流入的相关数据。
2. 能正确计算与汇总“投资活动现金流入小计”项目。

二、实训材料

1. 本月经济业务序时账。
2. 现金流量表。

三、实训内容和步骤

第一步，查询企业本月经济业务序时账，找到与现金流量相关的经济业务。

查询企业本月经济业务，找到有现金流量的业务，并对业务进行分类，找出与“投资活动现金流入”相关的业务。

第二步，填列“收回投资收到的现金”项目金额。

本项目反映企业出售、转让或到期收回除现金等价物以外的以公允价值计量且其变动计入当期损益的金融资产、以摊余成本计量的金融资产、以公允价值计量且其变动计入其他综合收益的金融资产、长期股权投资等收到的现金。本项目不包括债权性投资收回的利息、收回的非现金资产，以及处置子公司及其他营业单位收到的现金净额。债权性投资收回的本金，在本项目反映，债权性投资收回的利息，在“取得投资收益收到的现金”项目中反映。

第三步，填列“取得投资收益收到的现金”项目金额。

本项目反映企业因股权性投资而分得的现金股利，以及因债权性投资而取得的利息收入。股票股利由于不产生现金流量，不在本项目中反映。本项目包括现金等价物范围内的债权性投资，其利息收入在本项目反映。

第四步，填列“处置固定资产、无形资产和其他长期资产收回的现金净额”项目金额。

本项目反映企业出售固定资产、无形资产和其他长期资产（如投资性房地产）所取得的现金，减去为处置这些资产而支付的有关税费后的净额。

第五步，填列“处置子公司及其他营业单位收到的现金净额”项目金额。

本项目反映企业处置子公司及其他营业单位所取得的现金，减去子公司或其他营业单位持有的现金和现金等价物以及相关处置费用后的净额。

第六步，填列“收到其他与投资活动有关的现金”项目金额。

如企业购买股票和债券时，支付实际价款中包含的已宣告但尚未领取的现金股利或已到付息期但尚未领取的债券利息，在实际收到时计入该项目。

四、实训注意事项

1. 在分析计算“处置固定资产、无形资产和其他长期资产收回的现金净额”时，如所收回的现金净额为负数，则在“支付其他与投资活动有关的现金”项目反映。

2. 在分析计算“处置子公司及其他营业单位收到的现金净额”时，如所收到的现金净额为负数，则在“支付其他与投资活动有关的现金”项目反映。

五、实训案例

2022年12月，北京沃达电器有限责任公司当期未涉及投资活动现金流入的业务，故“投资活动现金流入小计”项目无须填列。

任务五　“投资活动现金流出小计”项目

一、实训目标

1. 能正确找出投资活动现金流出的相关数据。

2. 能正确计算与汇总“投资活动现金流出小计”项目。

二、实训材料

1. 本月经济业务序时账。

2. 现金流量表。

三、实训内容和步骤

第一步，查询企业本月经济业务序时账，找到与现金流量相关的经济业务。

查询企业本月经济业务，找到有现金流量的业务，并对业务进行分类，找出与“投资活动现金流出”相关的业务。

第二步，填列“投资支付的现金”项目金额。

本项目反映企业进行权益性投资和债权性投资所支付的现金。

第三步，填列“取得子公司及其他营业单位支付的现金净额”项目金额。

本项目反映企业取得子公司及其他营业单位购买价款中以现金支付的部分，减去子公司或其他营业单位持有的现金和现金等价物后的净额。

第四步，填列“支付其他与投资活动有关的现金”项目金额。

如企业购买股票和债券时，实际支付的价款中包含的已宣告但尚未领取的现金股利或已到付息期但尚未领取的债券利息，在实际支付时在该项目反映。

四、实训注意事项

1.“投资支付的现金”项目包括企业取得的除现金等价物以外的以公允价值计量且其变动计入当期损益的金融资产、以摊余成本计量的金融资产、以公允价值计量且其变动计入其他综合收益的金融资产、长期股权投资以及支付的佣金、手续费等交易费用。

2. 在分析计算“取得子公司及其他营业单位支付的现金净额”项目时，如支付的现金净额为负数，则在“收到其他与投资活动有关的现金”项目反映。

五、实训案例

2022年12月，北京沃达电器有限责任公司涉及投资活动现金流出的业务见表8–4。

表8–4　投资活动现金流出　单位：元

摘要	会计分录			
	总账科目	明细科目	借方金额	贷方金额
购买固定资产	固定资产		5 000.00	
	应交税费	应交增值税（进项税额）	650.00	
	银行存款			5 650.00
采购无形资产	无形资产	ERP办公软件	15 000.00	
	应交税费	应交增值税（进项税额）	1 950.00	
	银行存款			16 950.00

要求：正确填写现金流量表中的“投资活动现金流出小计”项目金额。

购建固定资产、无形资产和其他长期资产支付的现金=5 650+16 950=22 600（元）

答案：“投资活动现金流出小计”项目 = 22 600.00元。

任务六　“投资活动产生的现金流量净额”项目

一、实训目标

能正确计算与汇总投资活动现金流量净额项目。

二、实训材料

现金流量表中已填制的投资活动现金流入小计、投资活动现金流出小计。

三、实训内容和步骤

第一步，查询已填制的现金流量表中的投资活动现金流入小计、投资活动现金流出小计。

在已编制的现金流量表中查询投资活动现金流入、流出项目，找到投资活动现金流入小计和投资活动现金流出小计。

第二步，计算与汇总投资活动产生的现金流量净额。

投资活动产生的现金流量净额 = 投资活动现金流入小计 – 投资活动现金流出小计

四、实训注意事项

如果投资活动现金流量净额计算出来是正数，说明流入大于流出；如果计算出来是负数，说明流入小于流出。

五、实训案例

2022年12月，北京沃达电器有限责任公司投资活动现金流入、投资活动现金流出项目见表8-5。

表8-5 现金流量表（投资活动部分）

2022年12月

单位：元

项 目	本期金额	上期金额
二、投资活动产生的现金流量		
收回投资收到的现金		
取得投资收益收到的现金		
处置固定资产、无形资产和其他长期资产收回的现金净额		
处置子公司及其他营业单位收到的现金净额		
收到其他与投资活动有关的现金		
投资活动现金流入小计		
购建固定资产、无形资产和其他长期资产支付的现金	22 600.00	
投资支付的现金		
取得子公司及其他营业单位支付的现金净额		
支付其他与投资活动有关的现金		
投资活动现金流出小计	22 600.00	
投资活动产生的现金流量净额	–22 600.00	

要求：正确填写现金流量表中的“投资活动产生的现金流量净额”项目金额。

答案：“投资活动产生的现金流量净额”项目 = 0 – 22 600 = – 22 600（元）。

任务七　“筹资活动现金流入小计”项目

一、实训目标

1. 能正确找出筹资活动现金流入的相关数据。
2. 能正确计算与汇总筹资活动现金流入项目。

二、实训材料

1. 本月经济业务序时账。
2. 现金流量表。

三、实训内容和步骤

第一步，查询企业本月经济业务序时账，找到与现金流量相关的经济业务。

查询企业本月经济业务，找到有现金流量的业务，并对业务进行分类，找出与“筹资活动现金流入”相关的业务。

第二步，分析计算筹资活动现金流入项目中“吸收投资收到的现金”。

该项目反映企业收到的投资者投入的现金，包括以发行股票、债券等方式筹集的资金，即实际收到的股款（债券款项）净额（发行收入减去支付的佣金等发行费用后的净额）。

第三步，分析计算筹资活动现金流入项目中“取得借款收到的现金”。

该项目反映企业举借各种短期、长期借款所收到的现金。

第四步，分析计算筹资活动现金流入项目中“收到其他与筹资活动有关的现金”。

该项目反映企业除上述各项目外，收到的其他与筹资活动有关的现金流入。

四、实训注意事项

1. “吸收投资收到的现金”项目。

本项目可以根据“实收资本（或股本）”“资本公积”“应付债券”等科目的记录分析填列或根据“实收资本（或股本）”“资本公积”备查登记簿的“现金入股”栏目的记录金额填列。

2. “收到其他与筹资活动有关的现金”项目。

本项目包括接受现金捐赠等。其他现金流入如金额较大，应单列项目反映。

五、实训案例

2022年12月，北京沃达电器有限责任公司当期涉及筹资活动现金流入的业务见表8-6。

表8-6　　　　涉及筹资活动现金流入的业务　　　　单位：元

摘要	会计分录			
	总账科目	明细科目	借方金额	贷方金额
从银行借入短期借款	银行存款		2 000 000.00	
	短期借款			2 000 000.00
收到货币性投资款	银行存款		10 000 000.00	
	实收资本			10 000 000.00

要求：正确填写现金流量表中的“筹资活动现金流入小计”项目。

答案：吸收投资收到的现金=10 000 000.00元

取得借款收到的现金=2 000 000.00元

“筹资活动现金流入小计”项目=2 000 000.00+10 000 000.00=12 000 000.00（元）

任务八　“筹资活动现金流出小计”项目

一、实训目标

1. 能正确找出筹资活动现金流出的相关数据。
2. 能正确计算与汇总筹资活动现金流出项目。

二、实训材料

1. 本月经济业务序时账。
2. 现金流量表。

三、实训内容和步骤

第一步，查询企业本月经济业务序时账，找到与现金流量相关的经济业务。

查询企业本月经济业务，找到有现金流量的业务，并对业务进行分类，找出与“筹资活动现金流出”相关的业务。

第二步，分析计算筹资活动现金流出中的“偿还债务支付的现金”项目。

该项目反映企业以现金偿还债务的本金，包括偿还金融企业的借款本金、偿还债券本金等。

第三步，分析计算筹资活动现金流出中的“分配股利、利润或偿付利息支付的现金”项目。

该项目反映企业实际支付的现金股利，以及支付给其他投资单位的利润。

第四步，分析计算筹资活动现金流出中的“支付其他与筹资活动有关的现金”

项目。

本项目反映企业除了上述各项外，支付的其他与筹资活动有关的现金流出。

四、实训注意事项

1. 现金流量表中“分配股利、利润或偿付利息支付的现金”项目包括：企业实际支付的现金股利，支付给其他投资单位的利润以及支付的借款利息、债券利息等。

2. “支付其他与筹资活动有关的现金”项目包括：筹资费用所支付的现金，融资租赁所支付的现金，减少注册资本所支付的现金（收购本公司股票、退还联营单位的联营投资等），企业以分期付款方式购建固定资产除首期付款支付的现金以外的其他各期所支付的现金。

五、实训案例

2022年12月，北京沃达电器有限责任公司当期涉及筹资活动现金流出的业务见表8-7。

表8-7　涉及筹资活动现金流出的业务　单位：元

摘要	会计分录			
	总账科目	明细科目	借方金额	贷方金额
支付利息	应付利息		9 000.00	
	银行存款			9 000.00

要求：正确填写现金流量表中的“筹资活动现金流出小计”项目。

答案：分配股利、利润或偿付利息支付的现金 = 9 000元

筹资活动现金流出小计 = 9 000元

任务九　“筹资活动产生的现金流量净额”项目

一、实训目标

能正确计算与汇总筹资活动现金流量净额项目。

二、实训材料

现金流量表中已填制的筹资活动现金流入小计、筹资活动现金流出小计。

三、实训内容和步骤

第一步，查询已填制的现金流量表中的筹资活动现金流入小计、筹资活动现金流出小计。

在已编制的现金流量表中查询筹资活动现金流入、流出项目，找到筹资活动现金流入小计和筹资活动现金流出小计。

第二步，计算与汇总筹资活动现金流量净额。

筹资活动产生的现金流量净额=筹资活动现金流入小计−筹资活动现金流出小计

四、实训注意事项

如果筹资活动现金流量净额计算出来是正数，说明流入大于流出；如果计算出来是负数，说明流入小于流出。

五、实训案例

2022年12月，北京沃达电器有限责任公司筹资活动现金流入、筹资活动现金流出项目见表8-8。

表8-8 现金流量表（筹资活动部分）

2022年12月

单位：元

项 目	本期金额	上期金额
三、筹资活动产生的现金流量		
吸收投资收到的现金	10 000 000.00	
取得借款收到的现金	2 000 000.00	
收到其他与筹资活动有关的现金		
筹资活动现金流入小计	12 000 000.00	
偿还债务支付的现金		
分配股利、利润或偿付利息支付的现金	9 000.00	
支付其他与筹资活动有关的现金		
筹资活动现金流出小计	9 000.00	
筹资活动产生的现金流量净额	11 991 000.00	

要求：正确填写现金流量表中的“筹资活动产生的现金流量净额”项目金额。

答案：“筹资活动产生的现金流量净额”项目=12 000 000−9 000=11 991 000（元）

任务十 “现金及现金等价物净增加额”项目

一、实训目标

能正确计算与汇总“现金及现金等价物净增加额”项目。

二、实训材料

1. 会计分录。
2. 现金流量表。

三、实训内容和步骤

第一步，查询已填制的现金流量表中经营活动现金流量净额。

在已编制的现金流量表中查询经营活动产生的现金流量净额。

第二步，查询已填制的现金流量表中投资活动现金流量净额。

在已编制的现金流量表中查询投资活动产生的现金流量净额。

第三步，查询已填制的现金流量表中筹资活动现金流量净额。

在已编制的现金流量表中查询筹资活动产生的现金流量净额。

第四步，计算与汇总现金及现金等价物净增加额。

$$\text{现金及现金等价物净增加额}=\text{经营活动现金流量净额}+\text{投资活动现金流量净额}+\text{筹资活动现金流量净额}$$

四、实训注意事项

如果现金及现金等价物净增加额为正数，则本期资金净流入大于净流出，说明本期资金有积余；如果计算出来是负数，则本期资金净流入小于净流出，说明本期动用了历史积累现金。

五、实训案例

2022年12月，北京沃达电器有限责任公司经营活动产生的现金流量净额、投资活动产生的现金流量净额和筹资活动产生的现金流量净额项目见表8-9。

表8-9　现金流量项目　单位：元

项 目	本期金额	上期金额
经营活动产生的现金流量净额	−4 842 643.59	
投资活动产生的现金流量净额	−22 600.00	
筹资活动产生的现金流量净额	11 991 000.00	

要求：正确填写“现金及现金等价物净增加额”项目。

答案：“现金及现金等价物净增加额”项目=−4 842 643.59−22 600+11 991 000=7 125 756.41（元）。

任务十一 “期末现金及现金等价物余额”项目

一、实训目标

能正确计算与汇总“期末现金及现金等价物余额”项目。

二、实训材料

现金流量表。

三、实训内容和步骤

第一步，查询已填制的现金流量表中的现金及现金等价物净增加额。

在已编制的现金流量表中查询现金及现金等价物净增加额。

第二步，查询期初现金及现金等价物余额。

根据上期现金流量表期末现金及现金等价物余额，填列期初现金及现金等价物余额。

第三步，计算与汇总期末现金及现金等价物余额。

期末现金及现金等价物余额=现金及现金等价物净增加额+期初现金及现金等价物余额

四、实训注意事项

期末现金及现金等价物余额为正数才是正常的，但也要结合期初现金及本期现金变化的具体情形加以分析。

六、实训案例

2022年12月，北京沃达电器有限责任公司现金及现金等价物净增加额、期初现金及现金等价物余额项目见表8-10。

表8-10 现金及现金等价物项目 单位：元

项 目	本期金额	上期金额
五、现金及现金等价物净增加额	7 125 756.41	
加：期初现金及现金等价物余额	19 630 000.00	

要求：正确填写“期末现金及现金等价物余额”项目金额。

答案：“期末现金及现金等价物余额”项目=现金及现金等价物净增加额7 125 756.41+期初现金及现金等价物余额19 630 000=26 755 756.41（元）。

现金流量表见表8-11。

表8-11　　现金流量表

2022年12月　　单位：元

项 目	本期金额	上期金额
一、经营活动产生的现金流量		
销售商品、提供劳务收到的现金	12 328 860.00	
收到的税费返还		
收到其他与经营活动有关的现金	5 982.89	
经营活动现金流入小计	12 334 842.89	
购买商品、接受劳务支付的现金	15 257 516.48	
支付给职工以及为职工支付的现金	318 606.50	
支付的各项税费	1 412 203.50	
支付其他与经营活动有关的现金	189 160.00	
经营活动现金流出小计	17 177 486.48	
经营活动产生的现金流量净额	−4 842 643.59	
二、投资活动产生的现金流量		
收回投资收到的现金		
取得投资收益收到的现金		
处置固定资产、无形资产和其他长期资产收回的现金净额		
处置子公司及其他营业单位收到的现金净额		
收到其他与投资活动有关的现金		
投资活动现金流入小计		
购建固定资产、无形资产和其他长期资产支付的现金	22 600.00	
投资支付的现金		
取得子公司及其他营业单位支付的现金净额		
支付其他与投资活动有关的现金		
投资活动现金流出小计	22 600.00	
投资活动产生的现金流量净额	−22 600.00	
三、筹资活动产生的现金流量		
吸收投资收到的现金	10 000 000.00	
取得借款收到的现金	2 000 000.00	
收到其他与筹资活动有关的现金		
筹资活动现金流入小计	12 000 000.00	
偿还债务支付的现金		
分配股利、利润或偿付利息支付的现金	9 000.00	

续表

项 目	本期金额	上期金额
支付其他与筹资活动有关的现金		
筹资活动现金流出小计	9 000.00	
筹资活动产生的现金流量净额	11 991 000.00	
四、汇率变动对现金及现金等价物的影响		
五、现金及现金等价物净增加额	7 125 756.41	
加：期初现金及现金等价物余额	19 630 000.00	
六、期末现金及现金等价物余额	26 755 756.41	

思政案例

传音控股融资亿元，买理财粉饰财报

传音控股成立于2013年，主要从事以手机为核心的智能终端的设计、研发、生产、销售和品牌运营，产品集中销往非洲、南亚、东南亚、中东和南美等全球新兴市场国家，被称为“非洲手机之王”。从传音控股披露的2019年年报来看，公司2019年实现营业收入253.46亿元，同比增长11.92%，同期归属母公司净利润为17.93亿元，较上年增长172.80%，扣非归属母公司净利润为15.53亿元，同比增幅26.84%，亮丽业绩的另一面，是账面上资金储备雄厚。

截至2019年末，传音控股账面货币资金达到77.17亿元，年报还曝光，公司短期理财产品2019年期末余额达到30.13亿元，较年初新增20.64亿元，由此增加当期利润4797.65万元。2019年10月18日，传音控股发布公告称，拟将不超过25亿元的暂时闲置募集资金进行现金管理，购买一些安全性高、流动性好、有保本约定的投资产品。这则消息立即在资本市场引起轩然大波。要知道，传音控股9月刚刚登陆科创板，扣除发行费用后，传音控股实际募集金额26.75亿元.也就是说，传音控股有可能会将募集来的大部分资金用于理财。

此举被指合规但不合理——“公司根本不缺钱为啥IPO?”，随后传音控股紧急做出了“说明”，强调“募集资金用途无变化，将根据募投项目进度持续投入”，并称“25亿元仅为授权的最高额度而非实际现金管理金额，对闲置募资进行现金管理可以增加公司收益”。

实际上不止传音控股这一家上市公司采取这种做法，A股上市公司购买理财产品的规模已不容小觑。截至2019年12月1日，A股3 751家上市公司中，近三成公司购买理财产品规模达到1.2万亿元。当天A股总市值为54.7万亿元。可见这波操作在资本市场上不是一个少见的案例。

长期研究上市公司的财务专家徐文辉指出，不管是IPO还是定向增发等募资渠道，都令上市公司在短时间内募集到大量资金，但是对于企业来说，花钱是有步骤、有规划的，不可能一下子全部投出去。在这种情况下，先存在银行进行理财，得到更高收益，是常规做法。而且，斥巨资购买理财产品的上市公司并非都财大气粗。有部分企业的确是因为闲钱多了，所以用于理财，提高闲置资金利用率；而另一部分企业，则是因为产能过剩甚至行业衰退，当理财收益高于自身主营业务的收益率时，只能依靠购买理财产品来粉饰财报。

资料来源：佚名．25亿募资买理财，传音控股回应：没那么多［EB/OL］．［2019-10-23］．http：//www.tjjhcaw.gov.cn/zfgz/zfdt/tjjhcaw-iirczymk9777716.shtml.

启示：近些年，中国股市IPO势头迅猛，越来越多的企业跻身到上市公司行列，但上市公司财务造假案件层出不穷，从早期的银广夏、蓝田股份到近期爆出的海联讯、万福生科等财务丑闻，无一不深深地打击了广大投资者的积极性，并且严重破坏了中国资本市场的经营秩序。

财务造假案暴露出诸多问题，从上市公司、券商、会计师事务所到审批制度都难辞其咎。正是因为公司治理不完善、市场监管不规范、事务所操守缺失以及财务人员职业道德不高等因素，造成上市公司财务舞弊屡见不鲜。若不及时整治，不仅损害广大投资者的个人利益，而且会严重影响市场经济健康、有序发展。因此，需在强化公司治理、健全内控体系、加强审计监督力度、完善奖惩机制和健全法律法规、加强证券市场监管力度等方面加大改进力度，最终达到有效遏制财务舞弊的目标。

参考文献

[1] 田建芳．基础会计实训教程［M］．北京：清华大学出版社，2021.

[2] 孔令一，迟甜甜．基础会计实训［M］．上海：立信会计出版社，2021.

[3] 胡群英，费金，陈国平，等．会计基础实务操作教程［M］．2版．上海：立信会计出版社，2017.

[4] 陈国辉，陈文铭，傅丹．基础会计实训教程［M］．4版．大连：东北财经大学出版社，2015.

[5] 娄晴．高校基础会计实训的困境与对策研究分析［J］．纳税，2018（17）.